教育部　财政部职业院校教师素质提高计划职教师资培养资源开发项目
财务管理专业职教师资培养资源开发（VTNE074）成果系列丛书

营运资金管理

王竹泉　孙　莹　等著

中国财经出版传媒集团
中国财政经济出版社

图书在版编目（CIP）数据

营运资金管理 / 王竹泉，孙莹等著．—北京：中国财政经济出版社，2016. 12
（财务管理专业职教师资培养资源开发（VTNE074）成果系列丛书）
教育部、财政部职业院校教师素质提高计划职教师资培养资源开发项目
ISBN 978－7－5095－7026－5

Ⅰ. ①营…　Ⅱ. ①王…　②孙…　Ⅲ. ①资金管理　Ⅳ. ①F830. 45

中国版本图书馆 CIP 数据核字（2016）第 247255 号

责任编辑：樊清玉　　　　责任校对：李　丽
封面设计：智点创意

中国财政经济出版社 出版
URL：http：//ckfz. cfeph. cn
E－mail：ckfz@ cfeph. cn

社址：北京市海淀区阜成路甲 28 号　邮政编码：100142
营销中心电话：88190406
天猫网店：中国财政经济出版社旗舰店
网址：https：//zgczjjcbs. tmall. com
北京财经印刷厂印刷　各地新华书店经销
710×1000 毫米　16 开　17. 5 印张　360 000 字
2016 年 12 月第 1 版　2018 年 1 月北京第 2 次印刷
定价：42. 00 元
ISBN 978－7－5095－7026－5/F · 5625
（图书出现印装问题，本社负责调换）
本社质量投诉电话：010－88190744
打击盗版举报热线：010－88190492、QQ：634579818

项目牵头单位： 中国海洋大学

项目负责人： 王竹泉

项目专家指导委员会：

主　任： 刘来泉

副主任： 王宪成　郭春鸣

成　员：（按姓氏笔画排列）

刁哲军　王继平　王乐夫　邓泽民　石伟平　卢双盈

汤生玲　米　靖　刘正安　刘君义　孟庆国　沈　希

李仲阳　李栋学　李梦卿　吴全全　张元利　张建荣

周泽扬　姜大源　郭杰忠　夏金星　徐　流　徐　朔

曹　晔　崔世钢　韩亚兰

出版说明

《国家中长期教育改革和发展规划纲要（2010～2020年）》颁布实施以来，我国职业教育进入到加快构建现代职业教育体系、全面提高技能型人才培养质量的新阶段。加快发展现代职业教育，实现职业教育改革发展新跨越，对职业学校“双师型”教师队伍建设提出了更高的要求。为此，教育部明确提出，要以推动教师专业化为引领，以加强“双师型”教师队伍建设为重点，以创新制度和机制为动力，以完善培养培训体系为保障，以实施素质提高计划为抓手，统筹规划，突出重点，改革创新，狠抓落实，切实提升职业院校教师队伍整体素质和建设水平，加快建成一支师德高尚、素质优良、技艺精湛、结构合理、专兼结合的高素质、专业化的“双师型”教师队伍，为建设具有中国特色、世界水平的现代职业教育体系提供强有力的师资保障。

目前，我国共有60余所高校正在开展职教师资培养，但由于教师培养标准的缺失和培养课程资源的匮乏，制约了“双师型”教师培养质量的提高。为完善教师培养标准和课程体系，教育部、财政部在“职业院校教师素质提高计划”框架内专门设置了职教师资培养资源开发项目，中央财政划拨1.5亿元，系统开发用于本科专业职教师资培养标准、培养方案、核心课程和特色教材等系列资源。其中，包括88个专业项目，12个资格考试制度开发等公共项目。该项目由42家开设职业技术师范专业的高等学校牵头，组织近千家科研院所、职业学校、行业企业共同研发，一大批专家学者、优秀校长、一线教师、企业工程技术人员参与其中。

经过三年的努力，培养资源开发项目取得了丰硕成果。一是开发了中等职业学校88个专业（类）职教师资本科培养资源项目，内容包括专业教师标准、专业教师培养标准、评价方案，以及一系列专业课程大纲、主干课程教材及数字化资源；二是取得了6项公共基础研究成果，内容包括职教师资培养模式、国际职教师资培养、教育理论课程、质量保障体系、教学资源中心建设和学习平台开发等；三是完成了18个专业大类职教师资资格标准及认证考试标准开发。上述成果，共计800多本正式出版物。总体来说，培养资源开发项目实现了高效益：形成了一大批资源，填补了相关标准和资源的空白；凝聚了一支研发队伍，强化了教师培养的“校—

企一校”协同；引领了一批高校的教学改革，带动了“双师型”教师的专业化培养。职教师资培养资源开发项目是支撑专业化培养的一项系统化、基础性工程，是加强职教教师培养培训一体化建设的关键环节，也是对职教师资培养培训基地教师专业化培养实践、教师教育研究能力的系统检阅。

自2013年项目立项开题以来，各项目承担单位、项目负责人及全体开发人员做了大量深入细致的工作，结合职教教师培养实践，研发出很多填补空白、体现科学性和前瞻性的成果，有力推进了“双师型”教师专门化培养向更深层次发展。同时，专家指导委员会的各位专家以及项目管理办公室的各位同志，克服了许多困难，按照两部对项目开发工作的总体要求，为实施项目管理、研发、检查等投入了大量时间和心血，也为各个项目提供了专业的咨询和指导，有力地保障了项目实施和成果质量。在此，我们一并表示衷心的感谢。

编写委员会

2016年3月

总序

2012年，中央财政设立专项资金1.5亿元，组织具备条件的全国重点建设职业教育师资培养培训基地，用三年时间（2013~2015年）开发100个职教师资本科专业的培养标准、培养方案、核心课程和特色教材，具体包括：88个专业项目（项目编号为VTNE001至VTNE088）和12个公共项目（项目编号为VTNE089至VTNE100）的成果，每个项目资助150万元。项目以加强“双师型”职教师资培养为目标，遵循职教师资培养的规律和特点，突出职业学校对专业师资的能力要求，开发覆盖职教师资培养过程的系列成果，促进职教师资培养工作的科学化、规范化，提升职教师资培养的整体水平。在88个专业项目中，中国海洋大学王竹泉教授申报的“财务管理专业职教师资培养资源开发（VTNE074）”获得立项。2013年以来，项目负责人王竹泉教授组织中国海洋大学、中国石油大学（华东）、青岛大学、青岛科技大学、青岛农业大学、淄博职业学院、山东外贸职业学院、青岛职业技术学院、青岛酒店管理学院、青岛华夏职业教育中心等院校的专家学者40多人历时三年开发完成了包括本系列丛书在内的全套研发成果，在2015年12月教育部、财政部组织的课题验收中，该项目的开发成果得到了专家组的高度肯定：研究开发逻辑性强，结构完整。培养质量评价方案体系、课程大纲设计合理；核心教材体系三性融合，有整体设计；数字化资源开发体现了现代数字化资源的特征和要求；全部完成项目成果，研究扎实，有创新，质量达标。现将开发成果中的教师标准、培养标准、培养质量评价标准、专业课程大纲和特色系列教材正式出版并接受使用单位和读者的检验。

该开发项目承担单位中国海洋大学是全国重点建设职教师资培养培训基地，2012年以来连续承担了多期教育部、财政部“十二五”职教师资素质提高计划“中等职业学院会计学专业骨干教师或专业带头人培训”项目，积累了较为丰富的财会职教师资培养的经验。中国海洋大学2006年获得会计学专业博士学位授予权，是山东省首个会计学专业博士学位授权点，2007年获得会计硕士（MPAcc）专业学位授予权，是全国第二批获得授权的四所高校之一。中国海洋大学会计学专业2008年被批准为国家特色专业，2012年起作为教育部专业综合改革试点专业，2015年被批准为新一轮专业综合试点专业，2016年会计硕士专业学位研究生教育项目也被学校列为专业学位研究生教育综合改革试点。王竹泉教授作为上述各类专业建设和综合改革项目的负责人，主导并推动了财会职教师资培养与会计学专业普通高等教育以及会计硕士专业学位研究生教育的有机融合。经过多年的改革和建设，中国海洋大学会计学专业本科层次已形成了财会职教师资的特色培养方向，并首创了财会职教师资本硕连读的特色人才培养模式，为我国会计硕士专业学位研究生教育的拓展以及财会职教师资培养的改革提供了示范和借鉴。

“十三五”期间，财会职业教育将继续围绕加强基础能力建设、提升师资队伍素质等加强建设。作为该领域的国家级标准和示范成果，期望该套成果资源能够为我国财会专业职教师资的培养质量和培养水平的提高发挥重要的支撑作用。

本项成果是集体智慧的结晶。教育部、财政部职业院校教师素质提高计划项目专家指导委员会以及项目管理办公室对项目开发工作给予了指导和帮助，本项目全体开发人员的密切合作和辛勤付出使本项成果得以顺利完成，中国财经出版传媒集团中国财政经济出版社对本项成果出版给予了重要的支持，在此一并表示衷心的感谢！由于时间和能力所限，本项成果中难免存在不妥和纰漏，恳请读者批评指正。

王竹泉

2016 年 6 月 27 日

前言

营运资金管理是企业财务管理的重要内容，良好的营运资金管理是企业得以生存和发展的基础。在经济全球化的时代背景下，企业的营运资金管理面临着前所未有的机遇和挑战，而金融危机的发生更加凸现了营运资金管理的重要地位，营运资金管理受到了空前的关注。据莱瑞·吉特曼和查尔斯·马克斯维尔两位学者对美国一千家大型企业财务经理的调查表明，财务经理在营运资金管理上所花费的时间几乎占了1/3。与此同时，营运资金管理也越来越受到理论界的关注。不论是在国内还是在国外，对营运资金管理的研究均呈现出巨幅增长的态势。

本书创作团队长期致力于企业营运资金管理的研究，开创性地将渠道管理理论引入到营运资金管理的研究中，倡导"将企业营运资金管理的重心转移到渠道控制上"的新理念，提出了"基于渠道管理的营运资金管理理论"。该理论"以营运资金重新分类为切入点，在将营运资金分为经营活动营运资金和理财活动营运资金的同时，进一步将经营活动营运资金按照其与供应链或渠道的关系分为营销渠道的营运资金、生产或内部经营渠道的营运资金和采购渠道的营运资金，这种分类不仅将各个营运资金项目涵盖在内，而且可以清晰地反映出营运资金在渠道上的分布状况。在国家自然科学基金"基于渠道关系管理的营运资金管理理论研究与中国上市公司营运资金管理数据平台建设"（项目编号：70772024）和教育部新世纪人才计划的支持下，研究团队研究设计了全新的"基于渠道管理的营运资金管理绩效评价体系"，并运用该评价体系持续开展中国上市公司营运资金管理的调查。以此为基础，2009年8月，中国海洋大学与中国会计学会合作设立了"中国企业营运资金管理研究中心"，研究中心通过政、产、学、研协同创新，持续开发和更新"中国上市公司营运资金管理数据库"、持续发布"中国上市公司营运资金管理绩效排行榜"、持续出版《营运资金管理发展报告系列丛书》、持续举办全国性营运资金管理高峰论坛，取得了一系列具有显示度的标志性成果：成功开发了填补空白的"中国上市公司营运资金管理数据库"和"中国上市公司营运资金管理绩效排行榜"；出版被誉为"思想库"、"信息库"、"数据库"和"案例库"的《营运资金管理发展报告系列丛书》6部。"营运资金管理特色研究、创新型人才培养与社会服务的互动与协同”2014年获得山东省优秀教学成果一等奖。

依托我校在国内营运资金管理研究领域的独特优势，本书创作团队自2008学年开始将其他院校作为《财务管理》课程一章的内容拓展为单独的一门课程，在国内率先在会计学专业本科生中开设了《营运资金管理》课程，并与社会专家联合执教，使本科生不仅能够学习到国内外营运资金管理的前沿理念、发展动态、先进模式和典型案例，而且能够参加研究中心的调查研究工作，极大地提高了学生的学习积极性，显著提升了学生的营运资金管理研究创新能力和实践技能，既为社会培养了一大批具有营运资金管理专长的应用型创新人才，也为营运资金管理研究培养了源源不断的优秀后备人才。2012年，所开设的《营运资金管理》课程被评为省级精品课程，并入选超星学术视频公开课程和智慧树、爱课程等慕课。

本书是教育部、财政部职业院校教师素质提高计划委托开发的财务管理专业职教师资培养资源开发（VTNE074）成果系列丛书之一。与其他有关营运资金管理的著作相比，本书主要有以下三方面的特点：

（1）内容新颖。在营运资金概念及其分类、营运资金管理绩效分析评价以及财务风险评价等方面均建立了全新的理论和方法体系，较好地解决了长期以来营运资金管理教学内容单薄且陈旧落后的问题。

（2）理念先进。无论是对营业观念和业务、财务关系的阐释，还是对营运资金管理绩效的分析评价以及业务创新、制度创新、金融创新等提升营运资金管理绩效的路径，都反映了国内外营运资金管理的先进理念和最新发展。

（3）简明实用。在强调过程导向、任务驱动并融合职业性、师范性与技术性要求的同时，力求以简短的篇幅，实现专业知识学习与职业师范技能培养的有机融合。

本书由王竹泉、孙莹、王苑琢、金灿灿共同完成，最后由王竹泉教授总纂定稿。由于作者水平和编写时间的限制，本书难免出现错漏或偏颇之处，恳请读者给予批评指正。

王竹泉

2016年3月

目录

项目一

认识营运资金管理

【专业能力目标】

1. 认识经济活动与营运资金；
2. 理解营运资金分类；
3. 理解营运资金影响因素；
4. 理解营运资金管理的理念和框架。

【职教能力目标】

1. 根据本项目的内容组成，合理进行教学设计与组织教学过程；
2. 掌握教案编写，多媒体课件制作，教学素材搜索与整理的方法；
3. 灵活掌握案例讨论、演示教授等教学方法，合理运用提问、讨论等教学手段，并在本项目教学中实施。

【项目简介】

营运资金管理是日常财务管理的重要组成部分，维系企业的生存和发展。本项目从营业活动、流动性、业务财务一体化等多个视角认识营运资金，提出本书对营运资金、营运资本的概念界定，在此基础上，通过对营运资金分类、营运资金影响因素等的分析和理解，构建营运资金管理的理念和框架。

【项目分解】

根据项目内容，本项目可分解为如下任务：

任务一：多角度认识营运资金

任务二：营运资金分类及其影响因素

任务三：营运资金管理的理念与框架

任务一　多角度认识营运资金

任务目标

1. 理解经济活动分类方法及营业观念；
2. 理解营业活动与营运资金需求；
3. 理解流动性与营运资金的关系；
4. 掌握营运资金的概念界定。

导入案例

风帆股份是一家生产蓄电池的上市公司，该公司 2007 年年报显示，公司 2007 年实现营业收入 26.27 亿元，同比增长 40.29%，净利润 1.16 亿元，同比增长 73.72%，业绩较上年大幅提升，但其经营活动的现金净流量却为 -11.11 亿元，公司财务承受了巨大的压力。公司资产负债表显示，年初存货为 4.48 亿元，年末存货为 12.11 亿元，年初应收款项（含应收账款和应收票据）为 2.24 亿元，年末应收款项（含应收账款和应收票据）为 4.86 亿元，年初应付款项（含应付账款和应付票据）为 3.24 亿元，年末应付款项（含应付账款和应付票据）为 2.22 亿元。

案例思考：为什么在业绩大幅提升的情况下公司却面临着巨大的财务压力？

任务解构

一、营业活动与营运资金

所有企业设立的目的都是为了盈利或创造价值，不同的只是为谁实现盈利或创造价值。但不管是为谁实现盈利或创造价值，都需要开展营业活动，而一切营业活动的开展都离不开资金的支持。因此，营运资金概念与营业活动紧密相连。对营业概念的不同理解，也就会有不同的营运资金概念。

企业的全部经济活动由经营活动、投资活动和筹资活动三部分构成。传统上，我们将企业的全部经济活动划分为经营活动和理财活动两大类，也就是将投资活动和筹资活动合并在一起称之为理财活动。与这种认识相对应，从事经营活动的人员被称之为业务人员，而从事投资和筹资活动的人员被称之为财务人员。

事实上，投资活动是企业运用资金间接创造价值的活动，而筹资活动不是一种运用资金的活动，而是为企业运营筹措所需要的资金。从资金运动的过程来看，投资活动和筹资活动是完全不同的两个方面，不具有共同性。将不具有共同性的投资活动和筹资活动划分为理财活动实质上是企业重视产品经营而忽视资本经营和资金运作的体现。

在狭隘的经营观念下，经营活动是为企业创造价值的主要业务，营业活动等同于经营活动，而投资活动则附属于经营活动而存在，并以服务于经营活动为目的。从以前财务报告将投资收益排除在营业利润之外就不难看出传统观念中存在的企业经营活动和投资活动的主从关系。在产品处于供不应求状态而资本市场也不够发达的 20 世纪，将经营活动作为企业的主要活动，而将投资活动和筹资活动均作为附属活动是无可厚非的，但是，在大部分产品供过于求且资本市场高度发达的当今世界，若仍然将产品经营作为首要活动而将投资活动和筹资活动作为附属活动显然已不合时宜。

不论是从企业的使命，还是从资金运动的过程和内在逻辑来看，经营活动和投资活动才是具有共性的经济活动，也应该是企业的主要经济活动。企业的使命是通过运用资本为投资者创造价值，实现资本的增值，至于以何种方式实现资本的增值则是企业经营管理的自主选择。经营活动固然是企业运用资本实现资本增值的重要方式，但并非唯一的方式。投资活动同样也是企业运用资本实现资本增值的重要方式。经营活动与投资活动的共性就在于，一方面，两者都是企业运用资本旨在实现资本增值的活动，另一方面，两者都是企业的主要活动，如果企业没有了运用资本的经营活动和投资活动，筹资活动就失去了意义，因此，筹资活动必须依附于经营活动和投资活动而存在，是从属于经营活动和投资活动的辅助活动。科学的经济活动分类应该是将经营活动和投资活动划分为一类，可称之为营业活动，也是企业的主要活动，而将筹资活动作为从属于营业活动的另外一类。每一个企业都要通过开展营业活动实现资本增值，从而为投资者创造价值，至于企业是将资本更多地投放于经营活动通过产品经营实现价值创造，还是更多地投放于投资活动通过资本经营和资本运作实现价值创造，则完全取决于哪一种资本运用方式的投资回报率更高，在它们之间根本不存在天然的主从关系。

相对于运用资本的经营活动和投资活动来说，筹资活动则完全是一种从属性的活动，其意义和使命就在于为经营活动、投资活动需要运用的资本提供保障。显然，将企业全部经济活动划分为营业活动和筹资活动既是企业营业观念拓展的体现，更是理顺业务、财务关系的科学选择。不论是从财务报告的营业利润从以前不包括投资收益在内到现在将投资收益涵盖其中，还是从专业化的投资经理人队伍的兴起和资本经营、资本运作观念的广为接受，都体现了人们对这种新的分类方式的认同。

因此，如果与营业活动相联系界定营运资金，从事经营活动和投资活动的业务管理人员可能关心的是在这些日常运营的活动中需要投入的流动资金总额，其心目中的营运资金就是指营业活动所占用的全部流动资产，而财务管理人员更关注营业活动对流动资金的融资需求，即：营业活动的流动资金净需求（Net Current Financial Needs for Business，简写为 NCFNB），其是指流动资产扣减营业活动自身可以融通的资金（如应付账款、应付票据、预收账款、应付职工薪酬、应交税费等营业性流动负债）后的净额，因为这部分流动资金净需求需要财务管理人员通过股权融资或债务融资去融通。因此，从与营业活动相联系的角度来界定营运资金，还存在着是将营运资金界定为营业活动中占用的全部流动资金（或流动资产）还是将其界定为营业活动流动资金净需求（NCFNB）的分歧。

二、流动性与营运资金

营运资金与流动性和短期偿债能力紧密相关。众所周知，流动资产是在一年或长于一年的一个营业周期之内可以转变为现金的资产，流动负债则是一年内或长于一年的一个营业周期之内需要偿还的债务。因此，对于企业的债权人来说，他们关注的是流动资产和流动负债之间的对比关系，这种对比关系形成了两个在企业偿债能力分析中常用的指标，一是流动比率，其等于流动资产除以流动负债，该比率越大，则被认为企业的短期偿债能力越强；另一个即是营运资金，其表示的是流动资产扣除流动负债后的净额。显然，这一净额越大，表明企业流动资产变现的资金在偿还了已知的流动负债之后还有剩余，即企业有充足的能力偿还短期债务。因此，在债权人看来，这一净额越大，企业的偿债能力就越强。由此可见，以流动资产减流动负债之后的差额所界定的营运资金，对于分析企业的流动性和偿债能力具有较强的解释力。

三、本书对营运资金概念的界定

本书从两个层面来界定营运资金或营运资本：

一是从资金使用或营业活动的流动资金需求的层面来界定，即：将营运资金界定为流动资产减去营业活动流动负债后的差额，也就是说，将营运资金界定为营业活动的流动资金净需求（NCFNB），这一差额不仅反映了维持营业活动（经营活动、投资活动）运营的流动资金净需求，而且为衡量企业供应链管理、客户关系管理等业务管理与财务管理的融合效果提供了很好的指标。显然，这一差额越小，说明企业在营业活动中的流动资金净融资需求越小，当这一差额为零时，说明营业活动产生的流动负债恰好等于营业活动的流动资产，营业活动没有融资需求，这就是许多企业所追求的“零营运资金”的状态。但是，当这一差额变为负数时，说明企业营业活动的流动负债已超过了营业活动的流动资产，企业的营业活动不仅没有融资需求，而且还可以为企业的非流动资产提供融资支持，此时，企业的营业活动变成了一个资金融通的平台。

二是从资金融通或资金来源的层面来界定营运资金，但为了区分于从资金使用或营业活动流动资金需求角度定义的营运资金，我们将从这个角度定义的营运资金称之为营运资本（Working Capital，简写为 WC），即：营运资本等于流动资产与流动负债的差额，其表示企业长期资本（长期金融性负债和所有者权益）用于满足企业营业活动营运资金需求的数额。显然，除长期资本满足企业营业活动的流动资金净需求部分外，其余部分需要用短期金融性负债（CURRENT FINANCIAL LIABILITY，简写为 CFL，如：短期借款、发行短期债券等）满足，即：营业活动流动资金净需求（NCFNB）＝营运资本（WC）＋短期金融性负债（CFL）。

综合上述两个方面的分析，本书将营运资金界定为企业在营业活动（经营活动和投资活动）中净投入或净融通的流动资金，即：

营运资金＝营业活动流动资金净需求＝流动资产－营业活动流动负债

当这一差额为正数时，其表示的是营业活动对流动资金的净融资需求；当这一差额为负数时，其表示的是通过营业活动净融通的流动资金。因此，以下如不特别说明，营运资金等同于营业活动流动资金净需求（NCFNB）。

同时，为了反映企业营运资金来源中长期资本融通的部分，我们将流动资产减去流动负债差额的部分称之为"营运资本"（WORKING CAPITAL），而营运资本对于分析企业的流动性和短期偿债能力也具有很好的解释力。营运资金与营运资本的关系可以用下式表示：

营运资金（NCFNB）＝营运资本（WC）＋短期金融性负债（CFL）。

四、营运资金概念重新界定的意义

对营运资金概念进行重新界定，并区分"营运资金（或营业活动流动资金净需求，NCFNB）"和"营运资本（WORKING CAPITAL）"，不仅有助于解决目前在营运资金管理研究和实践中所存在的概念不清问题，而且更有助于推动营运资金管理理论和实践的进一步发展，具体将体现在以下几个方面：

1. 有助于加强营运资金需求预测和分析

目前对营运资金需求的预测和分析要么是在分项预测存货、应收账款、应付账款等要素资金的需求基础上汇总确定营运资金需求，缺乏对影响营运资金整体的战略性因素的考虑，要么是笼统地将营运资金与销售收入等规模指标相联系，分析预测企业营运资金的整体需求，缺乏对影响营运资金需求的因素及其影响机理的深入分析。"营运资金（或营业活动流动资金净需求，NCFNB）"概念的提出，为我们从战略和战术两个层面分析影响营运资金需求的因素及其影响机理，从而进一步加强营运资金需求预测和分析奠定了良好的基础。

2. 有助于改进企业偿债能力的分析

如前所述，以流动资产和流动负债的差额定义的营运资本和流动比率一样，是被作为偿债能力分析指标使用的。但是，由于流动负债不仅包括金融性流动负债，而且也包括营业活动中产生的流动负债，因此，营运资本和流动比率所反映的偿债能力充其量只是对全体债权人而言的平均偿债能力，不能很好满足特定债权人特别是金融性流动负债的债权人对偿债能力分析的需求。

例如，甲、乙公司均为A银行的客户，分别向A银行短期借款50亿元和30亿元，其他相关信息如表1－1所示，如果用传统的偿债能力分析指标，我们看不出甲公司、乙公司哪个公司的偿债能力更好，因为两家公司的营运资本都是50亿元，流动比率都是1.5。

表 1-1 甲、乙公司部分财务报表项目信息 单位：亿元

项目	甲公司	乙公司
流动资产	150	150
流动负债	100	100
货币资金	50	50
应收款项	50	50
存货	50	50
短期借款——A 银行	50	25
应付账款——B 供应商	25	50
预收账款等其他流动负债	25	25

但是，从债权人角度来看，以流动资产减去营业活动的流动负债后的差额所定义的营运资金实质上表示在最保守的情况下企业的流动资产在优先偿还了除金融性流动负债以外的其他所有流动负债后剩余的余额，该部分余额可用来偿还金融性流动负债。该余额相对应金融性流动负债的比例越高，则金融债权人的债权就会越有保障。从这个意义上说，我们可以设计一个专门针对金融债权人的流动比率，即：

金融性债务流动比率 = 营运资金/金融性流动负债

甲公司：金融性债务流动比率 = (150 - 25 - 25)/50 = 2

乙公司：金融性债务流动比率 = (150 - 50 - 25)/25 = 3

显然，对 A 银行来说，乙公司比甲公司的偿债能力更强。由此可以看出，新定义的营运资金比传统的以流动资产减流动负债之后的差额所界定的营运资本，在分析企业对金融债权人的偿债能力方面具有更强的解释力和鉴别力。

3. 有助于创新营运资金融资结构和财务风险的分析

从融资决策的角度来看，融资结构应揭示企业融通某项资金是通过何种来源或渠道以及各来源或渠道融资所占的比例关系。但是，在将流动资产减流动负债的差额作为营运资金的概念范畴下，我们难以对营运资金的融资结构进行系统的分析，因为如果将这一范畴下的营运资金理解为一种净资金占用的话，则其来源只可能是企业的长期资本（长期负债与所有者权益之和），这种融资结构的分析意义十分有限。

将营业活动流动资金净需求（NCFNB）界定为营运资金而将流动资产减流动负债的差额界定为营运资本，不仅有助于深化和完善营运资金需求预测和分析，而且有助于创新营运资金融资结构的分析。

由于营运资金(NCFNB) = 营运资本(WC) + 短期金融性负债(CFL)，因此，营运资金融资结构分析就可以揭示企业的营运资金（营业活动流动资金净需求）有多少是通过短期金融性负债来融通的，而有多少是通过长期负债或所有者权益（即：营运资本）来融通的，这显然是企业营运资金融资决策需要考虑的最重要的决策变量。很显然，在营运资金融资结构中，短期金融性负债的占比越高，则短期财务风险越高，而营运资本的比例越高，则财务风险越低。

案例解析

在风帆股份的案例中，企业实现净利润1.16亿元，而经营活动的现金净流量却为-11.11亿元，两者相差了12亿多元。净利润与经营活动现金净流量的差异主要由两类原因构成，一类是两个指标对应的经济活动口径不同，净利润既包括经营活动的成果，而且也包括投资活动、筹资活动的成果，而经营活动的现金净流量则只是经营活动的结果；另一类是权责发生制与收付实现制之间的差异，除资产减值准备、固定资产折旧、无形资产摊销等项目外，主要体现在经营性应收项目的变化、经营性应付项目的变化以及存货的变化上。风帆股份年末存货较年初存货增加7.63亿元，应收款项增加2.62亿元，应付款项减少1.02亿元，这三项显然是导致净利润与经营活动现金净流量巨大差异的关键所在，而这些项目恰恰是经营性流动资产、流动负债管理方面的问题，即由于营运资金管理方面出现了问题，导致了该公司在业绩大幅提升的情况下却遭受了巨大的财务压力。

任务二　营运资金分类及其影响因素

任务目标

1. 理解营运资金分类的传统方法；
2. 掌握基于供应链或渠道的营运资金分类方法；
3. 理解基于供应链或渠道的营运资金分类的意义；
4. 理解营运资金的影响因素。

导入案例

REL咨询公司和《CFO》杂志2002年发布的营运资金调查报告以“不要让供应链断裂”为标题，指出客户与供应商关系管理的重要性，提出通过供应商、企业、客户之间的整合和供应链优化来提升营运资金管理绩效的新思路。DELL（戴尔）和APPLE（苹果）堪称基于供应链管理营运资金的典范，在REL咨询公司和《CFO》杂志发布的美国最大的1 000家企业营运资金管理绩效排行榜上，这两家企业的营运资金周转期都是负数，这意味着企业不仅不需要为经营活动垫支自有资金，而且其经营活动还能够融通资金。

案例思考：营运资金周转期为负数是怎样形成的？

任务解构

一、营运资金的传统分类

在营运资金分类方面，常见的分类主要有两种方法，一种是按其构成要素进行分类，另一种是按其随时间的变动特点进行分类。按照前一种分类方法，营运资金被分为：现金、有价证券、应收账款、存货和应付账款等。在这种分类的基础上，营运资金管理被分解为现金和有价证券管理、应收账款管理、存货管理、信用管理等组成部分，各组成部分研究的内容主要是如何确定其最佳的持有水平；按照后一种分类方法，营运资金被分为临时性营运资金和永久性营运资金，研究的内容是确定短期融资和长期融资的适当组合，即：临时性营运资金通过短期融资方式筹措，长期性营运资金通过长期融资方式筹措。上述两种分类及其相关的两类决策构成了现有营运资金管理的全部内容，而两类决策的本质都是风险和盈利能力的权衡。

二、基于供应链或渠道的营运资金分类

本书除采用以上两种方法对营运资金进行分类外，还根据营运资金的运用领域或活动首先将全部营运资金划分为经营活动营运资金和投资活动营运资金，并进一步将经营活动营运资金按照其与供应链或渠道的关系分为营销渠道的营运资金（成品存货＋应收账款、应收票据－预收账款－应交税费）、生产渠道的营运资金（在产品存货＋其他应收款－应付职工薪酬－其他应付款）和采购渠道的营运资金（材料存货＋预付账款－应付账款、应付票据）。即：

营运资金＝流动资产－营业活动流动负债

＝经营活动流动资产－经营活动流动负债＋投资活动流动资产－投资活动流动负债

＝经营活动流动资金＋投资活动营运资金

经营活动营运资金＝采购渠道的营运资金＋生产渠道的营运资金＋营销渠道的营运资金

其中：营销渠道的营运资金＝成品存货＋应收账款、应收票据－预收账款－应交税费

生产渠道的营运资金＝在产品存货＋其他应收款－应付职工薪酬－其他应付款

采购渠道的营运资金＝材料存货＋预付账款－应付账款、应付票据

三、基于供应链或渠道的营运资金分类的意义

基于供应链或渠道对营运资金进行分类不仅能够将各个营运资金项目涵盖在内，而且能够清晰地反映出营运资金在渠道上的分布状况，从而为基于渠道管理的营运资金管理绩效评价和管理策略奠定基础。

1. 有助于完善营运资金管理绩效评价

目前对营运资金管理绩效的评价要么是以存货、应收账款、应付账款等经营活动中部分营运资金要素项目的周转绩效为主体，要么是以流动资产、流动负债差额构成的整体营运资金周转绩效为主体，前者不仅缺乏对投资活动营运资金管理绩效的考察，而且其对经营活动营运资金管理绩效的考察也不够全面，也没有很好地体现出业务、财务一体化的管理理念。“营运资金（或营业活动流动资金净需求，

NCFNB)”概念的提出，有助于进一步将营运资金区分为经营活动营运资金和投资活动营运资金，在补充和完善投资活动营运资金管理绩效评价的同时，进一步深化和完善经营活动营运资金管理绩效的评价，以更好地体现业务、财务一体化的营运资金管理理念，引导企业关注那些对经营活动营业资金管理绩效具有战略性决定作用的因素：供应链与渠道关系管理、业务流程再造和供应链金融等。

2. 有助于深化对营运资金配置结构的分析

在将流动资产减流动负债的差额作为营运资金的概念范畴下，我们难以对营运资金的配置结构及其合理性进行分析。因此，目前对营运资金配置结构的分析大都是将营运资金视为流动资产，分析流动资产各组成项目所占的比例，缺乏整体性和系统性。

在将营运资金界定为营业活动流动资金净需求（NCFNB）的基础上，我们不仅可以将营运资金首先区分为经营活动营运资金和投资活动营运资金，从而分析企业营运资金在经营活动、投资活动上配置的合理性，而且可以进一步考察经营活动营运资金在各个经营环节或渠道上的配置状况，从而分析企业在各个经营环节或渠道上营运资金配置的合理性。

3. 有助于引导企业实施基于渠道管理的营运资金管理策略

20 世纪末以来，海尔通过业务流程再造、分销渠道整合、优化供应链等举措破解了一系列营运资金管理难题。特别是进入 21 世纪之后，海尔通过实施“零库存下的即需即供”、“大客户加应收账款保理”等模式，有效地解决了全球化扩张和竞争中营运资金管理的难题，实现了零营运资金、负营运资金的良好绩效。海尔的成功经验告诉我们，要根本性提升营运资金管理的绩效，必须将营运资金管理的重心转移到供应链或渠道管理和控制上来，实施“基于渠道管理的营运资金管理”，通过企业内部的业务流程再造和跨越企业的渠道优化和整合来化解营运资金管理的难题，JIT（实时制）、VMI（供应商管理库存）、JMI（联合管理库存）等的广泛应用正是这种理念实施的典范，基于供应链或渠道的营运资金分类为这些策略的实施提供了支持。

四、营运资金的影响因素

企业是一个资源投入与资源获取的循环，内外协调平衡的经济生态系统。对企业循环的血液—资金流的影响，一方面是不可控的因素—外部环境，被动接受和适应，动态关注及规避风险；另一方面是可控因素—内部管理，效率因企业而异，主动控制并进行优化。企业的营运资金就在外部环境与内部管理中牵制流转，创造企业价值。环境因素（宏观经济环境、行业环境、组织环境）和内部管理因素（治理结构、资金管理体制、商业模式和信息化水平等）均会对营运资金产生影响。营运资金的影响因素如图 1 - 1 所示。

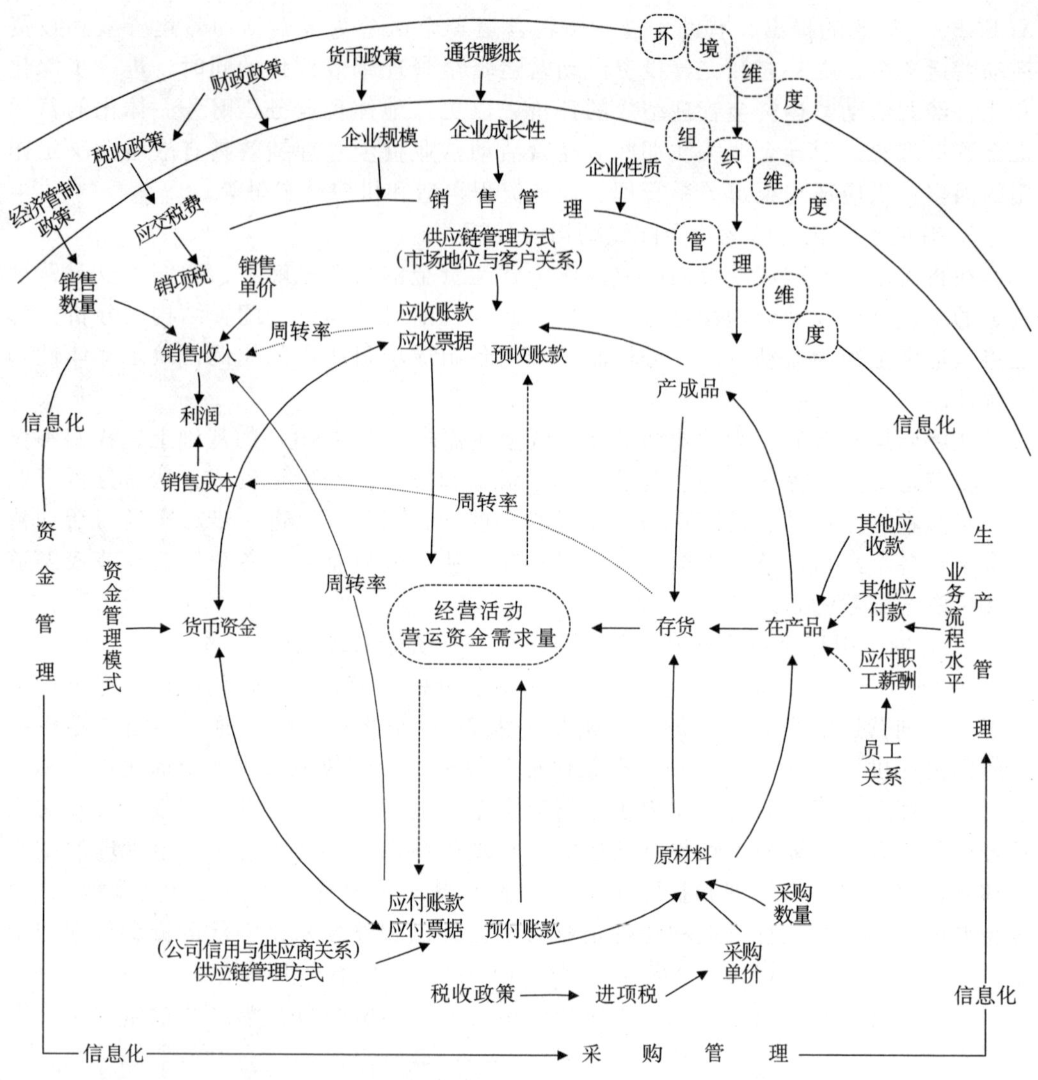

图1-1　营运资金影响因素示意图

案例解析

戴尔等企业营运资金周转期为负数，即意味着企业已实现了先向客户收款，再向供应商付款的状态。换句话说，企业的经营活动不仅不需要垫支营运资金，而且还可以达到融通资金的效果。当然，这种状态的取得并非是企业有意拖欠供应商货款的结果，而是通过商业模式创新、业务流程再造的结果。要根本性提升营运资金管理绩效，必须从创新商业模式、优化业务流程等战略性因素切入，戴尔等在营运资金管理方面取得的成功，正是企业进行商业模式创新和业务流程再造的结果。

任务三　营运资金管理的理念与框架

任务目标

1. 理解供应链管理对营运资金管理的影响；
2. 理解组织结构对营运资金管理的影响；
3. 理解供应链金融对营运资金管理的影响。

导入案例

针对以前资金在集团内产供销流程各环节以及各成员单位沉淀、闲置、配置不均衡和融资需求不对称等问题，海尔集团自2002年起设立了财务公司。财务公司根据集团发展的需要集中、统一管理集团下属500多个公司的资金，通过有偿调剂集团内部企业资金余缺，优化配置集团资金资源，激活了集团内部的闲置和沉淀资金，满足了成员单位产业发展过程中的内部融资需求，实现了集团对外流动资金的“零”贷款，节约了大量资金成本。

在资金账户的管理上，海尔财务公司提出“一个账户”的资金集中管控模式，搭建了资金账户的集中管理与操作平台，未获集团批准不得擅自在财务公司外开立新账户。目前，财务公司管理着集团500多家公司的1 500多个资金账户，使外部银行账户几乎全部成为“影子账户”，实现了集团“一个账户”的资金管控理念。

案例思考：资金管理体制会如何影响营运资金管理？

任务解构

一、供应链管理与营运资金管理

网络经济时代，全球网络将供应链上的所有企业联系在一起，市场竞争已不再是单个企业之间的竞争，而是供应链之间的竞争。竞争环境根本性的改变，为企业带来机遇的同时也带来了前所未有的不确定性和竞争压力，为了适应这种竞争的需要，供应链理论广泛应用于企业管理中。在营运资金管理中融入供应链思想，对供应链加以剖析从战略高度挖掘营运资金潜能，在管理理念、管理手段、管理方式等方面突破传统，建立与现代企业环境相适应的营运资金管理新方法，是企业提升营运资金管理绩效，获得竞争力的重要途径之一。

供应链是围绕核心企业，通过对信息流、物流、资金流的控制，从采购原材料开始，制成中间产品以及最终产品，最后由销售网络把产品送到消费者手中的贯穿整个供、产、销环节，将供应商、制造商、分销商、零售商、直到最终用户连成一个整体的功能网络结构。供应链结构图如图 1 –2 所示：

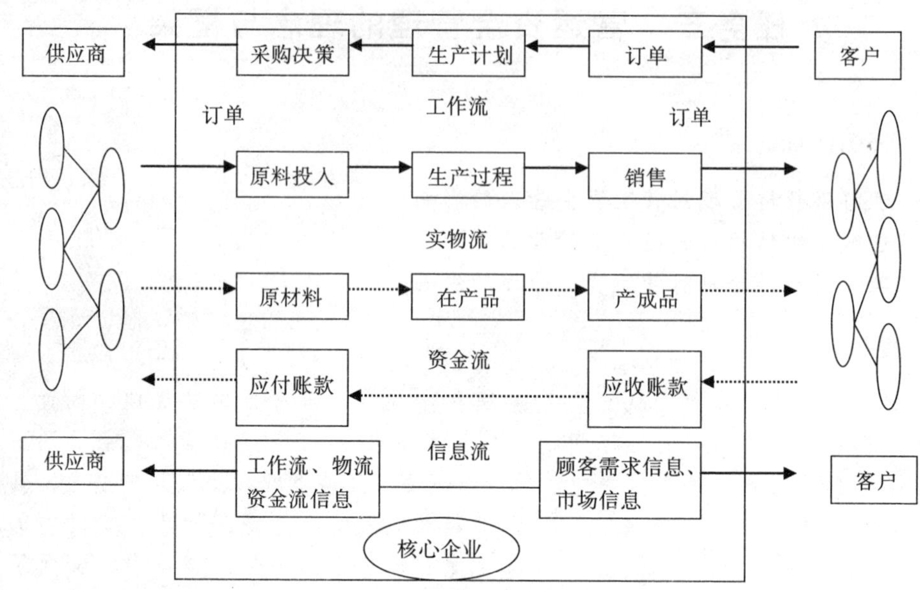

图 1 –2 供应链结构图

从图 1 –2 可以看出，供应链是围绕核心企业的网链关系，包括核心企业与供应商、供应商的供应商乃至与一切前向的关系，与客户、客户的客户及一切后向的关系，工作流、实物流、资金流和信息流贯穿于供应链的始终，营运资金在供应链上的流动客观将核心企业与上下游企业（包括终端客户）连接在一起。上游供应商、核心企业以及下游客户都是营运资金经过的节点，供应链上的每一个企业的营运资金对其他企业都具有很强的依赖性，只有每一个节点企业都处于高效运作状态，供应链才能畅通，营运资金管理应该借助于这种对内与对外的合作与协调关系以及建立在这一关系基础上的供应链整体利益最大化思想，从而提升整个供应链的营运效率，使供应链上每个节点企业共同受益，即：实施面向供应链的营运资金管理，如图 1 –3 所示。

面向供应链的营运资金管理的核心是协同化管理，即用整体的观点看待企业内部活动，对外将供应商、顾客等相关企业视为实现自身利益不可缺少的重要组成部分，强调与他们的合作关系。核心企业自身利益的实现需建立在整个供应链联盟的基础之上，企业提高营运资金管理绩效目标的实现需要供应商和客户的配合。取得上游供应商的配合，原材料及时、准确地到达核心企业，减少原材料库存量、加快物流速度，同时能保证生产正常运作，商品及时配送到客户手中，进而巩固了与下游客户的良好关系；良好客户关系的建立不仅保证了应收账款及时足额的收回，减少了应收账款上营运资金的占用，而且同时也减少了在产品存货库存量。

面向供应链的营运资金管理可以分三个层次依次递进：第一个层次是单向集成，

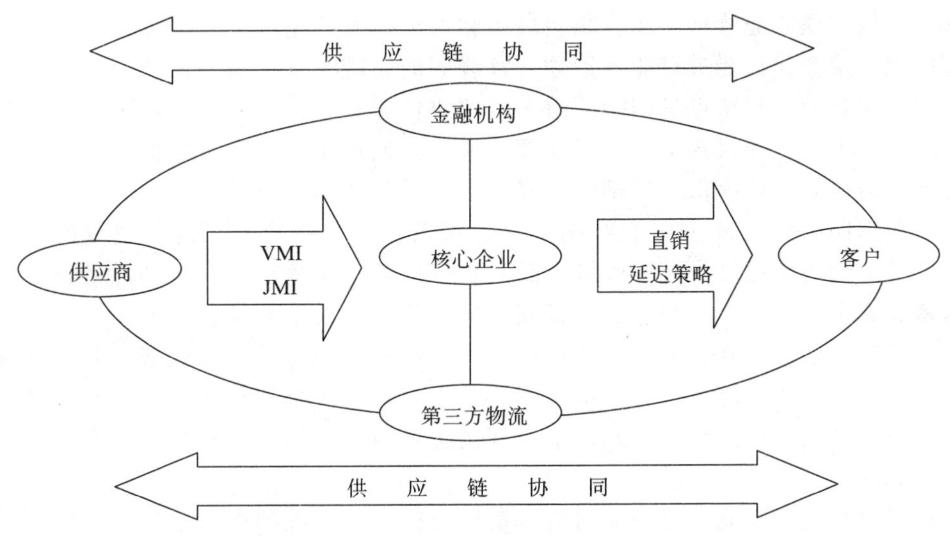

图 1－3　面向供应链的营运资金管理

即面向供应链的上下游某个关键节点为对象进行优化，主要包括客户导向的营销渠道营运资金管理新方法和提高供应商参与程度的库存管理新方法；第二个层次是供应链导向营运资金管理方法的更高形式—供应链协同营运资金管理，它并不是一种单一的方法，而是贯穿于各个方法创新过程中的一种理念上的指导，通过供应链各环节营运资金管理的风险共担、利益共享机制实现 1＋1＞2 的协同效应；第三个层次是将营运资金在供应链网络的层面上进行全方位、立体化的优化，突破传统供应链条的边界，扩展供应链范围和合作伙伴对象，在供应链网络联盟下实现资源整合共享。

二、组织结构与营运资金管理

常见的组织结构形式有直线制、职能制、直线职能制、事业部制、矩阵制和虚拟组织结构。

直线制、职能制和直线职能制是 U 型结构的三种表现形式。其中，直线制是一种最早也是最简单的组织形式，其特点是企业各级行政单位从上到下实行垂直领导，下属部门只接受一个上级的指令，各级主管负责人对所属单位的一切问题负责。职能制组织结构是除主管负责人外，还在组织内设置若干职能部门，并都有权在各自业务范围内向下级下达命令，即下级行政负责人除了接受上级行政主管人指挥外，还必须接受上级各职能机构的领导。直线职能制也叫生产区域制或直线参谋制，即在组织内部，既设置纵向的直线指挥系统，又设置横向的职能管理系统，以直线指挥系统为主体建立的两维的管理组织。它是在直线制和职能制的基础上建立起来的。这种组织结构形式把企业管理机构和人员分为两类，一类是直线领导机构和人员，按命令统一原则对各级组织行使指挥权；另一类是职能机构和人员，按专业化原则，从事组织的各项职能管理工作。职能机构和人员是直线指挥人员的参谋，不能对直接部门发号施令，只能进行业务指导。直线职能制既保证了组织的统一指挥，又加强了专业化管理。其缺点是职能部门之间的协作和配合性较差，职能部门的许多工作要直接向上层领导报告请示才能处理，这一方面加重了上层领导的工作负担，另一方面也造成办事效率低，且难以培养"多面手"式的管理通才。

事业部制结构（M 型组织结构）是分级管理、分级核算、自负盈亏的一种形式，即一个公司按地区、顾客或按产品类别分成若干个事业部，从产品的设计、原料采购、成本核算、产品制造、一直到产品销售，均由事业部及所属工厂负责，实行单独核算，独立经营，公司总部只保留人事决策、预算控制和监督大权，并通过利润等指标对事业部进行控制。事业部制必须具备三个基本要素：独立的市场、独立的利益和独立的自主权。因此，事业部制主要适用于品种多样化、各有独立市场的大型组织。

矩阵制是由按职能划分的纵向指挥系统与按项目组成的横向系统结合而成的组织结构。矩阵制将对项目小组成员行使有关项目目标达成的权力分配给项目经理，而将晋升、工薪建议和年度评价等决策的责权留给职能经理。矩阵制主要适用于一些重大攻关项目，如涉及面广的、临时性的、复杂的重大工程项目或管理改革任务。

虚拟组织结构是一种以项目为中心，通过与其他组织建立研发、生产制造、营销等业务合同网，有效发挥核心业务专长的协作型组织形式，又称为"动态网络组织"、"虚拟公司"或"影子公司"。虚拟结构是小型组织的一种可行的选择，也是大型企业在联结集团松散层单位时通常采用的组织结构形式。

一般来说，当企业较小、经营环境较简单时，往往采用 U 型结构；当企业规模扩大到一定阶段后，U 型结构因其高度集权往往显示出不适应，事业部制作为一种高度（层）集权下的分权管理体制则较为合适；当然，企业也可能因其管理目的、生产经营的特点不同而对事业部制进行改进，或采用其他的组织形式，如矩阵制、虚拟组织等。

不同的企业组织结构往往对应着不同的职责权力的分配，与此相应，营运资金管理的权限、方法与绩效也受企业组织结构的影响。在高度集权的 U 型结构下，营运资金管理往往局限于财务部门，采用的方法主要是传统的方法：如利用存货经济订货批量模型确定存货的采购量和采购时点、利用最佳现金持有量模型确定现金持有金额等。由于营运资金管理局限于财务部门，往往导致不能从业务层面改善营运资金管理状况，且容易引发业务与财务部门的矛盾。另外，由于传统的管理方法针对的只是营运资金的部分项目，忽略了营运资金的负债部分，且因单独考虑存货、应收账款等项目，往往导致各项目间管理绩效此消彼长的矛盾，如加速货款的回收可能导致商品销量减少、库存增加。所以，在实务中往往由财务经理根据个人经验判断进行管理（对财务经理的个人综合能力要求较高，且存在较大的风险）。当企业规模较小时，高层管理者较易协调业务与财务部门的矛盾，财务经理也能较好地平衡各项目间的管理矛盾。

当企业规模增大到一定程度时，如果仍采用U型组织结构，财务部门与业务部门的矛盾和营运资金内部各要素间业绩此消彼长的矛盾会越来越严重，这客观上要求对企业组织结构进行调整和改造。在采用事业部制的初期，各事业部相当于U型结构下的一个企业，各事业部的财务经理一般能较好地管理各事业部的营运资金。从整个企业来讲，需要公司总部对各企业间的营运资金管理政策进行协调。然而，由于各事业部相当于独立的利润中心，拥有独立的自主权，当企业规模进一步扩大时，往往导致难以协调。如海尔集团在1992~1998年期间采用的是事业部制（超级事业部制）组织结构，这种协调困难导致了一系列问题：首先，由于集团内各事业本部单独对外授信，需要分别对客户进行信用评估，不仅浪费资源，而且使得整个集体对外部同一单位的信用政策不同，和客户之间产生了不必要的矛盾。其次，由于各事业部针对同一客户单独授信，可能导致整个集团对同一客户的授信额度超出了客户的偿债能力，增加了应收账款回收的风险。再次，授信政策的不统一，往往导致很多客户按照最长信用期付款，不仅不利于各事业部进行资金回收的预算，而且容易引发集团内部各事业部间的摩擦与矛盾。最后，由于海尔经营的主要是家电系列产品，且未从整个集团的角度对客户进行统一管理，而对方客户回款时针对的是海尔集团，随着销货次数和品种的不断增多，大大增加了应收账款的核对工作量，并对货款催收产生不利影响。

大型跨国公司一般通过设立司库（Treasury）的模式来监控集团内部成员企业的营运资金运作，实现营运资金集中管理与控制。其司库（Treasury）通过垂直管理其各个部门，达到营运资金的集中控制，组织部门包括：政策和流程、资本项目管理、现金管理、财务风险管理、资金报告和分析、信息技术。某跨国公司的司库组织结构如图1-4所示。

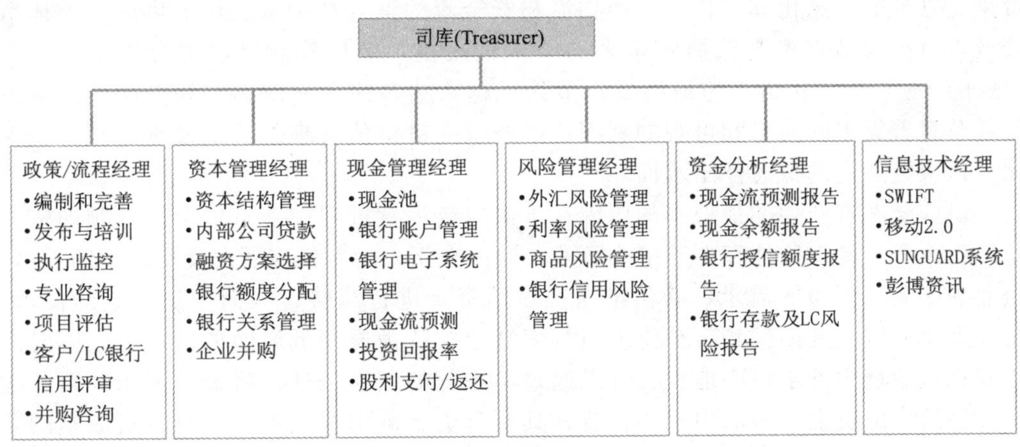

图1-4　某跨国公司的司库组织结构

在司库组织中，各部门经理的主要职责如下：

政策和流程经理主要负责政策的编制和完善、发布和培训、执行监控、专业咨询、项目评估、客户信用评审、并购咨询等。如客户信用评审，主要是对客户信用进行评级，相应制定并监控结算政策，使资金回笼的过程加速，减少资金风险。

资本管理经理主要负责资本结构管理、内部公司贷款、融资方案的选择、银行额度分配及选择、银行管理及企业并购。如融资方案的选择，对多种可行方案进行比较，考虑财务杠杆作用，在资金成本最优化基础上为管理层提供决策服务。

现金管理经理主要负责现金池管理、银行账户管理、银行电子系统管理、集团现金流预测、资金保护及股利支付等。比如现金池管理主要是通过网上银行将资金归集到全球现金池，对全球的资金统一监控，使资金的效率最优化，合理配置全球资金。

风险管理经理主要负责外汇风险管理、利率风险管理、商品风险管理、银行信用风险管理。如外汇风险管理和利率风险管理通过实时动态发布全球汇率及利率管理政策，制定外汇避险和理财增值的模型和方案，以指导和监管全球公司的汇率及利率。

资金分析经理负责现金流预测报告、现金余额报告、银行授信额度报告、银行存款及 LC 风险报告。

信息技术经理主要负责对司库整个部门的信息技术支持，将最新的模式及咨询提供给资金管理者，为资金管理的效率提升提供技术支持。最新的信息技术包括诸如 SWIFT、SUNGARD 系统等。

三、供应链金融与营运资金管理

在供应链管理中存在物流、信息流和资金流的流动和管理，而供应链的风险在于三种流的载体在供应链流动过程中供应和需求的不匹配。所以，在供应链的管理过程中，需要其中的物流、信息流和资金流进行有效的协调，这就必然涉及供应链中企业的融资和运营的综合决策问题。物流和信息流的集成管理在过去 10 ~ 20 年间带来了管理的信息化和现代化，而物流和资金流的整合却少有关注。供应链整体融资成本过高及节点资金流瓶颈带来的“木桶短板”效应实际已经部分抵消了生产“成本洼地”配置所带来的最终成本节约。越来越多的人发现物流和资金流的集成创新孕育着无限的商机和可观的利润，财务供应链价值管理的价值发现过程逐步深化，供应链融资的概念浮出水面。

供应链融资产生的最根本的原因在于供应链运营过程中节点资金流瓶颈即资金缺口，而资金缺口往往存在于中小企业。原因在于，随着供应链内交易频率的提高，企业为了满足贸易的需求，必然准备更多的资金进行流转，从而增加资金的需求。主导型企业因其规模优势，在传统银行信贷中被认为属于低风险的贷款人，同时由于其在供应链中处于核心地位，可以通过不平等的贸易条件，将资金占用和财务成本转移给供应链上下游的中小型企业，其自身资金需求往往不大，对融资成本的要求也很苛刻。由于信用和规模的先天性缺陷以及缺乏同大企业相比的信贷融资所必需的信息优势，中小企业在信贷市场处于不利地位，成为传统信贷业务中的高风险贷款人，很难获得资金或必须以较高的融资成本作为代价，业务发展举步维艰。资金短缺成为中小企业乃至整个供应链持续发展的隐患，资金链断裂导致的企业瞬间坍塌的现象屡见不鲜。资金的供求和财务承担能力的不对称，必然影响供应链的长期稳定。因此，如何在供应链的背景下，通过金融产品的创新，增强中小型企业融资能力，降低其融资成本，已经成为供应链稳定发展的保障。

供应链金融是银行为代表的金融机构从产业供应链角度出发，通过对客户企业的整体评价（行业、供应链和基本信息），针对供应链各渠道运作过程中客户企业拥有的流动性较差的资产，以资产所产生的确定的未来现金流作为直接还款来源，运用丰富的金融产品，采用封闭性资金运作的模式，并借助中介企业的渠道优势，来制定个性化的金融服务方案，为企业、渠道以及供应链提供全面的金融服务，提升供应链的协同性，降低其运作成本。简单地说，就是银行通过借助与中小企业有合作关系的供应链中核心企业的信用或者以两者之间的业务合同为担保，同时，依靠第三方物流企业等的参与来共同分担贷款风险，帮助银行控制中小企业的贷款去向，保证贷款资金的安全，有效地控制银行的贷款风险，从而在解决中小企业融资问题的同时，通过这样的金融支持，银行加强了其与企业的合作关系，拥有了相应稳定的企业客户，经营风险随之降低，经营效益获得提高。传统融资模式下的银企关系和供应链融资模式下的银企关系分别如图 1－5 和图 1－6 所示。

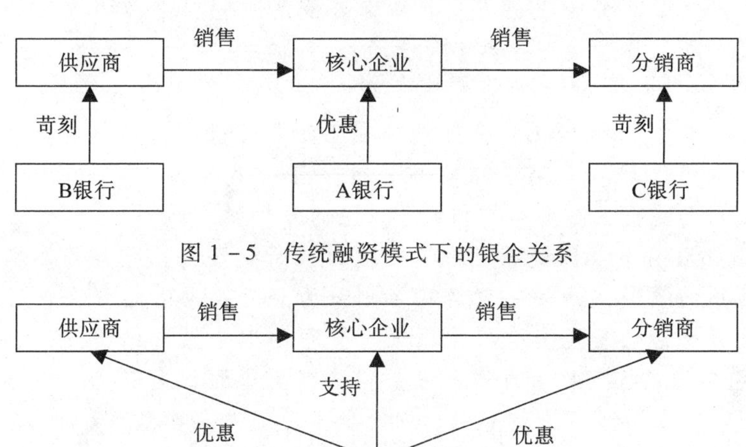

图 1－5　传统融资模式下的银企关系

图 1－6　供应链融资模式下的银企关系

资料来源：庄春光："供应链融资是另辟蹊径还是新瓶装旧酒"，《当代金融家》，2007 年第 3 期。

供应链金融的实质，就是银行或金融机构打破了原来银行孤立考察单一企业静态信用的思维模式，针对供应链运作过程中，企业形成的应收、预付、存货等各项流动资产进行方案设计和融资安排，将多项金融创新产品有效地在整个供应链各个环节中灵活组合，提供量身定制的解决方案，以满足供应链中各类企业的不同需求，在提供融资的同时帮助提升供应链的协同性，降低其运作成本。

供应链金融不仅成为金融机构业务创新的一种重要方式，而且其对企业的营运资金管理产生了重要的影响。供应链金融将上、下游企业和银行紧密地联系起来，使得整个链条形成了一个闭环模式，银行能够准确地掌握各个环节上企业的信息。银行通过核心企业的优质信誉，为它的上下游提供金融服务，并在一定程度上规避了风险。企业通过银行的帮助，也能够做到信息流、物流、资金流的整合。在收到对方支付的款项之后，企业就可以及时地将物流进行跟进，这样就实现了资金收付的高效率，加速了整条供应链的物流和资金流的高速运转，提升了整体价值。

案例解析

海尔营运资金管理创新并不是传统的对单个营运资金项目的管理，而是从战略、商业模式、组织、流程、机制、金融工具等方面进行的全面、全流程、全员的营运资金管理，在供应链管理、渠道与客户关系管理、资金集中管理、供应链融资等方面进行了创新，丰富了营运资金管理的内涵。

项目回顾

1. 对营运资金概念的认识与界定与营业活动紧密相连，经营活动和投资活动同属于资金运用的活动，筹资活动属于资金筹集活动。因此应从资金需求与预测两个角度对营运资金进行界定。从资金使用或营业活动的流动资金需求的层面来界定，即：将营运资金界定为流动资产减去营业活动流动负债后的差额；从资金融通或资金来源的层面来界定营运资金：营业活动流动资金净需求（NCFNB）＝营运资本（WC）＋短期金融性负债（CFL）。这样的营运资金概念界定有助于加强营运资金需求预测和分析，有助于改进企业偿债能力的分析，也有助于创新营运资金融资结构和财务风险的分析。

2. 在营运资金分类问题上，除了传统的按照要素进行分类外，本书还提出按照资金运用的领域或活动将营运资金划分为经营活动营运资金、投资活动营运资金，对经营活动营运资金再按照渠道管理的理念做进一步细分，分为采购渠道的营运资金、生产渠道的营运资金和营销渠道的营运资金。企业营运资金管理绩效既受外部环境因素的影响，同时也会受到内部管理因素的影响。

3. 营运资金管理依附于企业的业务活动，受内外部环境因素的影响，因此营运资金管理应与供应链管理、组织结构、供应链融资等管理相结合。

专业技能训练

1. 海尔近年来持续推进财务共享，成为其财务管理模式转变的重要前提。在海尔财务共享管理中，实现了流程统一、规则统一和语言统一，制定了海尔 GAAP，规范了交易过程和规则，提高了运营效率；通过资金集中和交易集中。在业务端实现无账户、无现金、无会计，提高了资金运营效益，有效地管控了财务、交易、运营和资金风险。通过财务共享管理，业务能够得到有效的规划和指引，使得业务端专注于满足用户需求。

请思考：海尔推行财务共享将对其营运资金管理产生哪些重要影响？

2. 中国企业营运资金管理研究中心开发的“中国上市公司营运资金管理数据库（网络版）”，包括“中国上市公司营运资金基础数据库”、“中国上市公司营运资金管理绩效指标数据库”、“中国上市公司营运资金管理绩效排行榜数据库”等子库，涵盖了1997以来全部非金融类上市公司营运资金管理专题数据，其中2007年以来的数据除包括传统的分要素的营运资金及其绩效评价体系外，还包括中国企业营运资金管理研究中心首创的“基于渠道的营运资金管理绩效评价体系”的全部数据信息。其数据库网站如下：http：//bwcmdatabase. ouc. edu. cn。

请思考：中国上市公司营运资金管理数据库中基于渠道的营运资金管理绩效指标设计是否合理？是否能够满足企业营运资金管理需求预测及绩效评价的需求？

3. 已有的财务风险及其评估往往聚焦于企业的偿债能力，导致人们均将目光聚焦于货币资金，而货币资金并不是企业开展营业活动需求的唯一资源，企业可以通过以非现金资产偿债、债务延期、债转股等方式化解债务危机，同时又不损及企业的生存和发展能力。这也是许多被评定为财务风险极大或企业信用水平较低甚至陷入偿债危机的企业为什么还能够继续生存的重要原因。

请思考：有人提出，应将企业财务风险的核心内涵界定为企业筹资活动保障营业活动营运资金需求能力的不确定，而不能仅局限于对偿债能力的评估，你是否认同这种观点。

4. 供应商管理库存模式的起源和发展应用跟零售业息息相关。宝洁与沃尔玛就是VMI的早期成功案例之一。几十年来，这一模式已在很多行业和企业中得到广泛应用。供应链管理、渠道关系、信息技术等成为影响企业营运资金管理绩效的战略性因素。

请思考：以供应商管理库存模式为例，商业模式变革对企业营运资金管理产生了哪些深远影响。

教学设计与实践

1. 根据教学计划，针对任务一、任务二、任务三内容，进行教学设计，编写教案，制作多媒体课件等演示资源，合理组织教学过程，开展实践教学。

2. 根据项目各任务导入案例的思考要求，合理运用案例讨论方法与工具，开展讨论式教学实践。

3. 以提问、自由发言相结合的方式，引导学生举例阐述营运资金创新管理的理念在企业实践中的应用。

拓展案例

海尔网络化战略阶段的营运资金管理模式

海尔集团在其领导人张瑞敏的带领下，至2013年正式宣布进入网络化战略阶段。互联网时代的到来使得传统的经济发展模式不再适应时代的发展，新的时代召唤着新的经济发展模式，它必须能够适应网络化要求，经济市场和企业本身必须最大程度上呈现网络化。海尔集团认为，实行网络化战略的重点在于：企业无边界、管理无领导以及供应链无尺度。

早在10年前，海尔便提出了“人单合一双赢”模式，并对之进行了坚持不懈的探索，这种探索竟然已经持续了10年多的时间。功夫不负有心人，实践是检验真理的唯一标准，实践证明这种以用户需求为导向的“人单合一双赢模式”确实迎合了互联网时代的发展要求，以用户需求为价值导向也成了它与传统经营管理模式最根本的区别，传统经营管理模式把企业作为中心的时代已经过去了。人单合一双赢模式旨在让员工成为企业自主创新的主体，让员工变成企业的主人。由此企业与人员之间的关系发生了一个根本的转变。原来是员工听从企业的，受命于人，现在变成员工听从用户的，以用户需求作为价值导向，企业则要听从员工的，帮助员工排除万难为用户打造个性化专属方案。所谓“人单合一双赢模式”的本质是：我的用户我创造，我的增值我分享。这也就是说，企业员工有权利依据市场需求的变化结合自身长处自主做出决策，生产用户满意的产品，只有用户满意了，他愿意付出的酬劳提高了，员工的收入也就相应提高了。员工根据为用户创造的价值大小、用户的满意程度来决定自己的收入。这极大地提高了员工的工作积极性，更好地发挥了主人翁的精神，也更好地服务了用户，实现了良性循环，何乐而不为呢。

互联网时代的用户再也不能满足于大众消费品了，张瑞敏就带领着海尔集团全体员工开启了企业模式创新之路，从鼓励创业的文化得到启发，张瑞敏领导海尔集团实现了人人皆创客，吸引全世界优秀的创客资源进入企业。由此我们得到启示，要想长久立足于互联网时代，企业必须转变身份，由管理者转变为平台，以更加包容的姿态吸纳合作者加入企业。张瑞敏表示，当前海尔重点关注两个平台的创建，第一个平台是投资驱动平台，第二个平台是用户付薪平台。这两个平台是海尔集团在大方向上要着力创建的、为适应互联网时代发展的平台。

那么怎样搭建投资驱动平台呢？就是企业要从高高在上的管控组织上走下去，转变为充满活力的创业生态圈。对海尔集团来说，它的利益相关者们集合起来便组成了整个生态圈，每个成员都可以组成一个新型的小微，小微间相互密切配合足以应对好互联网时代的新挑战。

得益于投资驱动平台的搭建及创业生态圈的形成，尽管经济环境瞬息万变，海尔集团营业额仍保持增长态势。海尔集团用事实打破了凯文凯利的峰谷转型悖论论断的绝对性，体现了海尔集团不断涌现的经济增长活力，这无非得益于海尔集团的创业生态圈建设：Iseemini也受到企业外部的投资者的关注……正是由这些创客小微从构思到实施，一步一步搭建起来的开放生态圈，使得海尔在互联网不断发展的大浪潮中获得稳健发展。

第二个平台就是用户付薪平台，若是投资驱动平台是新时期海尔集团模式创新找到的一个正确方向，那么用户付薪平台无疑就是海尔为未来企业长足发展铺设的一条路。如今薪酬不再由公司来发，新的模式下用户是主人，创客们只有寻找到更多的用户，去创造持续增长的用户群体，并通过极具创造性的思维来与用户交互，满足用户的个性化需求，才能保证自己获得持续的盈利能力，实现企业与自身的双赢。张瑞敏认为，从企业付薪转变为用户付薪，这种薪酬支付文化的变革是为了适应互联网时代用户需求日益个性化多样化的挑战。如果创客们不能好好把握，找准商机，那么要么进行自我改进，要么就被取代，互联网时代竞争就是这么残酷。

用户付薪平台是海尔企业组织变革的重要探索，过程虽然充满了挑战，但体现了海尔以用户需求为中心，以满足用户需求作为价值评判标准而进行企业转型的信心和决心。只要有信心，铁杵磨成针，正是本着这样的原则，海尔集团才能越走越远，越走越好。著名学者安德鲁·范德文曾表示，目前除海尔集团外，他还没有发现其他能在同一个领导人领导下实现 5 次战略转型的企业，海尔之所以能成功，是因为它没有任何前车之鉴，而是通过不断地"学习－试验－纠正"，如此反复发展起来的。这也为其他的企业提供了宝贵的借鉴，这也是本书进行营运资金管理研究的意义所在。

经过"由以公司为主到由用户为主"的战略颠覆，到"由传统串联程序到关联生态圈、由员工到创客"的组织颠覆，和"由传统宽带岗位薪酬到人单酬"的薪酬颠覆以及"由关注执行力到关注创业创造"的公司文化颠覆，海尔集团及时地变为了一个创客孵化的平台商，并使得公司成长的新因素为创新创客，而不是传统的专门的家电制造者。海尔的创新是经过每一种要素的重新"洗牌"整合，来达到在公司多个环节（包括公司组织结构、公司隐形文化和管理架构等）上的创新性，只有这样在互联网世界里才可以真正意义上拥有属于自己的竞争优势。

1. 物流、配送和售后等模式的颠覆式再造

最近，在海尔的平台上"车小微"创业项目迅速地发展壮大，它是通过日日顺物流平台而形成的，同时该平台更成了独一无二的可以配送进村的物流平台。其一，"车小微"创业项目通过加盟进入到日日顺平台，搭建了以物流服务与物联网为根本的虚实相融合的客户交流平台；其二，"车小微"创业项目成了一个向第三方资源提供创业平台的一个创业性公司。

海尔的送货人员改变了其工作形式。在以前，客户网购了其货物以后，往往会说明在特定的时间送达货物。公司接收到客户的订单信息后，特定的人员会把订单货物和车辆与司机接应好，传达给司机将哪种货物在哪个时间送到哪个地方去；另外，要注意相关的部门和商铺一定要备好货。在顾客下单后到收到该产品的整个配送过程中，往往需要各个部门的相关管理人员来进行参与和调度。可是，从这以后，就不再需要这些人员了。如今顾客从网上买了产品以后，顾客的产品信息会被系统实时地传达到区域中的物流人员。和出租车司机选择打车软件类似，海尔中的送货司机，获得顾客的送货要求时，根据自己的送货清单，在网络平台或是 APP 上进行有效填单和抢单。同时，仓储部门能及时收到订单和送货的相关信息，这样物流与仓储平台就有了数据的共享。

在以前，客户要想知道自己货物运送情况，必须通过拨打配送服务电话，通过

呼叫中心来咨询司机，来把送货情况反馈给客户。而如今，在客户和送货司机之间可以直接交流。客户通过 APP 查询到司机的出发时间，位置信息，还有多长时间到货等相关信息；客户如若不能接收货物，也可以跟司机沟通，改变送货的时间。以前，送装完成后，客户只能从网上进行评论，或者海尔电话询问来了解顾客的评论。信息汇总后反馈到公司，再反映给司机与物流 部门，这样会耗费时间。如今，客户对产品给出的评论，会在司机手机 APP 上进行实时显示和查询。除非顾客的产品满意度高，否则这一单就等于是没做。

在 IT 创新的保障下传统送装模式彻底被打翻了。在平台上工作的司机，其收入就主要取决于抢单量和满意度了。并且，平台自身也可以对司机进行配送路线的规划，不过司机可以不必完全履行。在遇到堵车的情况时，司机依据导航可自行改变配送路线。但是平台必须要实时掌握所有司机的配送过程和路线。

以前的售后维修服务规则是，客户先进行提交，然后维修人员上门维修，当时无法维修的项目，维修人员会将信息登记到系统中，然后将信息逐步分配到相应的部门进行解决。在全球海尔拥有大量的服务商，在该规则下，基层的问题，在各个部门进行信息传达，最后传达到准确部门就会花费很长时间，而提出解决方案后，再传达给基层又花费很长时间。而现在，维修人员在上门维修的过程中，如果出现了某些问题，就会立刻将问题汇总输入进 APP，APP 将会显示该向谁发出“求救”信号。在后台的信息库里汇总了大量的信息和编码，能够实现迅速地把问题和工作人员联系起来，找出解决方法。供应商方面的专门人员会接收这些信息，然后及时地跟维修人员进行交流。维修人员可以将维修情况传给供应商方面。供应商会直接通知维修人员，是直接更换维修零件，还是经过维修后可以直接使用，这样就避免了不必要的麻烦。对于维修零件，供应商将其一一登记下来，以便对其进行升级改造。这样长时间的信息传递就成了实时传递，同时也使相关人员能做更有意义的工作。同时也最大程度上方便了客户。

2. 供应链信息化平台的创建——智能制造的互联工厂

信息的流转方法转变应用在组织之中，大概就衍生出了颠覆式的创新模式，将此应用到设备机器上，就是智能制造梦幻工厂的展示，海尔称它作“互联工厂”。而今海尔“互联工厂”就本着达到“我想要什么样的东西，您就可以帮我生产出什么样的产品”的目的。周云杰这样说过：其实“互联工厂”是应对当今网络时代，尤其是针对德国工业 4.0 的一次“侦察”。这一做法对外是想要打造智慧的家庭平台，对内则用“互联工厂”来实现。然而，“互联工厂”的发展要满足两个条件：一个充分条件，一个必要条件。充分条件必须是用户能够积极参与到产品设计、供应链管理过程、营销过程中，既能够实现“互联工厂”服务满足用户个性化需求的目的，又可以达到大规模的目的，这个才是它的关键。必要条件是企业的自动化、无人化、智能化，通过自动化、无人化、智能化有效提高效率，加快速度，以此来更好地适应客户的需求。

从海尔对“互联工厂”的预期来看，它是一种观念上的革命，更是一种模式创新，它将来势必会加速协同共享的进展。在“互联工厂”模式下，海尔“互联工厂”很可能做到同每个用户、每个家庭连接，既连接了他的需求，同时用户也将成为海尔制造协助方，给予协助信息，最终整合成综合对策。只有这样才可以完全进入互联网世界，带领公司迅速发展。

达到生产智能化的目标，必须要在极度自动化的设备上安装大量的传感器，及时地接受制造过程中的各种各样的数据信息。工厂先生产出模具后再进行产品制造。在这之前，只有把控制的程序弄到机器上，才能进行模具的制造，只要一加工生产模具就要重新安装程序。而如今，机器和控制中心进行了连接，一旦对模具进行加工，程序就能自动安装，这样就降低了人工成本，甚至有些机器可以进行刀具加工的自动转换。过去，未抓住机器数据信息，在生产加工过程中，如果机器出现了问题，就需要一遍遍地寻找问题的原因。在及时收集数据信息以后，这一问题便被迅速地消灭了。因为系统的可操纵性，那么在制造上也就更加随意了。机器数据被接收后，有着更大的作用，那就是它能在很大程度上缩短产品问世的时间。传统的意识里，先有设计后有制造。但是在将来，设计不单纯是因为产品了，更应为了制造和维修，设计部门在拥有了大量的数据信息以后，就会知道制造能力的界限了。所以这样设计的产品，就肯定可以制造出来，并且产品的质量也会更加放心。在完成产品设计后，设计部门就可以模拟出仿真的样品，这样的样品一定十分接近真实产品，那就大大缩减了传统设计中的反复和修改样品、调整模具等一系列环节。

制造智能化更进一步的层次就是把供应链的上下游公司和机器设备的信息进行融合。肯定没有能够自己独立生产产品所有零件的一家公司。只有供货商给出零件的样品才能对产品进行打样，这样就会耗费很多的时间。但是如果所有的机器连接在了一起，那么就只需供货商提供样品的数据就行。之前，海尔建立了端到端的供应链信息化平台。互联网时代企业的将来就是制造、销售个性化产品，海尔在过去几年一直推行“零库存下的即需即供”，智能制造最终的目标是要让公司实现大规模的定制而不是大规模制造。海尔通过海尔官网、微信、微博和虚拟展厅这些途径来营造一个虚实相结合的平台，粉丝和客户实现了与海尔的参与性，可以加入到设计产品的行列中。粉丝和客户的创新思想可以实现与海尔各个系统的衔接。

3. 产品制造商向创客孵化平台转型

单单重整管理的系统、取消中级管理是不可能转变公司的结构的。张瑞敏想要的是让公司的员工从简单的执行者转成为对公司有意义的创造者。在张瑞敏的理想里，海尔将丢弃围绕着产品研发和市场销售的传统制造商模式，把公司改造成一个每个员工都能为新产品出谋划策的开放式平台。张瑞敏在接受杂志采访时说过，在公司这个巨大的锻炼平台上，员工可以尽情地发挥，挖掘最大的潜能。海尔集团刚刚成立的子公司雷神刚好印证了这点，雷神是 4 个集团内部的员工所创立的。他们在花费了大量的时间研究分析了近 3 万用户的意见，从而为网络游戏爱好者们特意定做了一款新型的膝上笔记本。现在这款游戏本的销售额已经超过 2.5 亿元，在上次融资的基础上又进行了下一轮，据可靠数据显示公司价值高达 1 亿 –1.5 个亿。

而最初海尔给他们的投资金额却只有 190 万元。这充分说明了参与创新的重要性。

观察到日本的传统模式过于平常，存在明显的等级分化，张瑞敏想到让员工来参加创新和研发，从而使得公司体系具有创造力。张瑞敏曾经说过，一个公司必须给予自己的员工以尊重，同时让他们有勇于创新的精神。海尔的开放式生态体系正体现了这一理念。公司的员工应该像小草一样冬天一过就开始生长，对任何事物要有创新精神，公司只有有了创新意识才能越来越强大。在创客平台上形成的创业团队—雷神，作为一个致力于游戏笔记本公司，在短短的两年创业背景下在 2014 年就实现了销售额近 2.5 个亿和近 1 300 万元的净利润。创新才是公司的源泉和发展目标。

在很多人的眼里，雷神的成功是与用户分不开的。而现实中，他们团队不仅仅以用户为中心更是把存在于海尔平台上的生态资源挖掘出来。雷神只能是依托海尔这个大平台才能实现产品出现后在京东商城进行众筹模块，从而把最高科技和最先进的各种资源尤其是研发资源加以利用。通过海尔平台产生了自己的无形商誉和形成了自己的有利资源。现在，通过近三十年的发展，海尔集团在白色家电行业中连续六年成为第一品牌的获得者，这不单单是在全球建立了一个开放性科技研发的创新平台，更关键的是形成了一个更加完善的产品制造品质控制体系和更加庞大的市场营销服务网络，和针对所有商业合作伙伴的可靠品牌商业信誉，除了保障海尔在传统家电市场上保持提升以外，这些公共性资源也还是大量创客小微所迫切需要的。

4. 大数据等信息平台的创建

在我国上线的虚拟社区里海尔集团算是比较早的了，通过这个社区海尔的所有员工都可以进行交流，但这不是重点，重点是想通过这个社区取消员工之间的界限。一旦有问题出现能及时地把对解决问题有帮助的人组织起来共同解决问题。要想实现这一愿景离不开大数据库和大数据分析的技术支持。通过这种技术支持，在海尔集团内部建立起内部交流外部参与的一个生态圈。未来的海尔在各种技术与创新上必须依靠这个大数据平台。

在过去，海尔逐渐建成了大数据的平台，拥有了平台初步该具有的特征，包括收集、存储以及分析各种数据。海尔通过把客户大量的数据信息进行汇总整合，形成了每个顾客特有的特质。客户在平台上买了哪些东西，有什么问题是顾客提出来的以及产品的售后情况等在大数据平台均可查到。通过对产品运用二维码和条形码，产品所有信息都会串联起来，包括从开始到结束的所有相关信息都包含进来，一旦产品售出后出现什么问题，也能查找到与此相关的人员。

在不久的将来，海尔集团会把非重要性的数据信息存放在公有云上，而那些与生产经营和用户相关的重要数据信息存放到私有云上。海尔大数据的另一个重要的应用便是云图，它主要对外部数据进行收集并分析。只要是与海尔集团有关的数据，不管是在媒体上，还是在各个网站以及平台上都会被收集起来，通过一种大数据技术处理后，发放给各个部门查看。譬如，用户评价的好与坏；是否有建设性意见，和哪些产品有关，如果存在问题，问题的原因是来自哪个阶段，是物流、设计还是生产制造或者还是什么别的阶段。在将这些信息分类后，会把信息交给那些对事情负有直接责任的人员。就连公司的人事部和财务部也可以查看对他们有帮助的数据信息。不同的人有不同的需求，以前都是为自己的需求而去找寻资源，而云图上线后就不一样了，资源共享效率肯定提高了。不同的人有不同的用词方法，根据网络上不断更新完善的词库，云图也在不断完善和改进，以便能提供足够的信息来准确地分析问题。

海尔的大数据实际上是一种技术上的能力，不论是哪一种应用都是改变了信息的传统方式，这使得海尔集团在信息化道路上又前进了一步。

5. 携手马云做电商

在2000年时，张瑞敏就曾说过，电子商务化将会是海尔集团国际化发展的趋势。实际上海尔集团进军电子商务是在2008年，也只是开了一家淘宝店进行试验。在没有运营的情况下只是将一些产品挂在网上，属于一种“守株待兔”的情形。直到2012年以后，电子商务营销日趋完善和步入正轨，家电产品网上销售量突增，海尔集团才真正意识到电子商务这个渠道。通过在天猫商城、京东商城、国美在线等设立旗舰店，逐渐形成了自己的网络渠道。

海尔集团进军电子商务，在配送和服务上有其独特的长处。一直以来，影响大型家电的因素就是配送和服务环节。目前，海尔集团基于自身的日日顺物流体系能在全国接近3 000个区县实现覆盖，能够做到送货到村、配送和安装一体化。在1 200多个县区实现货到付款，多于一万个区县实现24小时内到货。跟其他电子商务公司相比，海尔的电子商务是范围最广的，而且都是免费配送和安装的。根据自身产品配送程序长，涉及各个方面的运营部门，海尔集团目前正在做一项包含全流程信息的系统，通过该系统用户可以从任一方面找到海尔，其信息都能被系统识别，这样就提高了服务的质量。另外，海尔集团通过在自己商城里运用数据分析技术，根据客户的相关信息，可以将用户进行分类，实现公司特定的营销方式。基于这种数据分析，在跟去年访问量相同的情况下，2013年海尔集团的总销售额比去年提高了三倍。

在2013年12月份，张瑞敏和马云再度联手。马云对自己的新搭档这样说：“不存在传统的企业，只存在传统的思想。在海尔我看到的是用全面内部改革来迎接电子商务的企业，而不是一家传统的企业。”“海尔希望将所有家电变成互联网的终端，成为一个智慧的大家庭，”张瑞敏信心满满地说。他还表示，创业的平台是海尔最终要做成的。那些成为自主经营体的小企业在这个平台上和其他组织联合，就会变成一个利益的共同体。

海尔集团在电商方面联手马云，能够对抗互联网金融没有距离、分散性的挑战，对于现在用户需要的更加差异性，海尔集团向信息无距离化又提高了一个层次。

6. 海尔云贷牵手魅族试水供应链金融

海尔云贷、海尔U－Home、日日顺物流与魅族于2015年1月20日在青岛联合举办了“智慧生态联合启动会”。这就说明了以后这些平台都将会对魅族开放，双方将共同打造一个全新的更加完善的创新生态网，并为在此平台上的所有小型企业的创新提供资源。海尔云贷总经理汪传国作为此次合作的牵线人在接受证券时报记者采访时声明，自去年5月份成立海尔云贷以来，其有两大块主要业务：线下与线上。一起发展、一起成长，是海尔云贷所做的强调，所以它跟魅族合作有很多的发展空间。双方也会在其他方面（比如智能家居和物流等）进行进一步的合作。

海尔云贷提出并实行的“M+金融”综合解决方案，是一种全面提供融资的方案，其合作范围超广，涉及各个方面。将此模式进一步优化后，从手机行业推广到其他行业。由此看来，海尔云贷跟魅族的合作只是一次试探性的开始，这种模式以后肯定会在其他行业进行推广的。与魅族的合作其实就是海尔云贷在手机产业的一次大胆的创新尝试。与其他的整合平台相比较，海尔云贷提供的服务，将所有的操作都融合在了一个平台上，相比以前的会更加有优势。海尔云贷在供应链金融领域为魅族提供资金方面的支持。与此同时，它又整合了海尔集团内部的资源。这就是海尔云贷的策略。

根据海尔在产品和服务上的融合特点，“M+金融”将会构建一个全新的关于供应链的生态系统，除了手机生产公司和上下游公司之外，以后还会为其他的重点公司和其供应链给予更具商业性的融合性和创新性服务。另外，这个平台的合作目的是创新用户的感受，这正好印证了互联网金融的开放特点。

智能制造的目的就是使未来的海尔集团与用户尽可能地接触，大数据等信息平台的创造则为人单合一提供了更加详尽的数据支持，携手马云做电商是为应对互联网时代信息零距离的挑战，而对物流、配送和售后等流程的颠覆式再造，这些创新都是为了让员工根据市场来自行调节，从而成为管理无领导的典型案例。跟企业无边界、供应链无尺度有关的模式创新也不少，比如：由产品制造商向创客孵化平台转型，是为了将企业员工从规定的执行者转变成规定的创造者，使得海尔处于一种开放式的生态系统；海尔云贷牵手魅族试水供应链金融，旨在未来能为更多核心企业及其供应链提供最具商业价值的创新整合金融服务。总之，在网络化战略阶段，“企业无边界、管理无领导、供应链无尺度”是海尔集团营运资金管理模式持续改进的原则与目标。

项目二

营运资金需求预测

【专业能力目标】

1. 理解营运资金需求预测的重要性；
2. 掌握营运资金需求预测的基本方法；
3. 掌握营运资金预算的编制方法。

【职教能力目标】

1. 根据本项目的内容与设计流程，合理进行教学设计与组织教学过程；
2. 掌握教案编写，多媒体课件制作，教学素材搜索与整理的方法；
3. 灵活掌握演示讲授、案例探讨、无领导小组讨论等教学方法，合理运用提问、讨论等教学手段与工具，并在本项目教学中实施。

【项目简介】

营运资金需求预测的目的是为了筹资决策，营运资金需求预测是营运资金管理中的重要组成部分。营运资金需求预测的方法分为营运资金需求的基本预测方法和营运资金预算。营运资金需求预测的基本方法包括比率分析法（销售百分比法）、周转期计算法、回归分析法以及利用计算机方法。营运资金预算是营运资金需求预测的重要工具，可以加强营运资金的日常控制。

【项目分解】

根据营运资金需求预测的方法，本项目分解为如下任务：

任务一：营运资金需求预测方法

任务二：营运资金预算

任务一 营运资金需求预测方法

任务目标

1. 理解营运资金需求预测的意义；
2. 掌握比率预测法；
3. 掌握周转期计算法；
4. 掌握资本习性预测法。

导入案例

山西一家小型机械生产企业。企业的销售势头强劲，在大力营销的同时，小心谨慎地管理其存货与应收账款，但销售的增长导致其资产投资必须有更大的增长。公司虽然盈利，但成长的投资需求远远超出了其获取现金流量的能力。企业为了维持生产能力和营销水平，不断举债，最后导致企业破产。

这家企业失败的关键性原因在于：成长投资需求的增长与现金流量的增长速度不相匹配，形成高额负债，债务比重加大了企业的财务风险，最终酿成财务危机。

现金流管理在中小企业发展中起着非常重要的作用。对于发展中的企业而言，以下几种情况将会导致现金流危机，必须引起足够重视：(1) 业务飞速增长的时期；(2) 潜在的付款周期到来时；(3) 收款周期过长；(4) 库存过大，周转速度较慢时。因此，防范成长型企业现金流风险的重点是库存、应收款和应付款。

案例思考：营运资金需求量的预测有何意义？

任务解构

一、营运资金需求预测的重要性

透过企业破产实例中的“黑色倒闭”现象，营运资金管理的重要性可见一斑，这类“黑色倒闭”企业依然能够盈利，甚至盈利丰厚，但由于资金流断裂导致日常周转难以维系、到期债务无法及时偿还，看似立足短期的营运管理能力却成为企业能否长期健康发展的重要因素。如何安排营运资金投资并及时做好融资安排，实现营运资金流动性和营利性的有机统一，成为营运资金管理研究的核心问题，而如何进行有效的营运资金需求预测则成为该问题研究的重要方面，进行科学的营运资金投资需求预测是企业安排融资的重要依据，是企业营运资金管理的现实起点。

实务中，企业融资安排过程谨防出现因资金持有冗余导致的资金浪费问题，以及资金持有不足导致的资金链断裂危机，而无法进行科学的营运资金需求预测成为造成上述问题的直接原因之一，如何进行有效的营运资金需求预测意义显著。

二、营运资金需求量的界定

营运资金有两个基本的概念—总营运资金与净营运资金。其中，总营运资金是指企业的流动资产；净营运资金指的是流动资产与流动负债之差。总营运资金仅仅反映了流动资产占用的资金，它没有扣除在生产经营过程中自然形成的资金来源，如由于延期付款而形成的各种应付款项等。这种自然形成的资金来源可以减少企业在一个营业周期中占用的自有资金，所以用净营运资金能更好地反映企业在一个营业周期中占用的资金额。但是净营运资金这个概念也存在一定的缺陷，如将流动资产中的现金和短期投资，以及流动负债中的短期借款等项目都作为计算净营运资金应考虑的因素。虽然现金和短期投资都受营业周期的影响，但严格地讲，它是一个营业周期形成的资金结余而不是该周期占用的资金。同样，短期借款是公司筹资决策的一部分，虽然它也包括为满足营运资金需求而借入的部分资金，但不是营业周期的一部分。根据净营运资金的定义，现金、短期投资与短期借款相抵虽然部分地抵消了将它们纳入计算的影响，但是它显然只是对企业在一个营业周期中占用资金的近似估计。为了弥补净营运资金概念的不足，Gabriel Hawawini 教授于 1986 年提出了营运资金需要量（Working Capital Require - ment，WCR）这一概念，其计算公式为：

营运资金需要量 =（应收账款 + 存货 + 预付账款）–（应付账款 + 预提费用）

由上式可知，WCR 在净营运资金的基础上剔除了现金、短期投资、短期借款等与企业营业周期无关的项目，因而能更科学地反映企业在一个营业周期中的资金占用。

本章认为营运资金的需求预测应当兼顾企业经营活动和投资活动两部分，即营运资金需求预测 = 经营活动营运资金需求预测 + 投资活动营运资金需求预测，结合本书的营运资金渠道管理理念，实现营运资金需求预测财务与业务的统一，即本章以下的研究采用本书对营运资金的界定。

三、营运资金需求预测的基本方法

营运资金需求预测的基本方法主要有比率分析法（销售百分比法）、周转期计算法、回归分析法以及利用计算机方法进行预测，这些方法的共性就在于将资金需求量与销售收入或者业务量相联系。

（一）比率分析法

比率分析法是依据有关财务比率与资金需要量之间的关系预测资金需要量的方法。常用的比率预测法是销售额比率法，它是指以资金与销售额的比率为基础，预测未来资金需要量的方法。

1. 利用流动资金占用率与流动比率

可利用以下公式进行预测：

流动资金占用率 = 流动资产/销售收入

流动资产 = 销售收入 × 流动资金占用率

流动比率 = 流动资产/流动负债

流动负债 = 流动资产/流动比率

营运资金 = 流动资产 - 流动负债

由于流动资产中包括了货币资金，流动负债中包括了短期借款，而短期借款又增加了货币资金，因此，短期借款不会改变营运资金的计算结果。那么，对于这种方式预测出的营运资金需求，其融资的途径是什么？通过增加短期借款是否可以有效缓解这种资金需求？是可以进一步思考的问题。

2. 利用营运资金占用率

营运资金占用率 = 营运资金/销售收入

营运资金 = 销售收入 × 营运资金占用率

这种预测方法比较简单易行，但是营运资金占用既包括了经营活动的占用，又包括了投资和筹资活动的占用，是否都随着销售收入而变化？显然只有经营活动的占用随着销售收入的变化而变化。

3. 利用经营活动营运资金占用率

经营活动营运资金占用率 = 经营活动营运资金/销售收入

经营活动营运资金 = 销售收入 × 经营活动营运资金占用率

以此类推，也可利用分渠道的经营活动营运资金占用率预测各渠道营运资金占用额。

4. 增量预测法

增量预测法的基本思路是：假设企业的资产、负债中有一部分是与收入同比例增减的，该部分称为敏感性资产和敏感性负债。不随收入同比例增减的，称为非敏感性资产和非敏感性负债。在基期或上期期末的基础上预测下一年度由于收入的增长导致资产的增长及内部负债和留存收益的增长，进而对外部资金需求量做出预测。

即外部资金需要量 = 增加的资产 - 增加的负债 - 增加的留存收益

增加的资产 = 增量收入 × 基期敏感资产占基期销售额%

= 基期敏感资产的合计数 × 销售增长率

增加的负债 = 增量收入 × 基期敏感负债占基期销售额%

增加的留存收益（包括盈余公积和未分配利润）= 预计销售收入 × 销售净利润率 × 收益留存率

$$对外筹资的需要量 = \left(\frac{A}{S_0}\right) \times \Delta S - \left(\frac{B}{S_0}\right) \times \Delta S - P \times E \times S_1$$

式中：A 为随销售变化的资产（敏感资产）；B 为随销售变化的负债（敏感负债）；S_0 为基期销售额；S_1 为预测期销售额；ΔS 为销售的变动额；P 为销售净利润率；E 为收益留存比率；A/S_0 为单位销售额所需的资产数量，即敏感资产占基期销售额的百分比；B/S_0 为单位销售额所产生的自然负债数量，即敏感负债占基期销售额的百分比。

综上，比率预测法运用较为简便，但是运用销售额比率法预测资金需要量时，是以下列假设为前提的：企业的部分资产和负债与销售额同比例变化；企业各项资产、负债与所有者权益结构已达到最优。

现实中企业资产和负债不是规则地与销售额同比变化的，而且企业资本结构往往不是最优。两个假设均难以完全达到。

（二）周转期计算法

1. 按要素的周转期计算法

按照各要素的周转期计算公式，可得：

应收账款 =（年销售收入/360）× 赊账期

库存材料 =（全年材料费/360）× 材料周转期

在产品 =（全年在产品生产成本/360）× 生产周期

产成品 =（全年完工产品成本/360）× 成品周转期

货币资金 =［（全年工资及福利费 + 其他日常开支）/360］× 货币资金周转期

应付账款 =（全年购买材料、接受劳务的总额/360）× 赊账期

即可计算出各要素资金需要量。

2. 按渠道的周转期计算法

渠道视角下的营运资金分类应当包括经营活动营运资金和投资活动营运资金两部分，其中经营活动营运资金具体分为采购渠道营运资金、生产渠道营运资金以及营销渠道营运资金，营运资金需求预测 = 经营活动营运资金需求预测 + 投资活动营运资金需求预测 = 采购渠道营运资金需求预测 + 生产渠道营运资金需求预测 + 营销渠道营运资金需求预测 + 投资活动营运资金需求预测。

其中：采购渠道流动资金量 = 上年度销售收入 ×（1 + 预计销售收入年增长率）× 预计的销售毛利率/采购渠道流动资金周转次数

生产渠道流动资金量 = 上年度销售收入 ×（1 + 预计销售收入年增长率）× 预计的销售毛利率/生产渠道流动资金周转次数

营销渠道流动资金量 = 上年度销售收入 ×（1 + 预计销售收入年增长率）/营销渠道流动资金周转次数

其中：采购渠道营运资金周转期 = 采购渠道营运资金 ÷（销售成本/360）=（材料存货 + 预付账款 - 应付账款 - 应付票据）÷（销售成本/360）

生产渠道营运资金周转期 = 生产渠道营运资金 ÷（销售成本/360）=（在产品存货 + 其他应收款 - 应付职工薪酬 - 其他应付款）÷（销售成本/360）

营销渠道营运资金周转期 = 营销渠道营运资金 ÷（销售收入/360）=（成品存货 + 应收账款 + 应收票据 - 预收账款 - 应交税费）÷（销售收入/360）

上述模型中，需要计算取得企业经营活动中各渠道的流动资金周转期（包括营销渠道流动资金周转期、生产渠道流动资金周转期、采购渠道流动资金周转期），

这一周转期是根据历史数据预测的结果。计算企业各渠道流动资金需求量之后，再采用以下公式计算出企业经营活动流动资金需求总量的预测值，即：经营活动流动资金需求量 = 营销渠道流动资金需求量 + 生产渠道流动资金需求量 + 采购渠道流动资金需求量。

修正后的计算模型，将经营活动的营运资金需求具体到采购、生产、营销三大渠道，贯穿企业整个流转过程，真实还原了营运资金活动的本质，对渠道中每个阶段都可以全面考察。

（三）回归分析法

财务预测的回归分析，是利用一系列历史资料求得各资产负债表项目和销售收入的函数关系，然后基于计划销售收入预测资产、负债数量，最后预测融资需求。

通常假设销售收入与资产、负债等存在线性关系。例如，假设存货与销售收入之间存在线性关系，其直线方程为"存货 = a + b × 销售收入"，根据历史资料和回归分析的最小二乘法可以求出直线方程的系数 a 和 b，然后根据计划销售收入和直线方程预计存货的金额。见表 2 – 1。

表 2 – 1　某企业产销量与资金需要量表

年度	产销量 X（台）	资金需要量 Y（万元）
2004	120	100
2005	110	95
2006	100	90
2007	120	100
2008	130	105
2009	140	110

完成资产、负债项目的预计后，其他计算步骤与销售百分比法相同。

例：试根据"企业产销量与资金需要量"中所示的相关数据资料，进行 2010 年资金需要量的预测。见表 2 – 2。

表 2 – 2　回归直线方程数据计算表

年度	产销量 X（台）	资金需要量 Y（万元）	XY	X^2
2004	120	100	12 000	14 400
2005	110	95	10 450	12 100
2006	100	90	9 000	10 000
2007	120	100	12 000	14 400
2008	130	105	13 650	16 900
2009	140	110	15 400	19 600
n = 6	$\sum X = 720$	$\sum Y = 600$	$\sum XY = 72\,500$	$\sum X^2 = 87\,400$

计算系数 a 和 b

$a = 40$

$b = 0.5$

如果下年度预计销售量为 150 台，则预计 2010 年资金需要量为 $40 + 0.5 \times 150 = 115$ 万元。

（四）运用计算机系统预测

对于大型企业来说，无论是销售百分比法还是回归分析法都显得过于简化。实际上影响融资需求的变量很多，如产品组合、信用政策、价格政策等。把这些变量纳入预测模型后，计算量大增，手工处理已很难胜任，需要使用计算机方可完成。

最简单的计算机财务预测，是使用“电子表软件”，如 Excel。使用电子表软件时，计算过程和手工预测几乎没有差别。相比之下，其主要好处是：预测期间如果是几年或者要分月预测时，计算机要比手工快得多；如果改变一个输入参数，软件能自动重新计算所有预测数据。

比较复杂的预测是使用交互式财务规划模型，它比电子表软件功能更强，其主要好处是能通过“人机对话”进行“反向操作”。例如，不但可以根据既定的销售水平预测融资需求，还可根据既定资金限额来预测可达到的销售收入。

最复杂的预测是使用综合数据库财务计划系统。该系统建有企业的历史资料库和模型库，用以选择适用的模型并预测各项财务数据；它通常是一个联机实时系统，随时更新数据；可以使用概率技术，分析预测的可靠性；它还是一个综合的规划系统，不仅用于资金的预测和规划，而且包括需求、价格、成本及各项资源的预测和规划；该系统通常也是规划和预测结合的系统，能快速生成预计的财务报表，从而支持财务决策。

案例解析

财务的基本职能之一就是为业务开展提供资金支持，筹资是财务的天职。财务要履行好这一职责，就必须准确地预测企业的资金需求。如果高估了企业的资金需求，就必然会造成所筹措的部分资金的闲置或浪费，给企业带来不应有的损失，而如果低估了企业的资金需求，就会导致企业筹措的资金无法满足营业活动开展对资金的实际需求，进而影响企业营业活动的正常开展，同样给企业造成损失。因此，及时、准确预测企业营业活动的资金需求是营运资金管理的重要任务。

任务二　营运资金预算

任务目标

1. 掌握营运资金预算的内容；

2. 掌握营运资金预算的程序；
3. 理解营运资金预算的实施过程。

导入案例

作为引领中国箱变市场的佼佼者，特锐德从2004年23员干将、500万元人民币起家，发展至今总资产已经超过11亿元人民币；从2004年青岛市的“地方小企业”，到中国上市公司的一匹“黑马”，2009年成为中国创业板首家上市公司，到福布斯中国潜力企业……特锐德走过了一条成功的快速成长之路。特锐德成功的奥秘何在？特锐德之所以能在短短的5年时间内取得如此骄人的业绩，与公司科学的管理和成功的经验是分不开的。

但是，特锐德尚未建立起全面合理的预算管理体系，具体而言：

1. 预算管理的组织体系尚不健全；
2. 预算管理的内容体系不够全面；
3. 预算管理的操作体系不够完整。

尤其在营运资金预算方面，缺乏有效的现金流量控制。

案例思考：如何为特锐德设计合理的营运资金预算？

任务解构

一、营运资金预算的必要性

“凡事预则立，不预则废”，这句话显示了预算管理的重要性。预算是企业在科学地对内部、外部环境进行分析和预测的基础上，用价值和数量形式反映企业在未来一定时期内的生产经营与财务成果的一系列目标与规划。预算管理则是利用预算这一技术，在预测和决策的基础上，通过预算的编制、预算的调整、预算的执行、预算差异的分析和预算考评等一系列活动，有效地对企业各部门、各种财务及非财务资源进行整合分配的过程。它是企业实现全面管理、确保企业战略目标实现的重要工具。营运资金预算管理从内容上看是对企业营运资金使用状况的计划安排，但实际作用上不仅限于此，它更反映了企业对营业管理目标的资金支持能力，在降低企业营运资金的投入，提高营运资金利用效率方面发挥着重要作用。

营运资金预算可以提高营运资金利用效率。企业通过营运资金预算可以使营运资金的投放按照计划进行，避免营业活动出现未预期的失误，优化投资结构；企业通过资金预算综合考虑各种筹资渠道、筹资方式、筹资成本和风险，实现最优的筹资组合，优化资金结构，提高企业利润水平；企业通过营运资金预算也还可以优化现金流量的质量。例如，通过营运资金预算有针对性地对压缩应收账款、控制存货水平、削减资本性支出等制定科学合理的目标，可以明显增加现金净流入量。可以说，盈利能力不是最重要的，单一追求市场份额已经不再是保证企业盈利的有效方式，企业由于流动性不足造成资金链断裂的案例屡见不鲜。利润也只能作为企业阶段性成长的衡量尺度，而现金才是企业每天都需要的。所以说，对企业而言，应注重现金流与利润的配合使用，加强营运资金预算。

企业营运资金需求由于行业特征和宏观环境的波动而具有较强的波动性。企业常常面临现金流量的缺口，这一方面表现在数量上，即现金流入量与现金流出量的差异；另一方面表现在时间上，即支付材料和服务费用与收回货款和服务费之间相隔的天数，时间间隔长意味着需要用以前销售的收入来补偿，否则就需要借款或其他方式的融资，造成成本加大，利润下降。只有尽可能地做好营运资金的预测与计划工作，将这种波动性的误差尽可能降低，才能为企业营业工作的顺利进行铺好道路。

可以说，好的现金流量管理能够增加利润，现金流量管理水平直接影响营运资金管理水平。在营运资金需求的波动性较难掌握和现金流的变化难以预测的情况下，应当加强营运资金的预测和计划，为企业创造价值服务。

二、营运资金预算的内容及程序

（一）营运资金预算的内容

营运资金管理预算应当考虑公司战略管理和过程管理的现实需要，方案设计过程中，充分关注预算管理体系战略支持功能和过程控制功能的打造，以真正发挥预算体系的“管理”功能。

预算以业务为基础，预算的竞争力来自于业务流程的先进性。如果没有先进的业务流程作为保障，设计再好的预算管理体系也只能望洋兴叹，难以产出高水平的经营绩效。同时，如果没有设计合理、清晰的业务流程做基础，预算管理和风险预警体系就会如同空中楼阁，缺乏控制作用发挥的有效路径，以至于无法落地生根，从而沦为摆设。与业务流程再造一样，管理体制创新对企业经营绩效的决定性作用也是十分显著的。因此，必须在先进合理的业务流程和管理体制基础之上再探讨预算管理和风险预警体系的设计。预算管理体系应在优化的业务流程和管理体制基础上，将有限资源配置到真正需要的流程环节，从而着眼于流程目标的实现，继而为企业整体目标的实现提供合理的保障。

营运资金根据用途不同分成了经营活动营运资金和投资活动营运资金，经营活动营运资金根据具体业务流程类型不同，具体构成项目也不同。在采购流程中，营运资金构成项目主要包括应付票据、预付账款、应付账款、原材料、本部分占用的固定资产等；在生产流程中，营运资金项目主要包括在产品库存、应付职工薪酬、其他应收款等；在销售流程中，营运资金项目主要包括产成品存货、应收账款、预收账款、应收票据、应交税费等。以上这些项目是流程管理模式下营运资金管理的主要对象，也是基于业务流程下营运资金预算管理的分解对象。营运资金预算内容即营运资金预算应当涵盖的范围，主要有：营运资金项目的期初期末余额、当期发生额、在各业务流程环节的占用额、短缺额、闲置额等，以及通过这些基础内容计算分析得出以上的周转性、营利性、整体性等指标。

具体而言，营运资金预算由这样几个部分组成：经营活动营运资金预算和投资活动营运资金预算。其中经营活动营运资金预算又根据业务流程分为采购渠道营运资金预算、生产渠道营运资金预算和营销渠道营运资金预算。通过各渠道营运资金预算可以得到各渠道营运资金的需求量，并最终得到营运资金需求量的预测值。可以说，这里营运资金预算主要是指营运资金需求量的预测，而营运资金需求量的预测是以业务流程为划分依据，结合业务预算与财务预算的内容来共同完成的。

营运资金需求的预测解决了营运资金筹资的数量问题。筹资的首要目标是适时足额地满足有效益的投资战略、生产经营所需要的财务资源，防范“巧妇难为无米之炊”。所谓适时是指企业必须按照投资机会来确定合理的筹资计划与筹资时机，避免因取得资金过早而造成的闲置，或者取得资金滞后而影响到好的投资时机。所谓足额是指企业无论通过何种渠道、采用何种方式进行融资，都应预先确定营运资金的需要量，使融资量与需要量达到相互平衡，防止融资不足而影响投资活动和有效经营活动的正常开展，同时也避免筹资过剩而降低筹资的效益。

营运资金预算管理是全面预算管理的重要组成部分，其组织结构和体系设计都与全面预算管理原则一致，所以文中不再进行详述，重点放在与全面预算管理不同的部分，即营运资金预算的具体规划和内容。

1. 经营活动营运资金预算

经营活动营运资金预算是经营预算的组成部分。在王化成等编著的《全面预算管理》中指出：经营预算是指与企业日常业务直接相关的基本生产经营活动的预算，通常是指在销售预测的基础上，首先对企业的产品销售进行预算，然后再以“以销定产”的方法，逐步对生产、材料采购、存货和费用等方面进行的预算[95]。而经营活动营运资金预算是对经营预算中营运资金项目的预算。可根据经营活动营运资金的分布不同分成营销渠道营运资金预算、生产渠道营运资金预算以及采购渠道营运资金预算。

第一，营销渠道营运资金预算。营销渠道营运资金预算是经营活动营运资金预算的起点。具体内容包括预算期内销售量的预算、应收账款、应缴税费以及营销渠道固定资产等的预算。

A. 销售收入预算（销售量预测）。销售收入预算是整个预算编制工作的起点，也是其他各项预算的主要编制依据，是对销售规模的估计。具体内容应包括预计销售收入、产品种类和型号、预计的货款回收速度等。

B. 营销费用预算。营销预算主要包括营销人员工资、业务招待费、差旅费、服务费、发货运输费、售后材料费和其他项目。

C. 营销渠道管理费用预算。营销渠道管理费用预算主要包括营销部门所发生的办公费等的预算。

D. 营销渠道固定资产预算。营销渠道固定资产预算是对营销部门固定资产购置的计划，包括固定资产购置、改扩建等方面的资金需求计划。

第二，生产渠道营运资金预算。生产渠道营运资金预算是生产预算的主要组成部分。生产预算，是指规划期间对生产量的估计即销售数量转换为预计生产量。生产预算是在销售预算的基础上编制的，其主要内容有生产量、期初和期末存货（预计生产量＝预计销售量＋预计期末存货量－预计期初存货量）。生产渠道营运资金预算包括了在产品存货预算（生产量预算）、应付工资预算、生产渠道固定资产预算等。

A. 生产预算。生产预算是根据销售预算编制的，计划为满足预算期的销售量以及期末存货所需的资源。原则上，公司应协调生产和销售进度，尽可能减少期末产成品存货。具体内容包括各种类别和型号产品的预计生产量、预计生产进度、预计完工时间、预计全年产值等。生产计划的规划通常是由生产部门主管负责。做生产规划时，必须考虑高层管理者对存货水准、生产稳定及资本支出方面所作的政策指标，应该尽量维持销售、存货及生产间的平衡。

B. 直接人工预算。直接人工预算是根据已知标准工资率、标准单位直接人工工时、其他直接费用计提标准及生产预算等资料，对一定预算期内人工工时的消耗和人工成本所做的预算。具体内容应包括预计各类产品生产工时、单位工时工资标准、预计总工资等。

C. 生产渠道制造费用预算。制造费用预算是能反映直接人工预算和直接材料预算外的所有产品成本的预算。内容包括固定制造费用和变动制造费用。生产渠道制造费用具体来说，包括生产车间房屋、设备的折旧费、租赁费以及为生产产品而发生的水费、电费等。

D. 生产渠道固定资产预算。生产渠道固定资产预算是生产部门固定资产购置的计划，包括固定资产购置、改扩建等方面的资金需求计划。

E. 生产成本预算。生产成本预算是对预算期的期初在产品成本、本期生产成本和期末在产品成本等的预算。公司应按合理组织生产的原则确定期末在产品的数量。生产成本包括预算期领用材料成本、使用人工成本和发生的制造费用，可根据前三项预算的结果汇总编制。

第三，采购渠道营运资金预算。采购渠道营运资金预算是根据营销渠道营运资金预算和生产渠道营运资金预算得来的。采购渠道营运资金预算具体包括了材料采购预算、采购渠道制造费用预算、采购渠道管理费用预算以及采购渠道固定资产预算等。

A. 材料采购预算。材料采购预算是在预算期内，根据生产预算确定的材料采购数量和材料采购金额的计划。具体内容包括各种类别和型号的原材料的预计采购时间、预计采购数量、预计采购单价、预计采购总成本、预计入库时间、预计付款进度和方式等。

B. 采购渠道制造费用预算。采购渠道制造费用预算主要包括采购部门所涉及的固定制造费用和变动制造费用的预算。包括房屋、设备的折旧费、租赁费等。变动制造费用则与生产量相关，如水费、电费、机物料消耗费等。

C. 采购渠道管理费用预算。主要包括采购部门所涉及的办公费等的预算。

D. 采购渠道固定资产预算。采购渠道固定资产预算是采购部门固定资产购置的计划，包括固定资产购置、改扩建等方面的资金需求计划。

2. 投资活动营运资金预算

投资预算是公司在预算期内进行资本性投资活动的预算，主要包括权益性资本投资预算和债券投资预算。投资活动营运资金预算的内容包括各期投资的时间、金额和投资方式、预计收益期、各期收益额度、预期现金流量、不足资金的筹措方式等。投资预算反映公司关于资本运作的可行性研究情况，具体表明公司投资的时点、额度、收益确认、回收期和现金流。

根据经营活动营运资金预算和投资活动营运资金预算的内容可进行现金流量预算、最终的利润预算和资产负债表预算。具体而言：

第一，现金流量预算。现金流量预算是对经营活动、投资活动、筹资活动在预算期内的现金流入量、流出量和结余量或不足量的预测与估计，反映企业预算期间现金流量的方向、规模和结构。其预算内容应包括经营活动产生的现金流入和现金流出、投资活动产生的现金流入和现金流出、筹资活动产生的现金流入和现金流出。

第二，利润预算。利润预算是在前述预算的基础上，根据预计销售收入、成本、各项期间费用等预计相应的所得税费用，进而计算预计利润。其主要内容包括预计销售收入和成本、管理费用、营业费用、所得税和净利润等。

第三，资产负债预算。资产负债预算是在前述预算的基础上，结合前期的资产负债表，根据涉及的项目和金额调整所有相关流动资产项目、长期资产项目、流动负债项目、长期负债项目和所有者权益项目的金额，进而生成预计资产负债表。其包括的主要内容涉及公司的资产、负债和所有者权益项目。

（二）营运资金预算的编制方法

1. 销售量预测方法

进行销售预算的目的是要确定在预算期间内企业产品的销售量，由于企业需要根据产品在市场上的销售量来决定产品的生产量、材料、人工及设备和经营资金的需要量以及销售费用和管理费用支出等，所以，企业其他各项预算都将受到预算期产品销售量的制约。销售预算是其他各项预算的起点，而编制销售预算之前，必须对企业的竞争战略和所处的市场环境有一个清醒的认识。

销售量预测的基本方法可以分为：定性分析法、定量分析法以及定性分析法和定量分析法的结合。定性分析法又称非数量分析法，它主要是依靠预测人员丰富的实践经验和知识以及主观的分析判断能力，在考虑政治、经济形势、市场变化、经济政策、消费倾向等对经营活动的影响下，对事物的性质和发展趋势进行预测和推测的分析方法。定性销售预测方法又分为判断分析法和调查分析法两类。定量分析法也称数量分析法，它主要是应用数学方法，对与销售有关的各种经济信息进行科学的加工处理，并建立相应的数学模型，充分揭示各有关变量之间的规律性联系并做出相应的预测结论。定性分析法和定量分析法的结合是根据具体情况，把定量分析法和定性分析法结合起来使用的方法。

2. 营销费用预算

营销费用预算销售收入预算联系密切。具体来说，营销人员工资根据前述工资确定模式编制，业务招待费根据前期发生额和预算期收入增长额编制，差旅费、发货运输费根据销售收入和客户远近分析编制，代理服务费和中标服务费的发生具有提前性，应根据预算期预计签订的合同和预算期下期预计签订的合同确定，售后材料费根据已实现销售且仍在售后服务范围的订单分析编制。

3. 管理费用预算

管理费用预算先由各部门结合自身实际情况（前期的管理费用发生额和本期影响管理费用因素的变动情况），区分固定部分和变动部分分析编制，然后由预算管理办公室或财务部门汇总。最后归属于不同渠道经营活动营运资金预算的内容。

4. 生产预算

在销售预算的基础上根据以销定产的原则确定生产预算。

预计生产量 = 预计销售量 + 预计期末库存量 – 预计期初库存量

5. 制造费用预算和生产成本预算

制造费用包括固定制造费用和变动制造费用。固定制造费用预算根据公司房屋、设备等固定资产的使用方式、折旧计提方法等编制。变动制造费用预算则根据生产计划确定预计用电量、用水量、机物料消耗量和相应的单价计算编制。生产成本预算通过汇总材料采购预算、直接人工预算和制造费用预算的方式编制。

6. 材料采购预算、直接人工预算

根据生产预算和材料消耗定额、人工生产定额等确定材料采购预算、直接人工预算等。

7. 资本支出预算

资本支出预算需结合公司的资本支出计划编制，具体可由财务部门负责、其他相关部门协助，根据预期将投资项目和其相应的投资、回款计划等编制。

8. 现金流量预算、利润预算和资产负债预算

财务部门可根据营销中心销售收入预算的回款进度、材料采购中心材料采购预算的采购货款支付进度、各部门费用的预计支付进度、税款的预计金额和支付进度、期初现金余额、回款方式等编制公司层面的现金流量预算。根据销售收入预算、生产成本预算、管理费用预算和营销费用预算，可预计所得税费用，并编制公司层面利润预算。根据利润预算和前期未分配利润可估计预算期末未分配利润的金额。销售收入回款预算、材料采购预算和各项费用预算，可在前期资产负债表的基础上估计预算期末货币资金、应收账款、存货、应付账款等资产负债项目的金额。同时，根据公司的资本支出预算和筹资计划，可进一步对货币资金、固定资产、长期投资等项目的金额进行调整。综合上述结果，可编制预算期末的预计资产负债表。

（三）营运资金预算的程序

营运资金预算要遵循计划工作的程序。企业编制预算，一般应按照“上下结合、分级编制、逐级汇总”的程序进行。一方面，在预算过程中要充分听取采纳企业的合理意见，并将此作为编制总预算的重要依据。另一方面，企业资金预算应该

满足企业的战略计划和统一部署的需要。企业为了控制发展方向和规模，对营运资金有总量、投向、回报率等方面的总体要求。根据公司按流程组织生产的经营特点，公司预算的编制应以销售预算为起点，即以营销渠道营运资金预算为起点，在销售预算的基础上，确定生产渠道营运资金预算，这其中包括人工预算、固定资产购置预算等，然后是采购渠道营运资金预算（材料采购预算及各项费用预算等），根据投资计划等确定资本支出预算，最后汇总业务预算、投资预算等各单项预算编制汇总的财务预算，包括现金预算、利润预算和资产负债预算。

公司层面的预算确定后，再根据各部门的职责分工，将公司层面的预算分解落实到各个流程部门，形成流程部门层面的预算。

三、营运资金预算的实施

企业要完成一套高质量的营运资金预算，必须要有包括预算组织、预算程序、预算控制、预算考核等一系列内容的全面预算管理制度。

（一）建立完善全面预算的组织体制

企业预算管理必须在健全的组织结构基础上才有可能顺利实施。纵向上，一套健全的预算管理组织体系一般包括预算管理的决策机构、预算管理的职能机构、预算的编制与执行机构、预算监控机构和预算考评机构等五类组织。

横向上，在企业内成立多级预算管理体制，如公司到厂和车间再到责任人，各级预算单位成立预算委员会，下级预算单位对上级预算单位汇报。通过多级预算管理将有助于进一步挖掘潜力降低成本，提高成本核算和预算编制的准确性，使预算目标更具科学性和挑战性，也有利于落实责任。各级预算单位根据预算内容的可控原则确定责任人，预算指标细化到责任人。

预算管理组织机构见图 2－1。

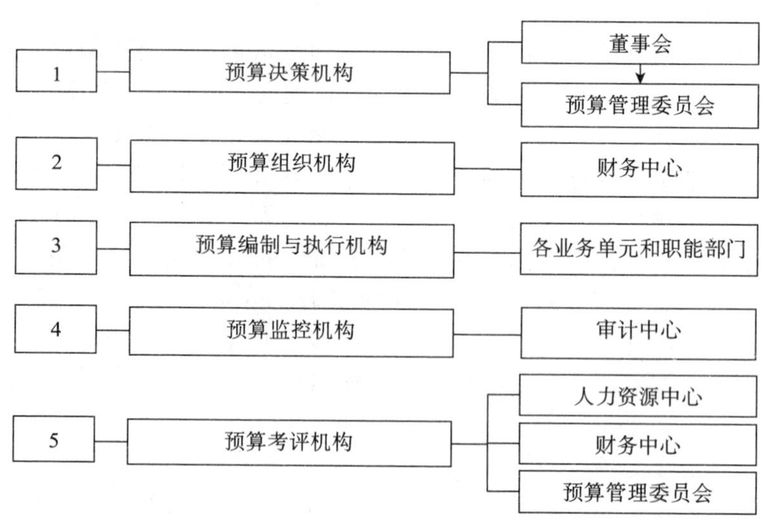

图 2－1 预算管理组织体系图

（二）确定预算编制和修改程序

营运资金预算的编制应采用从上到下，从下到上，再从上到下的往复循环方式。

1. 公司预算委员会根据长期规划提出一定时期的利润总目标，经过分解后分别下达给各渠道的利润中心；

2. 各利润中心预算委员会将指标进一步分解给各成本中心，由成本中心草编预算。例如，市场部根据市场分析和预测确定产品销售计划，包括预计销售量、产品价格、内部转移价格等；供应部门制定采购计划，包括原材料需求量、采购价格等；生产部制定生产计划，包括总物料消耗、制造费用等；设备部制定年度大修计划和设备购置计划，包括时间、资金预算、资金来源等；投资部制定年度工程项目投资预算和对外投资预算和资金来源；财务部制定销售费用、管理费用、财务费用、利润预算，并根据资金结构要求制定投资、长期贷款、短期贷款等规模，在此基础上完成利润中心资金草编预算；

3. 各利润中心预算委员会汇总成本中心的草编预算，并根据其他资金情况和自身的经营状况编制“短期资金预算”和各部门的分解预算，上报公司；

4. 公司预算委员会对各利润中心的预算审议通过或驳回修改；

5. 预算委员会（财务公司或结算中心）根据企业长期规划编制“营运资金总预算”；

6. 董事会对“营运资金总预算”讨论通过或驳回修改；

7. 批准后的预算下达给集团公司和各利润中心执行；

8. 年终对预算执行情况进行分析总结，并相应修改下一年度的预算指标。

（三）界定营运资金预算内容，重点控制可控指标。这些在上一问题中已经全面述及。

（四）健全预算控制体系

在企业层次和利润中心建立两级审计组织，利润中心审计组织对本单位预算执行情况进行监督和控制，企业层次的审计组织根据企业总预算考察利润中心的预算审计结果。围绕预算，制定单项预算审计制度。对超过一定数额的项目由两级内审组织共同监督，使子公司既能发挥自主经营的能动性，又能严格遵守企业集团整体预算。

根据年度预算制定月度资金收支计划，由于月度计划中产品价格、销量、原材料价格、采购数量、各种费用等都比较确定，因此月度计划的精确度远远高于年度预算，同时可以分析累计预算执行情况和年度预算的对比，及时采取措施，保证全年预算的顺利实现。主要责任人负责预算偏离预警和重大事项的即时报告。在企业内建立计算机联网信息系统，对子公司、分公司的资金流转和预算执行情况进行全程动态跟踪和监控，及时发现问题并采取对策，提高防范风险的能力。避免有些单位为了顺利申报项目在早期压低预算、获批后严重超支等问题的出现。

（五）建立严格的预算考核和奖惩制度

全面预算指标下达必须与责任人的经济责任考核紧密结合，否则无法调动员工的积极性，并进行有效约束。年初各预算单位与预算委员会签订责任书，明确完成指标和奖惩办法。每月或每季度进行考评，同时对责任人进行评价，并将评价结果递交人力资源部，作为预算执行奖惩的依据；年终决算并通过内审确定实际完成情况，与责任书目标进行对比，人力资源部按奖惩办法对各责任人进行奖惩。高级管理人员是主要责任人，预算执行情况应与其年薪挂钩，以督促其提高预算执行的质量。尽管预算工作量较大，但对于成本控制、经济责任考核能发挥很大作用，是企业完善资金管理的必要保证。另外，应该对预算及其执行情况进行及时披露，以加强预算对经营行为的监督约束作用。

项目回顾

1. 如何安排营运资金投资并及时做好融资安排，实现营运资金流动性和营利性的有机统一，成为营运资金管理研究的核心问题，而如何进行有效的营运资金需求预测则成为该问题研究的重要方面，进行科学的营运资金投资需求预测是企业安排融资的重要依据，是企业营运资金管理的现实起点。

2. 营运资金需求预测的基本方法主要有比率分析法（销售百分比法）、周转期计算法、回归分析法以及利用计算机方法进行预测，这些方法的共性就在于将资金需求量与销售收入或者业务量相联系。

3. 营运资金预算可以提高营运资金效率。企业通过资金预算综合考虑各种筹资渠道、筹资方式、筹资成本和风险，实现最优的筹资组合，优化资金结构，提高企业利润水平。营运资金根据用途不同分成了经营活动营运资金和投资活动营运资金，经营活动营运资金根据具体业务流程类型不同，具体构成项目也不同。在采购流程中，营运资金构成项目主要包括应付票据、预付账款、应付账款、原材料、本部分占用的固定资产等；在生产流程中，营运资金项目主要包括在产品库存、应付职工薪酬、其他应收款等；在销售流程中，营运资金项目主要包括产成品存货、应收账款、预收账款、应收票据、应交税费等。以上这些项目是流程管理模式下营运资金管理的主要对象，也是基于业务流程下营运资金预算管理的分解对象。具体而言，可由这样几个部分组成：经营活动营运资金预算和投资活动营运资金预算。其中经营活动营运资金预算又根据业务流程分为采购渠道营运资金预算、生产渠道营运资金预算和营销渠道营运资金预算。可以得到各渠道营运资金的需求量，并最终得到营运资金需求量的预测值。可以说，这里营运资金预算主要是指营运资金需求量的预测，而营运资金需求量的预测是以业务流程为划分依据，结合业务预算与财务预算的内容来共同完成的。

专业技能训练

- 为什么要进行营运资金需求量的预测？
- 营运资金需求量如何衡量？

- 如何进行营运资金需求量的预测？
- 不同的营运资金需求界定对预测和决策有何影响？
- 排除货币资金、短期借款等计算的营运资金需求就是经营活动的营运资金需求了吗？

教学设计与实践

1. 根据教学计划，针对任务一与任务二内容，进行教学设计，编写教案，制作多媒体课件等演示资源，合理组织教学过程，开展实践教学。

2. 根据项目各任务导入案例的思考要求，合理运用案例讨论方法与工具，开展讨论式教学实践。

3. 根据项目实训要求，设计某一行业营运资金管理预测模型。

项目三

营运资金筹集

【专业能力目标】

1. 了解营运资金筹集的原因，熟悉营运资金筹集的特点，掌握营运资金筹集三种策略的特点及其运用；

2. 熟悉营运资金筹集的各种渠道的特点及适用情况；

3. 掌握营运资金筹集方式关于自然性融通和非自然性融通的分类；

4. 了解企业营运资金筹资渠道与筹资方式的对应关系；

5. 掌握商业信用（包括应付账款、应付票据、预收账款）、短期银行借款、商业票据、短期融资券、委托贷款融资等营运资金筹资方式的概念、分类、成本计算以及筹资优缺点。

【职教能力目标】

1. 讲授营运资金筹集相关的基本概念，为学生理解营运资金筹集的策略、渠道和方式做概念准备。

2. 比较和分析营运资金筹集的三种策略，并引入习题和案例，帮助学生掌握如何选择营运资金筹集策略。

3. 比较和分析营运资金筹集各种渠道的优缺点，并引入习题和案例，帮助学生掌握如何选择营运资金筹集途径。

4. 比较和分析营运资金筹集各种方式的分类、成本、优缺点、可获得性，并引入习题和案例，帮助学生掌握如何以最低的成本为企业选择一种或几种营运资金筹集方式。

【项目简介】

本项目的主要内容如图 3－1 所示。

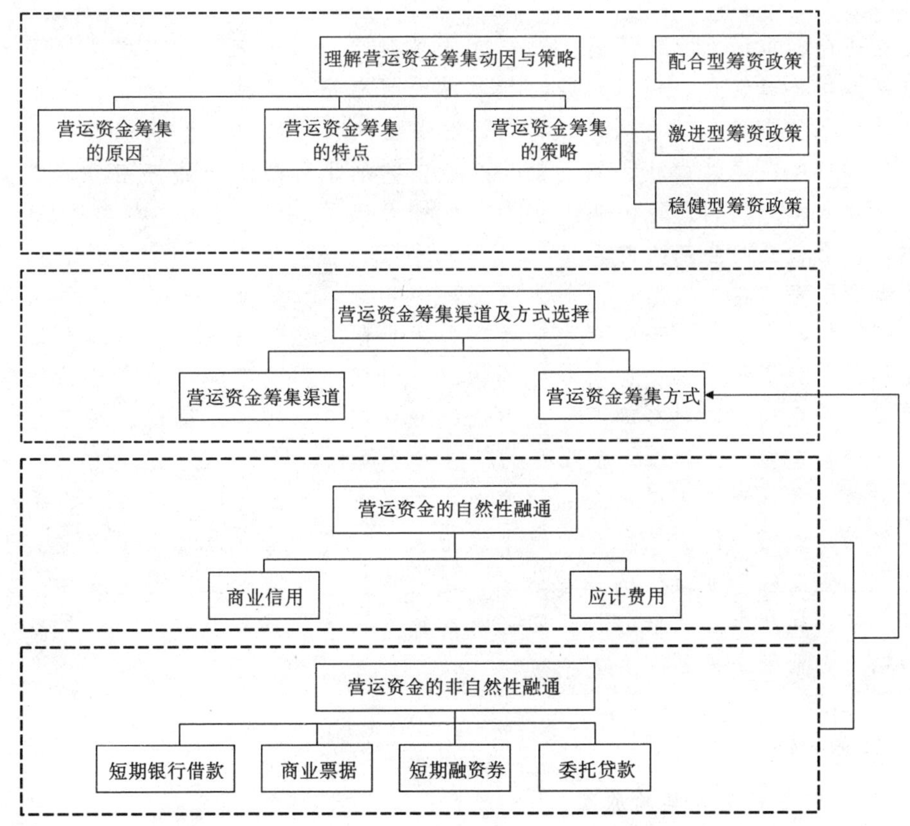

图 3－1　营运资金筹集框架图

【项目分解】

任务一：营运资金筹集动因与策略
任务二：营运资金筹集渠道及方式选择
任务三：营运资金自然性融通
任务四：营运资金非自然性融通

任务一　营运资金筹集动因与策略

导入案例

案例介绍：A 企业本身从事冰箱内部架构及组件生产，今年从供应商 B 处购买钢材 4 000 吨，用于冰箱内部组建生产。按理在钢材入库后，A 企业应该马上付款给供应商 B，并将钢材用于生产内部组建，售出后能获得 80 万的利润。

但是在当时，市场上冰箱畅销，假若A企业延迟付款时间，可以将这笔资金用来购买冰箱外部组件，通过组装后销售冰箱可获取较大利润。于是，A企业与供应商B签订商业信用合同，以到期补偿资金占用费10万元作为补偿，延期付款。这样就能在短期内获得钢材的应付款，并用于购买冰箱外部组件，借此获取了150万元的利润，除去补偿给供应商的10万元，相当于额外获取了60万元的利润，有效提高生产收益。

案例思考： 在本案例中，企业所使用的营运资金筹资方式就是应付账款融资，国际惯例中一般使用信用期间约定付款期限。在信用期间，双方会订立一个时间段作为折扣期间，在折扣区间内进行付款，则能享受供应商给予的某项优惠措施，比如获取更多商品、服务或是减免部分款项等。同时，延迟交付款项还能让这笔应付账款投入企业再生产，从而产生更大的收益。

应付账款融资方式属于企业间商业信用融资，由于其限制条件少、手续便利、筹资成本低等优点，在产业链中的企业之间进行信用融资十分普遍。不仅仅体现了企业在产业链中的信用水平，运用得当，能为企业锁定优质客户及供应商，从而提高市场竞争力。只要企业本着“诚信”的经营理念，这种融资方式就能为企业带来更大的收益。

任务目标

1. 了解营运资金筹集的原因；
2. 熟悉营运资金筹集的特点；
3. 掌握流动资产和流动负债的分类，掌握临时性流动资产、永久性流动资产、临时性负债、自发性负债的概念；
4. 掌握营运资金筹集的三种策略的特点及其运用。

任务解构

一、营运资金筹集的原因

营运资金筹资是指企业生产经营过程中对所需的营运资金的筹集。营运资金筹集与短期融资类似，筹集到的资金使用期限一般在一年以内，它主要用以满足企业流动资产周转中对资金的需求。

公司营运资金筹集的原因一般有以下两点：

第一，满足公司流动资产所需的资金，实现资产和负债的期限结构的最优组合。公司的资产可以分为流动资产和长期资产，负债可以分为流动负债和长期负债。考虑到流动负债和长期负债的融资成本是不同的，企业一般通过融通短期资金来满足流动资产的需要，保证以尽可能低的成本满足流动资产的资金需求。当然，资产和负债期限结构的匹配程度和方式还取决于企业采用何种营运资金筹资策略。关于企业的营运资金策略，将在本章后续部分讲述。

第二，规避利率风险。在市场利率条件下，利率变化既可能给债务人带来损失，也可能带来收益，这在很大程度上取决于公司的融资结构。如果公司采取固定利率融资，当预测未来利率会上涨时，降低短期融资比重，增加长期融资，将会减少一部分利息支出。如果公司采取可变利率融资，及时调整长期融资和短期融资的比重，将减少因利率变化可能给公司带来的利息支出损失。

二、营运资金筹集的特点

营运资金筹集属于短期资金筹集，与企业长期融资相比较，营运资金的筹集具有以下特点：

（一）融资速度快

相比长期贷款，营运资金的取得时间更短些，能够充分显示针对营运资金需要而体现的及时性。这是因为，由于长期贷款的时间长、风险大，通常贷款人在提供或增加长期贷款之前，需要对融资人的财务状况、融资资质等进行严格的审查，并制定详细严谨周密的贷款合同以应对在一个较长的贷款期限里可能预见到的各种不确定因素，最后经过繁琐的审批手续才能发放长期贷款。

（二）融资弹性大

营运资金筹集具有较大的弹性，主要表现在以下三个方面：第一，公司可以根据需要，方便、灵活地取得和使用，并且融通的数量和期限可以随公司业务量的增减而变化；第二，营运资金筹集属于短期融资。一般来说，长期贷款的债权人为保护个人利益，在长期贷款合同中通常会设计一些限制企业未来行为的内容或条款；而在营运资金筹集的各种方式中，限制条件通常较少；第三，短期融资在利率波动上升时，可以提供融资的权宜之计，而在利率波动下降时可以实现短期资金向长期资金的转化，从而具有利率的弹性。因此，如果企业资金的需求是季节性的和周期性的，企业通常选择更具弹性的营运资金筹资方式。

（三）融资成本低

一般来说，短期债务的利率要低于长期债务。因此，通过营运资金融资，其利率低于长期利率，进而营运资金筹资所需支付的利息成本低于长期负债的利息成本。

（四）融资风险大

与长期负债相比，营运资金筹集具有更大的风险，主要表现在以下两个方面：第一，相比较长期负债的固定利率，营运资金融资的成本随着时间的变化而呈现不同程度的波动；第二，经济衰退期，企业的营业收入和现金流减少，可能使得营运资金融资产生的短期债务不能如期偿还，从而导致企业财务状况恶化，甚至迫使公司破产。

三、营运资金筹集的策略

营运资金筹集的策略，是指如何为流动资产筹资，其实质是如何确定流动资产所需资金中来源于短期资本和长期资本的比例。

企业的资产按照其周转时间长短，可以分为流动资产和长期资产。对于流动资产，根据用途可以进一步划分为临时性流动资产和永久性流动资产。其中，临时性流动资产是指那些受季节性、周期性因素影响的流动资产，如季节性存货、销售和经营旺季的应收账款等；永久性流动资产是指那些即使企业处于经营低谷也仍然需要保留的、用于保证企业长期稳定的流动资产。

类似地，企业的负债按照其周转时间长短，可以分为流动负债和长期负债。对于流动负债，根据用途可以进一步划分为临时性负债和自发性负债。其中，临时性负债是指为了满足临时性流动资金需要而发生的负债，如商业零售企业为满足节日促销而超量购入货物而举借的债务、食品生产企业为赶制季节性食品而大量购入某种原料而发生的借款等；自发性负债是指直接产生于企业持续经营中的负债，如商业信用筹资、日常运营产生的其他应付款、应付职工薪酬、应付利息、应付税金等。

根据临时性流动资产和永久性流动资产的资金来源和匹配原则，企业的营运资金筹集政策通常分为三种，即配合型筹资政策、激进型筹资政策和稳健型筹资政策。

（一）配合型筹资政策

配合型筹资政策的特点是：如图 3－2 所示，对于临时性流动资产，运用临时性负债来筹集资金；对于永久性流动资产和长期资产，运用长期负债、自发性负债和权益资本来筹集资金。

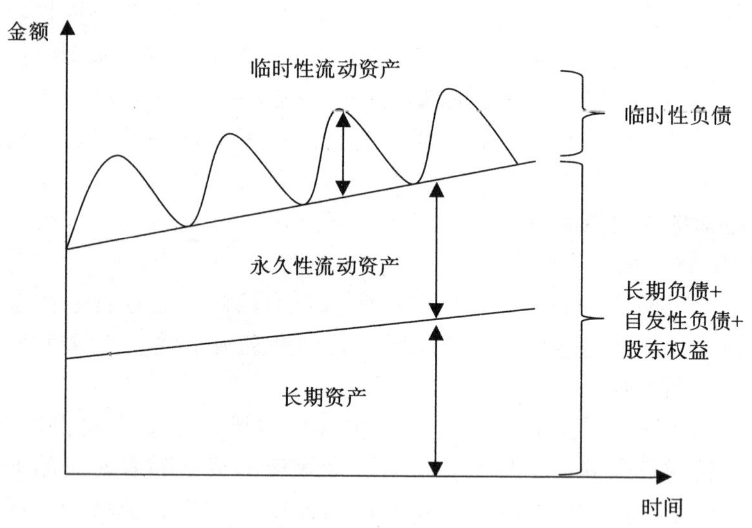

图 3－2 配合型筹资政策

配合型筹资政策的基本思想，是资产和资金来源在期限和金额上相匹配，以降低企业不能偿还到期债务的风险和最大限度地降低债务的资本成本。因此，这种政策要求企业制定严密的短期金融负债筹资计划，实现资金流动与预期安排相一致。

企业应根据临时性流动资产需求的时间和数量选择合适的短期金融负债。但是，在企业实践中，资产与负债完全配合的情况往往实现不了。比如，企业生产经营高峰期内的销售不理想，未能取得预计的销售收入，便会发生临时性负债偿还困难的情况。因此，配合型筹资政策是一种理想的、对企业有着较高资金使用要求的营运资金筹集政策。

【例 3－1】某企业在生产经营淡季，流动资产和固定资产分别占用 100 万元和 500 万元的资金；在生产经营高峰期，会有额外的季节性存货需求 200 万元。在配合型筹资政策下，企业的筹资计划为：永久性流动资产（100 万元）和固定资产（500 万元）的资金需求全部由长期负债、自发性负债和股东权益来解决；同时，企业在生产经营的高峰期借入 200 万元的短期借款。

（二）激进型筹资政策

激进型筹资政策的特点是：如图 3－3 所示，临时性负债不但用于满足临时性流动资产的资金需要，还解决部分永久性流动资产和长期资产的资金需要。

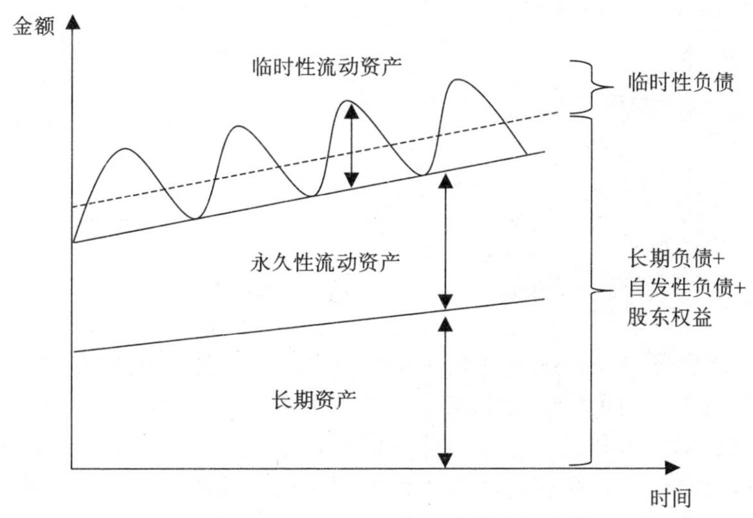

图 3－3　激进型筹资政策

在激进型筹资政策下，临时性负债在企业全部资金来源中所占比重大于配合型筹资政策。又由于临时性负债（如短期银行借款）的资本成本一般低于长期负债和权益资本的资本成本，所以该种筹资政策下企业的资本成本较低。但是，为了满足永久性流动资产和长期资产的长期资金需要，企业必然要在临时性负债到期后申请展期或举借新债。更为频繁地举债和还债，不仅加大企业筹资困难，也可能使企业面临由于短期负债利率变动而带来的企业资本成本的增加。因此，激进型筹资政策是一种收益和风险均较高的营运资金筹集政策。

【例 3－2】沿用【例 3－1】的数据，在激进型筹资政策下，企业的筹资计划为：永久性流动资产（100 万元）和固定资产（500 万元）的资金需求一部分（比如450万元）由长期负债、自发性负债和股东权益来解决，其余部分（比如150万元）由临时性负债来解决；同时，企业在生产经营的高峰期借入200万元的短期借款。

（三）稳健型筹资政策

稳健型筹资政策的特点是：如图3－4所示，对于临时性流动资产，一部分来源于临时性负债，其余部分来源于长期负债、自发性负债和权益资本；对于永久性流动资产和长期资产，运用长期负债、自发性负债和权益资本来筹集资金。

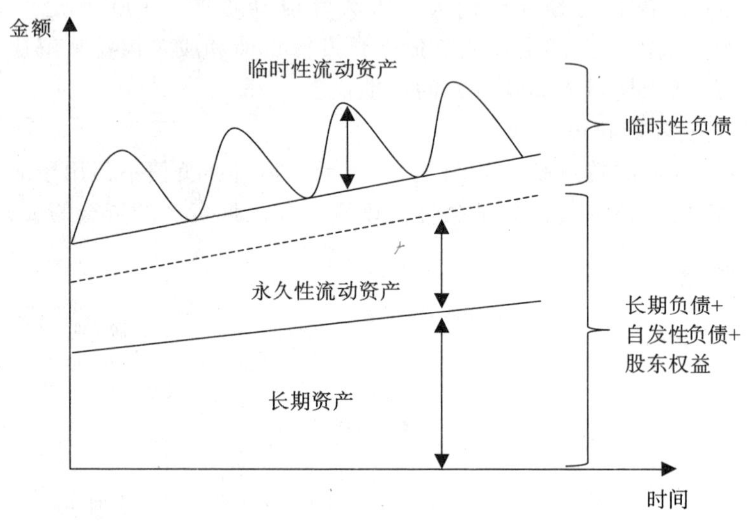

图3－4 保守型筹资政策

在保守型筹资政策下，临时性负债在企业全部资金来源中所占比重小于配合型筹资政策。又由于长期负债的资本成本一般高于临时性负债的资本成本，且经营淡季时仍需负担长期负债利息，所以该种筹资政策下企业的收益较低。同时，由于临时性负债所占比重较小，企业无法偿还到期债务的风险较低，蒙受短期利率变动损失的风险也较低。因此，保守型筹资政策是一种收益和风险均较低的营运资金筹集政策。

【例3－3】沿用【例3－1】的数据，在保守型筹资政策下，企业的筹资计划为：永久性流动资产（100万元）和固定资产（500万元）的资金需求全部由长期负债、自发性负债和股东权益来解决。

在生产经营旺季时，一部分临时性流动资产的需求（比如100万元）由短期借款来解决，剩余部分（100万元）由长期负债、自发性负债和股东权益来解决；在生产经营淡季时，企业将闲置的资金（100万元）投资于短期有价证券。

综合比较以上三种投资政策，它们各有利弊，并无优劣之分。企业应根据自身的情况，权衡收益和风险，充分考虑自身的融资能力，选择更适合企业的筹资政策。

任务二　营运资金筹集渠道及方式选择

任务目标

1. 熟悉营运资金筹集的各种渠道的特点及适用情况；

2. 掌握营运资金筹集方式关于自然性融通和非自然性融通的分类及其包括的具体方式；

3. 了解企业营运资金筹资渠道与筹资方式的对应关系。

任务解构

一、营运资金筹集渠道

营运资金筹集渠道，也称营运资金筹集来源，是指企业筹集营运资金的方向和通道，体现着筹资的源泉和流量，属于营运资金供给的范畴。一般来说，筹资渠道主要由资金的提供者及数量分布所决定。认识和了解营运资金筹集渠道的种类、特点和适用性，有助于企业选择恰当的筹资渠道或筹资渠道组合，从而降低营运资金筹资成本、降低营运资金筹资风险。

营运资金筹集是为了满足资金的短期需求，因此，它的筹集渠道与企业资金筹集渠道有相同之处也有区别之处。按照投资主体，我国企业目前的营运资金筹集渠道可以划分为以下几种：

（一）政府财政资金

财政资金是指以国家财政为中心，它不仅包括中央政府和地方政府的财政收支，还包括与国家财政有关系的企业、事业和行政单位的货币收支。

新中国建立以来，在我国计划经济体制下，政府财政资金是国有企业资金筹集的主要来源；自 1978 年党的十一届三中全会以来，国企改革经历放权让利、经营机制转换等阶段，我国国有企业陆续改制，实现政企分开、两权分离，逐步建立现代企业制度；尤其是十八届三中全会之后，我国提出深化国有企业改革、积极发展混合所有制经济。在这种情况下，国家一般不再向企业拨款。但是，对于符合国家发展和产业政策的重点建设项目，如交通、能源、原材料等基础设施建设，国家仍通过低息或无息贷款的方式向企业提供资金。另外，对某些关系国计民生的大型重点企业和骨干企业，国家可以采取控股、参股的方式向企业注入资金，大力发展国民经济，巩固和壮大社会主义经济基础。所以说，国家财政资金仍是企业的一条重要筹资渠道。有资格的企业应积极创造条件，尽量争取国家财政资金。

（二）银行信贷资金

银行信贷资金是指银行用于发放贷款的资金。信贷资金的筹集和运用，采取有偿的存款和贷款的方式，其特点是有借有还和按期支付利息。

我国的银行包括中央银行、政策性银行和商业银行。其中，我国的中央银行是中国人民银行，其作用主要在于实施金融宏观调控、保持币值稳定、促进经济可持续增长和防范化解系统性金融风险。我国的政策性银行是国务院直属政策性金融机构，是以贯彻国家产业政策和区域发展战略为基本职能的政府金融机构。其特点是不以营利为目的，其资金投向是那些社会发展亟须、社会效益好、但经济效益不高的、商业性银行大多不愿承担的项目。我国的商业银行是以营利为目的，以多种金融负债筹集资金，以多种金融资产为经营对象，具有信用创造功能的金融机构。其主要业务范围包括吸收公众、企业及机构的存款、发放贷款、票据贴现及中间业务等。

政策性银行主要为特定企业或特定项目发放政策性贷款，商业银行为各类企业提供商业性贷款。因此，综上所述，商业银行是银行信贷资金的主要发放主体。

（三）非银行金融机构的资金

非银行金融机构主要有租赁公司、信托投资公司、保险公司、证券公司、集团公司的财务公司等。这些金融机构可以为企业提供各种金融服务，包括：融资融物、提供信托服务、承销证券、融通资金等。

（四）公司内部资本积累资金

企业内部资本积累资金是指企业在税后利润中按拟定的比例提取的盈余公积金、公益金等以及企业自身形成的资本公积金等。企业通过内部积累方式筹集资金，既有利于扩大企业的生产经营规模、提高资金的利用效率，又可以减少财务风险。

（五）渠道资金

渠道资金主要来源于企业之间在商品交易过程中以延期付款或预付货款方式进行购销活动而形成的借贷关系，是企业之间相互直接提供的商业信用。其投资主体主要是企业供应链上下游的供应商、分销商、零售商和最终客户等。

（六）其他法人的资金

我国民法将法人分为企业法人、机关事业单位和社会团体法人，后两者又称为非企业法人。它们在日常生产经营过程中，有时可能会形成部分暂时闲置的资金。为了充分利用这些闲置资金以便获得更多的投资收益，这些法人倾向于投资，采用的方式包括：向其他企业投资，或直接投资，或购买股票、债券等。这就为公司的营运资金筹集提供了来源和渠道。

（七）民间资金

民间资金是指我国城乡广大居民的闲散资金。我国企业和事业单位的职工以及广大城乡居民持有的闲散资金，可以对一些企业进行直接投资，也可以通过证券市场、债券市场进行间接投资，以期获取超过银行存款收益水平的投资收益。民间资金已成为股份制企业的一条广阔的筹资渠道。

（八）境外资金

境外资金是指我国大陆以外的资金，包括我国台湾、香港、澳门地区的资金，外国银行、国际金融组织以及外国厂商的资金。改革开放以来，我国积极稳妥地利用外资。随着我国投资环境的日臻完善，越来越多的外国企业来我国投资办厂。另外，我国一些企业也采用多种方式到国际资本市场上融资。所以，境外资金也已成为我国企业的一条十分重要的筹资渠道。

二、营运资金筹集方式

营运资金筹集方式按其形成的途径不同，大致可分为自然性融通和非自然性融通两大类。如图 3－5 所示。

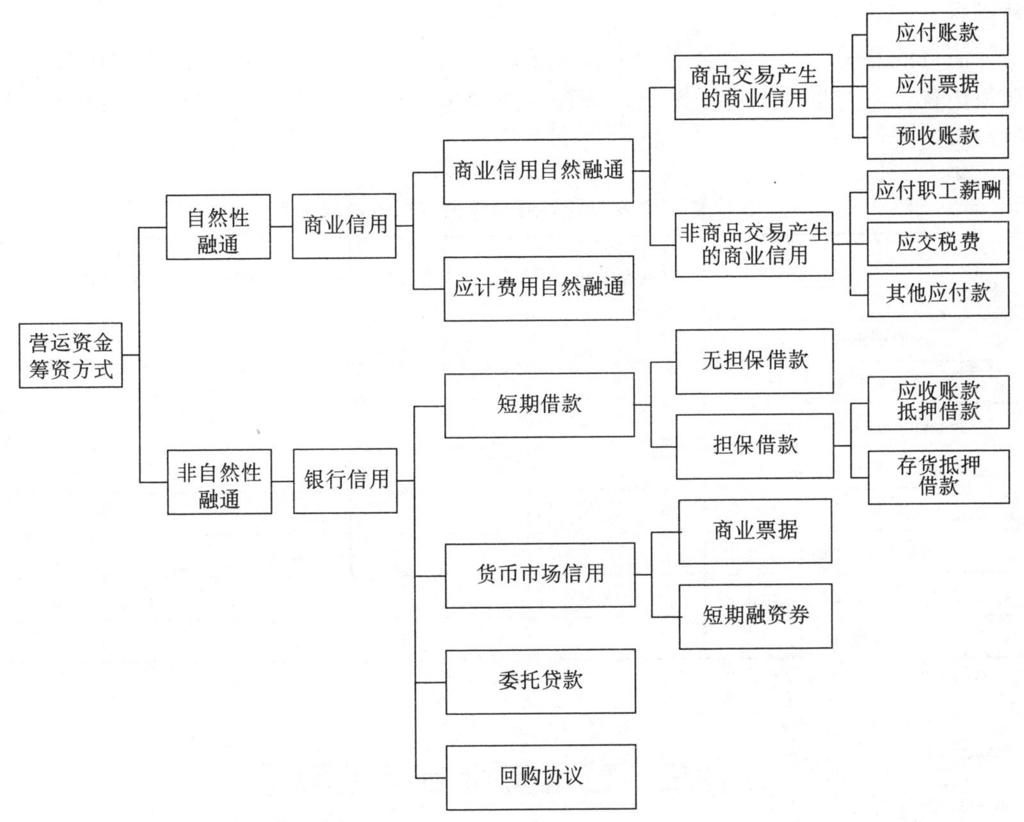

图 3－5 营运资金筹集方式（作者整理）

1. 自然性融通

所谓自然性融通，是指在公司的正常生产经营过程中获得的短期债务，并且主要用于取得经营中所使用的实物和劳务。它们的数额通常取决于公司经营活动的水平，并随着经营活动的开展自然发生、自然增减。尽管如此，公司对其数额的多少仍有一定程度的选择权。一般而言，自然性融通的成本很低，几乎没有直接成本。

这类融通方式主要包括商业信用自然融通与应计费用自然融通。其中，商业信用是一种通过公司间的业务往来形成商业信用而筹措的短期资金。而商业信用可以划分为两类，即商品交易产生的商业信用（如应付账款、应付票据、预收账款）和非商品交易产生的商业信用（如应付职工薪酬、应交税费、其他应付款等）。

2. 非自然性融通

所谓非自然性融通，是指直接从银行或者其他金融机构获得的资金，并使之用于公司的经营。一般而言，非自然性融通的成本大，并且都是直接成本，这种直接成本主要是应付利息。

这类融通方式主要是指银行信用。银行信用是指从银行或货币市场及其他金融机构获得的短期借款，具体包括短期银行借款、货币市场信用（如商业票据和短期融资券）、委托贷款等。

值得注意的是，了解企业营运资金筹集渠道与筹资方式的对应关系，有助于识别和拓宽企业营运资金筹资渠道，合理选择营运资金筹集方式。表 3 - 1 则列示了这种对应关系。

表 3 - 1　　企业营运资金筹资渠道与筹资方式的对应关系

方式 来源	商业信用	短期借款	商业票据	短期融资券
政府财政资金				
银行信贷资金		√		√
非银行金融机构的资金				√
公司内部资本积累				
渠道资金	√		√	
其他法人的资金				√
民间资金				√
境外资金				√

任务三　营运资金自然性融通

任务目标

1. 熟悉商业信用的分类；
2. 熟悉信用条件；
3. 掌握商业信用成本的计算；
4. 熟悉商业信用筹资的优缺点；
5. 了解企业该如何利用商业信用这一融资方式；
6. 了解应计费用融资方式及其优缺点。

任务解构

一、商业信用

商业信用，是指企业在商品交易过程中由于延期付款或预收货款而形成的借贷关系，是企业之间互相提供信用的直接融资方式，也是企业最为普遍和重要的短期筹资形式。从本质上来说，商业信用是企业商品交易中钱与货在时间上的分离而产生的，不属于企业独立的融资活动，属于企业的自然性融通方式。

通常来说，决定企业是否获得商业信用有以下几个因素：第一，企业的财务信誉。财务信誉为企业获得商业信用提供可能性，这是因为：如果企业财务信誉较好，在债务到期时，企业会愿意按照约定偿还欠款，那么，对方企业也更乐于为资金短缺企业提供商业信用；如果企业财务信誉较差，在债务到期时，企业即便有资金也不愿意偿还欠款、而继续占用对方企业资金，进而对方企业不愿意提供商业信用。第二，企业的偿债能力。偿债能力同样为企业获得商业信用提供可能性，这是因为：相较于财务信誉反映融资企业是否有意愿如期偿还欠款，偿债能力反映了资金短缺企业是否有能力如期偿还欠款，偿债能力较好的企业在债务到期时比偿债能力差的企业更容易偿还欠款。第三，企业的销售规模。销售规模从某种程度上决定了商业信用的规模。销售规模越大，货款金额越大，商业信用的规模就越大。

（一）商业信用的分类

商业信用主要有应付账款、应付票据和预收账款等几种形式。

1. 应付账款

应付账款是企业购买货物暂未付款而欠对方的账款，即卖方允许买方在购货后一定时期内支付货款的一种形式。在这种形式下，卖方在将商品转移给买方时，并不需要买方立即支付货款，而是销货方向买方开立发票或账单，发票上注明运交货物的价格、到期支付的总金额以及销售条件等；待一定时期后再由买方付清货款。这是一种双向获益的行为，一方面，卖方利用这种方式促销，从而扩大了销售；另一方面，买方获得了营运资金。

按照付款期、折扣等信用条件，应付账款可以分为免费信用、有代价信用和展期费用。具体来说，免费信用是指买方在规定的折扣期内享受折扣而获得的信用；有代价信用是指买方放弃折扣付出代价而获得的信用；展期信用是指买方超过规定的信用期推迟付款而强制获得的信用。

2. 应付票据

应付票据，又称期票，是企业进行延期付款商品交易时开具的反映债权债务关系的票据。应付票据也是由赊购商品形成的。根据购销合约，买方被要求签发一张表示向卖方借款的票据；凭此票据，卖方可以要求买方在规定的日期履行偿债义务，也可以在到期日前经背书转让给第三者。这种方式往往存在于买方希望卖方承认其债务的情形下，也适用于不了解对方资信或资信较差的公司。

根据承兑人不同，应付票据可分为银行承兑汇票和商业承兑汇票两种。银行承兑汇票是由付款人委托银行开具的一种远期支付票据，票据到期银行具有见票即付的义务；商业承兑汇票是由付款人开具的远期支付票据，由于没有通过银行的担保所以信用相比银行承兑汇票较低。两种票据最长期限为六个月，票据期限内可以进行背书转让。

应付票据的利率一般比银行的借款利率低，且不用保持相应的补偿性余额和支付协议费，所以应付票据的筹资成本低于银行借款成本。应付票据到期必须归还，如若延期变要交付罚金，因而风险较大。在融资功能上，应付票据与应付账款类似，只是由于票据的可流通性，在融资方面应付票据具有一些不同于应付账款的限制因素。

3. 预收账款

预收账款是卖方在交付货物之前预先向买方收取部分或全部货款的信用形式。对于卖方来说，预收账款相当于卖方以其货物抵偿，向购货企业预借现金，是营运资金的又一来源。

一般来说，预收账款这种商业信用形式的应用是很有限的，通常应用于所销商品在市场上比较紧缺而买方有急需、生产周期较长且投入较大的建筑业和重型机器制造业、书刊报纸征订等情况。此外，企业往往还存在一些在非商品交易中产生但亦为自发性筹资的应付费用，如应付职工薪酬、应交税费、其他应付款等。应付费用使企业受益在前、费用支付在后，相当于享用了收款方的借款，一定程度上缓解了企业的资金需要。应付费用的期限具有强制性，不能由企业自由斟酌使用，但通常不需花费代价。

在以上商业信用的三种方式中，以应付账款最为常见，是最主要的商业信用，因此，以下商业信用的讨论以应付账款为主。

（二）信用条件

1. 不提供信用

货到付款与先付款后发货这两种方式都表示不提供信用。在货到付款的情况下，卖方所承担的唯一风险是买方可能拒绝接受这批货物，因为运输成本通常由卖方负担；在先付款后交货的情况下，卖方可避免所有风险。无论哪一种方式，卖方都不允许买方赊账。

2. 无现金折扣的付款期

在这种信用条件下，卖方允许买方在商品交易发生后一定时期内支付货款。例如，“n/30”条款是指发票或账单上所示的金额必须在 30 天内付清，不附有现金折扣的优惠条件。

3. 有现金折扣的付款期

在这种信用条件下，除了允许赊账外，如果买方在指定付清日之前支付货款，则卖方会给予现金折扣；如果买方在指定付清日之后支付货款，则不享受现金折扣。这里，现金折扣是企业规定的信用条件的主要内容，是为了激励买方及早偿还欠款的一种重要手段。比如，“2/10，n/30”，是指若买方在 10 天内付款，则可享受 2%

的现金折扣，若在 10 ~ 30 天内则按交易金额付款。这种信用条件下，买方若在折扣期内付款，则可获得短期的资金来源，并能得到现金折扣利益；若放弃现金折扣，则可在稍长时间内占用卖方的资金。

4. 展延期限

无论在哪种信用条件下，公司为了取得多占用商业信用所筹得的资金，可以选择展延期限。这种展延时公司尽量将货款推迟到过了规定的支付期限以后支付，而且拖的时间越久对公司越有利。这种情形对公司有两个方面的影响：一方面，公司可以在一个较长的时间内使用卖方的资金；另一方面，拖欠货款可能会给公司带来坏声誉，从而招致机会成本的增加。而且，这种机会成本的增加难以用公式和金钱来计量，往往比丧失现金折扣的机会成本还要高。因此，公司应该谨慎使用。

（三）商业信用的成本

应付账款的成本取决于信用期限和现金折扣。信用期限就是赊购商品的最后付款时间。延长信用期限，可提高企业商品的竞争能力，增加销售量。

1. 到期付款

到期付款对应着以上"不提供信用"和"无现金折扣的付款期"两种信用条件。如果卖方无信用条件，则公司应尽可能长时间地利用该种商业信用；如果卖方的信用条件是无现金折扣的付款期，也即在购货后的一定期限内付款，则公司应当选择到期付清款项。在以上两种信用条件下，公司均可以在一段相对较长的时间内或在规定的时间中免费使用对方提供的资金，因此，使用商业信用的成本为零。

2. 有现金折扣的付款期

有现金折扣的情况下，商业信用的成本一般表现为，放弃现金折扣的机会成本和拖延付款造成的信誉损害。其中，放弃现金折扣的机会成本可用以下公式表示：

$$\text{放弃现金折扣成本} = \frac{\text{折扣百分比}}{1-\text{折扣百分比}} \times \frac{360}{\text{信用期}-\text{折扣期}}$$

公式表明，放弃现金折扣的成本与折扣百分比、折扣期同方向变化，与信用期反方向变化。所以，如果买方企业放弃折扣而获得商业信用，其代价是很高的。然而，企业在放弃折扣的情况下，推迟付款的时间越长，其成本就会越少。

【例 3 - 4】某企业按"2/10，n/30"的条件购入 20 万元货物。在这里，20 万元为信用额度，如果该企业在 10 天内付款，便可以享受 10 天的免费信用期，并获得折扣 0.4（20 × 2%）万元，免费信用额为 19.6（20 - 0.4）万元。

倘若买方企业放弃折扣，在 10 天后（不超过 30 天）付款，该企业便要承受因放弃折扣而造成的隐含利息成本。该企业放弃折扣所负担的成本为：

$$\frac{2\%}{1-2\%} \times \frac{360}{30-10} = 36.7\%$$

倘若企业延至 50 天付款，其成本为：

$$\frac{2\%}{1-2\%} \times \frac{360}{50-10} = 18.4\%$$

3. 利用现金折扣的决策

计算商业信用成本的意义在于，它为企业融资决策提供了依据。在企业能够从其他来源获得资金时，如果其他来源的资金成本低于商业信用的成本，企业就不应该扩大信用期，以避免支付高额资金成本；若企业无法从其他来源获得资金，且当利用该笔资金的投资收益率高于机会成本时，企业就应该放弃现金折扣而扩大信用期。在附有信用条件的情况下，卖方企业通常可以按照以下标准做出如何利用现金折扣的决策：

（1）如果企业能以低于放弃折扣的隐含利息成本（实质是一种机会成本）的利率借入资金，便应在现金折扣期内用借入的资金支付货款，享受现金折扣；反之，企业应该放弃折扣。

（2）如果企业在折扣期内将应付账款用于短期投资，所得的投资收益率高于放弃折扣的隐含利息成本，则应放弃折扣而去追求更高的收益。在这种情况下，企业应将付款日推迟至信用期内的最后一天，以降低放弃折扣的成本。

（3）如果企业因缺乏资金而欲展延付款期，则需要在降低了的放弃折扣成本与展延付款带来的损失之间做出选择。展延付款带来的的损失主要是指因企业信誉恶化而丧失供应商乃至其他贷款人的信用，或日后招致苛刻的信用条件。

（4）如果企业面对两家以上提供不同信用条件的卖方，应通过衡量放弃折扣成本的大小，选择信用成本最小（或所获利益最大）的一家。

（四）商业信用筹资的优缺点

1. 商业信用的优点

第一，商业信用是一种灵活、方便的营运资金筹集方式。与其他筹资方式相比，商业信用是伴随企业的商品买卖自然形成的一种筹资方式，卖方不需要进行正式的协商，买方也不需要开具正式的文书和附加特殊条件。

第二，商业信用筹资量与实际营运资金需求量在金额和时间上均匹配，从而极大地提高营运资金的融资效率。企业的采购行为是随着销售的增加而增加的，而商业信用则随着采购量的增加而增加，所以企业的筹资量与实际资金需要量相符，且时间上相匹配，从而避免了资金需要量和需要时间上的估计偏差。

第三，商业信用筹资成本低。如果信用条件中没有现金折扣，或者企业不放弃现金折扣，那么企业利用商业信用筹资没有资本成本，可以免费使用资金。

2. 商业信用的缺点

商业信用筹资也存在一些不足。与其他短期筹资方式相比，其最主要的缺点在于：第一，期限一般较短，不利于企业对资金的统筹运用。若企业享受现金折扣，那么可利用的时间将更短。第二，在经济不景气或市场信用环境不好的情况下，企业之间很可能会因相互拖欠货款而导致信用链条断裂。第三，信用筹资金额受交易规模限制。第四，在有优惠条件的情况下，需要承担较高的成本。

（五）商业信用的利用

基于商业信用筹资的优缺点，合理利用商业信用融资，会给企业带来收益。可以从以下几个方面合理利用商业信用融资。

1. 提高资金收益率，从根本上改善企业资金状况

一个企业的盈利能力往往是其负债能力的保证。盈利能力较好的企业，往往偿债能力较好，财务风险也较低，进而企业信誉较好，其融资渠道必然通畅；反之，盈利能力较差的企业，偿债能力较差，企业信誉较好，其融资也存在困难。因此，提高资金收益率是进行商业信用融资管理的根本所在。

2. 加强商业信用融资的时间管理

商业信用融资是一种短期融资方式，流动性很强，监控商业信用融资的总量变动并及时做出调整就显得特别重要。可以借鉴应收账款账龄分析方法，加强对商业信用融资的时间监控，具体包括以下内容：①监控商业信用融资的时间分布；②监控流动资产的时间分布于商业信用的配合程度；③合理安排商业信用融资在各时间段上的分布。

3. 加强对商业信用融资规模的控制

商业信用融资与经营状况、销售规模等因素有密切关系，因此了解应付账款、预收账款与销售收入及利润等指标间的比例有助于确定融资规模。另外，由于资金的偿还与流动资产等指标相关，所以控制流动比率、现金比率等指标应注意商业信用融资款项的偿付。

4. 加强对商业信用融资的信用监控

商业信用融资以信用为基础。信用的维护可以使企业获得免费或者低成本的资金；信用的丧失会让企业遭受巨大的损失。如逾期的应付账款虽然减少了现金折扣成本，但因丧失信用而带来的间接损失也将无法估量。加强商业信用融资的信用监控，既能了解企业应付账款项的偿付能力，也能通过企业信用状况的改变来调整商业信用融资的规模。

二、应计费用

应计费用是指由于法律或结算制度使一部分费用的形成时间早于支付时间，从而使一部分款项为公司所占用，主要包括应付工资、应交税金、应付利息等。这些项目发生受益在先，支付在后，因此，应计费用更能代表自然形成的资金来源，当然也属于自然性融通的范畴，也就不存在直接成本了。公司应当尽可能利用这一短期融资方式。但是，由于应计费用的支付大多具有时间性和其他限制，使财务人员在控制应计费用的水平上自由度较小，因此，应计费用的使用是极其有限的。

任务四 营运资金非自然性融通

任务目标

1. 掌握短期银行借款的概念、分类和成本计算，熟悉短期银行借款的信用条

件、筹资优缺点，了解抵押借款的分类；

2. 掌握商业票据的概念、分类和成本计算，熟悉商业票据的发行、筹资优缺点和运用；

3. 掌握短期融资券的概念、分类，了解短期融资券的发行和筹资优缺点；

4. 熟悉委托贷款融资的概念、分类、交易模式和筹资优缺点。

任务解构

一、短期银行借款

短期银行借款，也即短期借款，是指公司向商业银行借入的期限在一年以内的借款。短期银行借款是仅次于商业信用的一种重要的短期资金来源，是营运资金筹资的主要方式之一，可以弥补企业自然性筹资的不足。

企业举借短期银行借款，必须首先提出申请，经审查认可后借贷双方签订借款合同，注明借款的用途、金额、利率、期限、还款方式、违约责任等；然后企业根据借款合同办理借款手续；借款手续办理完毕，企业方可取得借款。

（一）短期银行借款的分类

短期银行借款按照不同的标准，有不同的划分方式。

1. 按照短期银行借款的目的和用途不同，可分为生产周转借款、临时借款和结算借款等

生产周转借款是企业为满足生产周转的需要，在已确定的流动资金计划占用额的范围内，弥补自有流动资金不足的部分而向银行取得的借款。

临时借款是企业在生产经营过程中由于临时性或季节性原因购买所需物资，而向银行取得的借款。

结算借款是企业采用托收承付结算方式向异地发出商品，在委托银行收款期间为解决在途结算资金占用的需要，以托收承付结算凭证为保证向银行取得的一种借款。

2. 按照短期银行借款偿还方式的不同，可分为一次性偿还借款和分期偿还借款

一次性偿还借款是贷款到期时一次偿还的借款。分期偿还借款是在贷款期内定期（每月、季）等额偿还的借款。

3. 按照短期银行借款利息支付方式的不同，可分为收款法借款、贴现法借款和加息法借款

收款法借款是在借款到期时向银行支付一定利息的方法。银行向工商企业发放的贷款大都采用这种方法收息。

贴现法借款是银行向企业发放贷款时，先从本金中扣除属于利息的部分，而到期时借款企业偿还贷款全部本金的方法。采用这种方法，企业可利用的贷款额只是本金减去利息部分后的差额，因此贷款的实际利率高于名义利率。

加息法借款是银行向企业发放分期等额偿还贷款时采用的方法。在分期等额偿还贷款的情况下，银行将根据名义利率计算的利息加到贷款本金上，计算出贷款的

本息和，要求企业在贷款期内分期偿还本息之和的金额。

4. 按照短期银行借款有无担保，可分为抵押借款和信用借款

抵押借款，是借款企业根据银行的要求，向银行提供担保品后方可取得的借款。短期银行借款的担保品通常包括应收账款及存货。

信用借款，是不需要企业提供抵押品，仅凭企业信用或担保人信誉而取得的借款。这种借款具有自偿性的特点，使用这种借款的公司应具备在 1 年以内有产生足以偿还贷款的现金流量能力。该方式适用于那些信誉好、规模大、实力强且借贷往来时间较长的公司。

（二）短期银行借款的信用条件

1. 信贷限额

信贷限额是银行对借款人规定的无担保贷款的最高额，往往是一种非正式协议。信贷限额的有效期通常为一年，但根据情况也可延期一年。一般来讲，企业在批准的信贷限额内，可随时使用银行借款。但是，银行并不承担最高限额保证的法律义务，即如果企业信誉恶化，银行有可能不愿意提供贷款，且无须承担法律责任。信贷限额的大小一般依赖于银行对公司信誉的评估以及公司对信贷的需求。

2. 周转信贷协定

周转信贷协定是指银行具有法律义务地承诺提供不超过某一最高限额的贷款协定，是一种正式的协议。在协议的有效期内，只要企业的借款总额未超过最高限额，银行就必须满足企业任何时候提出的借款要求。企业享用周转信贷协定，通常要就贷款限额的未使用部分支付给银行一笔承诺费，以补偿银行不能将这笔款项贷放给其他客户的损失。周转信贷协定的有效期通常超过一年，但实际上贷款每几个月发放一次，所以这种信贷具有短期借款和长期借款的双重特点。

周转信贷协定与信贷限额同为企业和银行之间关于贷款额度的协议，但两者有本质区别：信贷限额是非正式的协议，没有法律约束，银行可以根据实际情况的变化选择不执行信贷限额，企业不按信贷限额借款也不需要支付补偿费；而周转信贷协定是正式的、具有法律约束力的协议，因此银行有义务按最高限额借款给企业，如果企业没有按限额借款，则需要支付补偿费。

【例 3－5】 某周转信贷协定的额度为 1 000 万元，承诺费为 0.3%，在该年度内，公司平均借款额为 700 万元。求公司应支付的承诺费额。

借款余额＝1 000－700＝300（万元）

承诺费额＝300×0.3%＝0.9（万元）＝9 000（元）

3. 补偿性余额

补偿性余额是银行要求借款企业在银行中保持按贷款限额或实际借用额的一定百分比（通常为 10%～20%）的最低存款余额。从银行的角度看，补偿性余额会增加公司的现金比率，并可以在必要时以存款余额抵偿部分贷款，以减少银行经营的风险；从公司的角度看，补偿性余额提高了借款的实际利率，加重了公司的利息负担。补偿性余额贷款实际利率计算公式为：

$$实际利率 = \frac{实际支付利息}{实际可动用资金} \times 100\%$$

【例3-6】 某公司按上年利率8%向银行申请短期借款200万元，银行要求公司保持15%的补偿性余额。

（1）求该笔借款的实际利率。

（2）如果该公司在银行已存有1万元存款，求该笔借款的实际利率。

解：（1）依据公式，计算如下：

$$实际利率 = \frac{2\ 000\ 000 \times 8\%}{2\ 000\ 000 \times (1-15\%)} \times 100\% = 9.41\%$$

（2）依据公式，计算如下：

$$实际利率 = \frac{2\ 000\ 000 \times 8\%}{2\ 000\ 000 \times (1-15\%) + 10\ 000} \times 100\% = 9.36\%$$

4. 借款抵押

银行向财务风险较大的企业或对其信誉没有把握的企业发放贷款时，有时需要企业有抵押品担保，以减少银行自身蒙受损失的风险。短期银行借款的抵押品经常是借款企业的应收账款、存货、股票、债券等。银行接受抵押品后，将根据抵押品的市值决定贷款金额，一般为抵押品市值的30%～90%。这一比例，取决于抵押品的变现能力和银行的风险偏好。

抵押借款的成本通常高于非抵押借款的成本，这是因为银行主要向信誉好的客户提供非抵押贷款，而将抵押贷款看成是风险投资，因此收取较高的利率；同时银行管理抵押贷款要比管理非抵押贷款困难，因此往往另外收取手续费。

另外，企业向贷款提供人提供抵押品，会限制其财产的使用和将来的借款能力。

5. 偿还条件

贷款的偿还有到期一次偿还和在贷款期内定期等额偿还两种方式。一般来讲，企业不希望采用后一种偿还方式，因为这会提高借款的实际利率；而银行不希望采用前一种偿还方式，因为这会加重企业的财务负担，增加企业的拒付风险，同时会降低实际贷款利率。

6. 其他承诺

银行有时还要求企业为取得贷款而做出其他承诺，如及时定期地提供财务报表、保持适当的财务水平（如特定的流动比率）等。如企业违背所做出的承诺，银行就可以要求企业立即偿还全部贷款。

（三）短期银行借款的成本

短期银行借款的成本是指取得短期银行借款所支付的利息，而利息的大小取决于利率的高低及利息的支付方式。

1. 银行短期信贷利率的确定

按照国际惯例，银行短期信贷利率会因借款企业分类、借款金额以及借款时间的不同而有所不同。通常，银行对信用好、贷款风险低的企业只收取较低的利率，而对信用差、贷款风险高的企业收取较高的利率。

短期银行借款利率多种多样，一般可分为优惠利率、浮动优惠利率和非优惠利率三种。

（1）优惠利率。优惠利率是银行向财力雄厚、经营状况好的企业贷款时，收取的名义利率，为贷款利率的最低限。

（2）浮动优惠利率。浮动优惠利率是一种随其他短期利率的变动而浮动的优惠利率，即随市场条件的变化而随时调整变化的优惠利率。

（3）非优惠利率。非优惠利率是银行贷款给一般企业时收取的高于优惠利率的利率。这种利率经常在优惠利率的基础上加一定的百分比。比如，银行按高于优惠利率1%的利率向某企业贷款，若当时的优惠利率为8%，则向该企业贷款收取的利率即为9%。非优惠利率与优惠之间差距的大小，由借款企业的信誉、与银行的往来关系及当时的信贷状况所决定。

2. 借款利息的支付方法

借款利息可以到期支付，也可以预先支付，每一种支付方式会产生不同的实际利率。短期银行借款的本息偿还方式通常有三种：收款法、贴现法和加息法。

（1）收款法。收款法也叫单利法，在这种方法下，根据借款的本息偿还方式，在借款到期日一次性支付利息。我国银行向工商企业发放贷款时大都采用这种方法。如果借款期限为一年，则借款的实际利率与名义利率相同；如果借款的期限短于一年，则实际利率就会高于名义利率。在该种方法下，实际利率的计算公式如下：

$$\text{实际利率}=\left(1+\frac{\text{名义利率}}{n}\right)^{n}-1$$

式中：n为每年贷款或还款的期数。

【例3-7】某公司取得一笔金额为100 000元的银行贷款，年利率为5%，期限为一年。收款法的实际利率为：

$$\text{实际利率}=\frac{100\ 000\times5\%}{100\ 000}=5\%$$

【例3-8】某公司取得银行贷款的年名义利率为12%，每季付息一次，则该借款的实际利率为：

$$\text{实际利率}=\left(1+\frac{12\%}{4}\right)^{4}-1=12.55\%$$

（2）贴现法。贴现法是银行向企业发放贷款时，先从本金中扣除利息部分，而贷款到期时借款企业只要偿还贷款全部本金的一种计息方法。采用这种方法，企业可利用的贷款额只有本金减去利息部分后的差额，因此贷款的实际利率高于名义利率。在该种方法下，实际利率的计算公式如下：

$$\text{实际利率}=\frac{\text{支付利息}}{\text{贷款金额}-\text{支付利息}}$$

【例3-9】沿用【例3-7】的数据，采用贴现法的实际利率为：

$$实际利率=\frac{100\ 000\times5\%}{100\ 000-100\ 000\times5\%}=5.26\%$$

（3）加息法。加息法是银行发放分期等额偿还贷款时采用的利息收取方法。在这种方法下，银行需根据名义利率计算的利息加到贷款本金上，计算出贷款的本息和，要求企业在贷款期内分期偿还本息和之和的金额。由于贷款分期均衡偿还，借款企业实际上只平均使用了贷款本金的半数，却支付全额利息。因此，企业所负担的实际利率高于名义利率一倍。

【例 3－10】 沿用【例 3－7】的数据，采用加息法的实际利率为：

实际支付利息＝100 000×8%×1＝8 000（元）

实际支付全部金额＝100 000＋8 000＝108 000（元）

每月还款额＝108 000/12＝9 000（元）

$$实际利率=\frac{8\ 000}{100\ 000\times0.5}\times100\%=16\%$$

（四）短期银行借款的优缺点

1. 短期银行借款的优点

银行一般资金充足、实力雄厚，有能力较方便地为企业提供较多的短期贷款。对于季节性和临时性的资金需求，采用短期银行借款尤其方便。而那些规模大、信誉好的大企业，可以以较低的利率借入资金。

此外，短期银行借款具有较好的弹性，可在资金需要增加时借入，在资金需要减少时偿还。

2. 短期银行借款的缺点

第一，资金成本较高。短期银行借款的成本一般高于商业信用和短期融资债券。并且，短期银行借款中的抵押借款由于需要支付管理费和服务费，其成本更高。

第二，限制较多。企业在向银行借款时，通常银行要对企业的财务状况、经营状况、经营资质等进行尽职调查，当这些条件符合银行的贷款要求时，银行才会为企业贷款。而且，有些银行还要保留对企业的一定控制权，例如要求企业把流动比率、负债比率等维持在一定的比例范围之内，这些都会构成对企业的限制。

（五）抵押借款

如前所述，根据是否需要提供担保，短期银行借款可以分为信用借款和抵押借款。抵押借款，这种融通方式通常是在企业无力证明其信誉良好或银行认定该企业存在无力偿还的风险时采用的。

担保品的形式有多种，如应收账款、有价证券、存货、机器设备、不动产等。其中，有价证券由于其变现能力强等原因，一般鲜有公司使用其做担保品。同样，机器设备、不动产等常常用作长期借款的担保品。因此，短期银行借款一般采用应收账款或存货来进行担保。

1. 应收账款的抵押融通

应收账款是公司变现能力较强的资产之一，也是一种较好的担保品。利用应收账款融通资金通常包括两种方式，即应收账款抵押和应收账款代理。

（1）应收账款抵押。应收账款抵押是公司以应收账款作为担保资产向银行申请借款。在这种情形下，银行不仅拥有应收账款的债权，而且拥有向借款人的追索权。

企业采用这种方式筹资时，首先需要将应收账款单据交由贷款银行审核。一般来说，信用等级较低或未评级的应收账款会被银行拒绝；质量较高、但账面价值较低的应收账款也会被银行拒绝，因为该应收账款的金额较小而管理成本相对较高。银行确定可以作为担保品的各笔应收账款之后，再按其账面价值的一定比例（一般为30%～70%）向借款公司发放贷款。之后，企业与银行即可按照法定程序建立双方的业务关系，一旦关系建立，以应收账款抵押的借款方式就成为一种连续且相对稳定的融通方式。

这种贷款的信用风险完全由借款企业承担。如果作为担保品的应收账款无法收回，则借款企业应承担坏账损失；如果作为担保品的应收账款到期后未能收回，应由借款企业负责收回逾期的应收账款，并承担所发生的收账费用。

应收账款的抵押融通可以采用两种方式：一是通知方式；二是非通知方式。采用前者时，借款企业要将应收账款已作为担保品的情况通知有关客户，以便客户将应付账款直接给付贷款银行；采用后者时，应收账款用做担保品之事并不告知相关客户，客户继续把账款付给企业，由企业转交银行。

以应收账款向商业银行借款的利息费用将比最优惠利率高出2%～4%，而且许多银行还要按贷款金额收取1%～2%的手续费。

（2）应收账款代理。应收账款代理又称应收账款让售，是指持有应收账款的企业可以将其应收账款出售给一个无追索权的代理人（银行或金融机构），代理人在购进应收账款后，不仅要贷放款项，而且还必须承担坏账的风险。因此，代理人在代理过程中应对公司每一应收账款对象的信用及偿债能力进行调查，接受风险较小的账款，拒绝风险较大的账款。由此可见，在应收账款让售的过程中代理人同时兼任信用审查、贷放款项及承担风险三种职能，从而使借款企业既获得了资金，又减少了公司对客户的调查费用及应承担的坏账损失。但是，借款企业必须为此付出代理成本（一般占让售应收账款面值的1%～3%）和提前使用资金的利息成本。因此，应收账款代理时一种弹性很强的融资方式。

2. 存货的抵押融通

与应收账款类似，存货也是一种流动性较强的资产，同样适宜充当短期银行借款的抵押品。贷款银行根据存货的质量确定贷款比例，这些质量包括存货的流动性强弱、易损程度、市价稳定程度和变卖难易程度等方面以及借款企业偿还借款的能力。一般说来最高贷款额可高达存货价值的90%。

存货的抵押融通也有很多方式，借款企业可以根据具体情况从中选择。

（1）存货总留置权法。在该方法下，借款企业可以用其存货总额充当借款的抵押品，而银行则对公司的全部存货拥有留置权。但是，公司仍有存货的所有权，可以随时将存货提取使用，使得银行难以严密控制这些抵押品。因此，总留置权往往是决定存货抵押借款的一个补充保证。

（2）动产抵押法。在该方法下，存货按具体的种类顺序编号，由银行检点验明后，作为借款的抵押品。借款企业对存货拥有所有权，银行对指定存货仍拥有留置权，但是，借款企业未经银行同意，不得出售指定存货。因此，动产抵押法要比总留置权法易于控制和掌握。但是，该方法不太适用那些周转速度快、数量大而不易鉴别的存货。

（3）信托收据法。在该方法下，公司保留存货的所有权，并以出售存货的所得为担保取得借款。其具体做法是：借款企业根据借款数额向银行签发信托收据，获取抵押借款。该信托收据表明做抵押的存货是借款企业的信托物，此信托物由银行加以控制，而存货的摆放地点不限，可留在原地的企业仓库中，也可搬至指定的公共仓库中。借款企业应在征得银行同意后方可提取该存货出售，并以出售信托物所获得的货款偿债。借款本息偿还完毕后，信托收据即予以注销。此外，特别需要注意的是，信托存货与设定留置权的存货应有明显的区别，银行应定期检查，以防止借款企业随意销售信托物而不及时还款。

（4）仓库收据法。在该方法下，借款企业以存放在公共仓库中的特定存货为担保取得借款。其具体做法是：每一批产品完工后，借款企业即将存货送入银行指定的公共仓库中，并取得仓库收据，以收据证明存在该仓库中的存货确属公司所有，同时，凭这张仓库收据向银行取得借款。该收据给银行以货物权益的保证，并使银行拥有对此抵押品严格的控制权。公司在产品销售以前，必须先征得银行同意才能到仓库提货，并将销货款用来偿还借款本息。存货售完时，也就是借款还清时。

（六）合理选择商业银行

随着金融信贷业的发展，可向企业提供贷款的银行和非银行金融机构增多，企业有可能在各贷款机构之间作出选择。在选择银行时，主要关注借款种类、借款成本和借款条件，此外还应考虑下列有关因素。

1. 银行对贷款风险的政策

银行对其贷款风险有着不同的政策，有的倾向于保守，只愿承担较小的贷款风险；有的富于开拓，敢于承担较大的贷款风险。根据银行承担风险大小的意愿，各商业银行制定不同的信贷政策。

2. 贷款专业化程度

商业银行在贷款方面所具有的专业化程度与实力通常可以反映出其所处的经济环境和经营业务的性质。不同的商业银行，其贷款专业化程度也不同。企业如果能与一家熟悉其业务性质且在这方面拥有丰富经验的商业银行建立往来联系，则将获得具有创造力的合作与更积极的支持。

3. 咨询与辅导

商业银行所提供的咨询与辅导很有价值，因为这些辅导来自于商业银行与其他企业往来的经验积累，有助于预见和发现顾客存在的潜在问题，以便企业客户或银行及时采取措施。

二、商业票据

（一）商业票据概述

商业票据是指由金融公司或某些信用较高的企业开出的无担保的短期票据。该票据是由出票人向受票人签出，并承诺在一定时期内向受款人无条件支付款项的书面凭证，是一种期票。由于该期票没有担保，而且可以在货币市场上流通，因此，只有信誉较好的公司才能用此短期融资方式。商业票据的可靠程度依赖于发行企业的信用程度，可以背书转让，但一般不能向银行贴现。

归纳来说，商业票据有以下特点：第一，无担保。即无实体财产作抵押，一般以公司的声誉、实力地位做担保。第二，期限短。大中型公司发行的商业票据的期限为1～6个月；大型金融公司发行的商业票据的期限为1～9个月；甚至有以天计期的商业票据。第三，见票即付。商业票据有明确的到期日。到期时，债务人必须无条件地向债权人或持票人支付确定的金额，不得以任何理由或借口拒绝支付或延期支付。第四，以其面额为发行价格。第五，利率低。商业票据的利率一般低于银行贷款利率，但高于国库券利率。利率差距的幅度因发行时间、发行公司状况、金融市场货币供求情况的不同而有变化。

（二）商业票据的分类

1. 商业本票

商业本票是由出票人签发的，承诺自己在见票时无条件支付确定的金额给收款人或者持票人的票据。商业本票一般由信誉良好的企业发行。它起源于美国、英国等一些发达国家，随着金融市场的发展，原与商品和劳务交易相联系的商业本票，逐渐发展成为一种与商品、劳务交易无关的独立的融资性票据，成为一些信用良好的大公司在市场上筹集短期资金的借款凭证。我国目前还没有发行商业本票，但我国金融领域已允许效益好的企业发行类似商业本票的企业短期债务。

2. 商业汇票

商业汇票是出票人签发，委托付款人在见票时或者在指定日期无条件支付确定的金额给收款人或者持票人的票据。经银行承兑过的商业汇票即是银行承兑汇票，我国的商业信用大部分采用这种形式。商业汇票经承兑、背书后，可转让、贴现，成为金融市场短期融资工具之一。

（三）商业票据的发行

商业票据的发行方式有两种：第一，委托经纪人发行，又称经纪人市场。在经纪人市场上，发行商业票据的大中型公司委托经纪人将商业票据出售给投资者，并支付给经纪人一定的佣金。佣金比例为发行额的0.125%左右。通过经纪人发行的商业票据数量，占总发行量的20%～40%。第二，发行公司直接发行。在该发行方式下，不通过经纪人，而由发行公司将商业票据直接出售给现金富裕的大公司。该市场发行量占商业票据总发行量的60%～80%。

债务人发行的商业票据，必须记载下列事项：标明“期票”字样；无条件支付的承诺；确定的金额；受款人姓名；出票日期；付款日期；出票人签章。

此外，发行商业票据筹集资金必须具备一定的资格条件，具体包括：

第一，信誉卓著，财力雄厚，有支付期票金额的可靠资金来源，并保证支付。

第二，非新设立公司。发行商业票据的必须是旧有公司，新开办的公司不能采用此方式筹集资金。

第三，在某一大银行享有最优惠利率的借款。

第四，在银行有一定的信用额度可供利用。

第五，短期资金需求量大、筹资数额大。资金需求量不大的企业不宜采用此方式筹集资金。

（四）商业票据的成本

利用商业票据时，其融资成本首先是利息成本，除此以外，还有以下三种主要的非利息成本：

1. 信贷备用额度

银行不能通过降低贷款利率同商业票据市场相抗衡。为了保证银行在市场竞争中的份额，银行往往采取一些活动，设法提供服务，以支持客户发行商业票据，并维系银行与客户间的关系。这些服务包括：一是充当发行证券的代理人；二是提供信贷备用额度。在第二种服务下，由于商业票据的平均偿还期比较短，发行人可能无法及时偿还或者需要延长票据偿还期。为了减少这种风险，发行人可以利用银行信贷备用额度，作为针对财务困难或银根吃紧期间的保证。这种备用额度一方面可以采用补偿性余额的形式实现，另一方面也可以采用直接支付费用的形式实现。无论采用何种形式，信贷备用额度的存在成了商业票据的潜在成本。

2. 经纪人的手续费

发行商业票据的另一种成本是支付给经纪人的手续费，这些经纪人（有时是商业银行）为票据发行人充当发行代理和支付代理在处理所有相关工作时，借款企业都要为此付出手续费。

3. 等级评定服务手续费

由于商业票据一般由较大的、有可靠信用的公司所控制，那些未评级或评级较低的商业票据就不易销售，因此，公司每年必须为评级服务支付手续费。

（五）商业票据的优缺点

1. 商业票据的优点

第一，加强债权的安全保证，有利于提升商业信用。一方面，将商业信用票据化，通过票据法令规范的约束，加强了债权的安全保证，有利于提升商业信用，促进商品交易；另一方面，商业票据引进了银行信用，将银行信用与商业信用有机地结合起来，从而为商业票据增信。

第二，商业票据筹资可以激励企业强化信用意识，规范企业行为。这是因为：在市场经济中，具备优良信用等级、经营业绩突出、管理规范的企业较容易从商业银行承兑汇票，而且其签发的商业票据也能得到其他企业和商业银行的广泛认同，流通性强，因而这些企业在票据融资渠道中能轻松地获得资金支持；而那些信用缺失、管理不善的企业，则往往受到票据市场的驱逐，失去在票据市场上融资的机会。

第三，商业票据筹资可以促进银企关系，实现双赢。一方面，商业票据筹资有利于企业的资金融通；另一方面，商业银行可以通过办理票据业务收取手续费，还可以将贴现票据在同业银行之间转贴现或向中央银行申请再贴现，既可以分散经营风险，又可以从中获取较大的利差收益。

2. 商业票据的缺点

第一，发行商业票据的风险比较大。商业票据到期必须归还，一般不会有延期的可能；如果到期不归还，会产生严重后果。

第二，发行商业票据的弹性比较小。只有当公司的资金需求达到一定数量时才能使用商业票据；如果数量小，则不宜采用商业票据。另外，商业票据一般不能提前偿还，因此，即使公司资金比较宽裕，也要到期才能还款。

第三，发行商业票据的条件比较严格。并不是任何公司都能发行商业票据，必须是信誉好、实力强、效益好的公司才能使用而一些小公司或信誉不太好的公司则不能利用商业票据来筹集资金。

（六）商业票据的运用

如前所述，商业票据的利率要低于银行借款的利率，这是其有利的一面。但是，商业票据的利率不太稳定，在很大程度上随市场状况的变动而波动。因此，在评价商业票据这种融通方式的可用性时，应当把商业票据的成本与其他融通方式的成本加权平均进行比较。

从理论上讲，如果公司能够在市场利率差距扩大时利用商业票据来筹措大量资金，而在利率差距缩小时取得较多的借款，则能使平均成本最低，这是最理想的降低成本、增加融资弹性的策略。然而，银行不会乐意公司只在银根紧缩时要求借款，而在银根宽松时发行商业票据。所以，尽管商业票据与银行借款之间的转换很容易实现，但公司仍要注意正确运用商业票据融资，以免破坏与银行的关系。公司若得不到银行借款的支持，就只能听任市场摆布了。因此，公司为了使自身在货币市场状况逆转时有所依靠，就必须在银行中保持一定的信贷额和信贷备用限额。更何况那些暂时处于财务困难中的公司几乎不能从商业票据的发行中得到任何帮助，只有依赖于银行的借款，因此，商业票据仅仅是补充银行借款的一个可取手段和方式。

三、短期融资券

（一）短期融资券概述

在我国，短期融资券是指具有法人资格的企业，依照规定的条件和程序在银行间债券市场发行并约定在一定期限内还本付息的有价证券。短期融资券本质上是一种由企业发行的融资性的无担保商业本票，与国外的商业票据性质相同。

在中国，短期融资券是指企业依照《银行间债券市场非金融企业债务融资工具管理办法》的条件和程序在银行间债券市场发行和交易并约定在一定期限内还本付息的有价证券，是企业筹措短期（1年以内）资金的直接融资方式。

2005年5月，中国人民银行推出了短期融资券，在银行间债券市场引入短期融资券是金融市场改革和发展的重大举措。这是因为：第一，短期融资券的发行促进公司融资券和公司债的发行交易，为商业银行资产负债管理提供更多的工具，有利于银行拓宽在金融市场的深度和广度；第二，短期融资券的发行为央行把银行资金引入到资本市场中提供了条件，有利于银行的主营业务从货币市场向资本市场的转移；第三，短期融资券发行也将成为商业银行获取利润、开拓及维护优质客户资源、带动其他公司业务发展的重要工具，成为全行业务联动新的切入点。第四，短期融资券市场的健康发展有利于改善直接融资与间接融资比例失调的状况，有利于完善货币政策传导机制，有利于维护金融市场稳定，有利于促进金融市场全面协调可持续发展。

（二）短期融资券的分类

短期融资券可以有不同的分类标准。按发行方式分类，可将短期融资券划分为经纪人代销的融资券和直接销售的融资券；按发行企业分类，短期融资券可划分为金融企业的融资券和非金融企业的融资券；按融资券的发行和流动范围分类，短期融资券可划分为国内融资券和国际融资券。

（三）短期融资券的发行

1. 申请条件

在我国，短期融资券的申请条件如下：

（1）是在中华人民共和国境内依法设立的企业法人；

（2）具有稳定的偿债资金来源，最近一个会计年度盈利；

（3）流动性良好，具有较强的到期偿债能力；

（4）发行融资券募集的资金用于该企业生产经营；

（5）近三年没有违法和重大违规行为；

（6）近三年发行的融资券没有延迟支付本息的情形；

（7）具有健全的内部管理体系和募集资金的使用偿付管理制度；

（8）中国人民银行规定的其他条件。

2. 发行条件

短期融资券的发行条件如下：

（1）发行人为非金融企业或者金融行业，发行企业均应经过在中国境内工商注册且具备债券评级能力的评级机构的信用评级，并将评级结果向银行间债券市场公示。

（2）发行和交易的对象是银行间债券市场的机构投资者，不向社会公众发行和交易。

（3）融资券的发行由符合条件的金融机构承销，企业不得自行销售融资券，发行融资券募集的资金用于本企业的生产经营。

（4）对企业发行融资券实行余额管理，待偿还融资券余额不超过企业净资产的40%。

（5）融资券采用实名记账方式在中央国债登记结算有限责任公司（简称中央结算公司）登记托管，中央结算公司负责提供有关服务。2013年5月之后，融资券的登记托管机构改为上海清算交易所。

（6）融资券在债权债务登记日的次一工作日，即可以在全国银行间债券市场的机构投资人之间的流通转让。

此外，短期融资券发行利率或发行价格由企业和承销机构协商确定。融资券的期限最长不超过365天。发行融资券的企业可在最长期限内自主确定每期融资券的期限。投资风险由投资人自行承担。

3. 发行程序

短期融资券的具体发行程序是：

（1）公司作出发行短期融资券的决策；

（2）办理发行短期融资券的信用评级；

（3）向有关审批机构提出发行申请；

（4）审批机关对企业提出的申请进行审查和批准；

（5）正式发行短期融资券，取得资金。

（四）短期融资券的优缺点

1. 短期融资券的优点

第一，短期融资券的融资成本较低。在西方国家，短期融资券利率加上发行成本，通常要低于银行同期贷款利率，这是因为在采用短期融资券筹资时，资金需求者与供应者直接接触，节省了一笔原应付给银行的筹资费用。但是，目前我国短期融资券的利率一般要比银行借款利率高，这主要因为我国银行利率尚未完全市场化，因此，银行利率水平并不能真正反映资金的真实成本；其次，我国短期融资券市场刚建立，投资者对短期融资券缺乏了解。随着短期融资券市场的不断完善，短期融资券利率将会逐渐接近银行贷款利率，但会略低于银行贷款利率。

第二，短期融资券筹资数额较大。银行一般不会向公司贷放巨额的流动资金借款。对于公司营运资金的临时性大额需求，只能通过短期融资券来解决。

第三，短期融资券可以提高公司的信誉和知名度。这是因为，短期融资券的发行者通常是那些信誉卓著的公司。在信号理论下，随着公司票据的发行和流通，发行公司的信誉自然得到提升，并且从短期融资券发行至完全兑付，对企业有定期披露财务信息的要求，市场也会对企业进行持续的信用评级，市场约束力强。企业在资本市场上树立的良好的信用形象，也为持续融资打下信用基础。

2. 短期融资券的缺点

第一，发行短期融资券的风险比较大。公司的可用资金只限于往来公司某一特定期间的多余资金，因为商业票据面额较大，小额投资者无力购买，从而使商业票据失去了一个广阔的投资市场。由于商业票据不存在确定的二级市场，虽然其期限较短，但人们认为任何一种缺乏二级市场的有价证券的流动性是不会高的，因此，商业票据的流动性受到一些人的怀疑。短期融资券进入一级市场也是困难的。

第二，发行短期融资券的弹性较小。只有当公司的资金需求很大时，才能使用短期融资券；如果数量较小，则不宜采用短期融资券方式。另外，短期融资券一般不能提前偿还，因此，即使公司资金比较宽裕，也要到期才能还款，这将造成一定的资本占用。

第三，发行短期融资券的条件比较严格。只有信誉好、实力强、效益高的公司才有资格发行短期融资券，那些小公司或信誉不太好的公司则不能利用短期融资券来筹集资金。

第四，短期融资券不能展期。一些商业票据发行者在票据到期而不能再筹资时，会面临相当严重的现金短缺压力，一般借款者可以通过债务展期来摆脱暂时的财务困难，但是，短期融资券这种债务不能展期。

四、委托贷款融资

委托贷款是指委托人以其可以自主支配的资金，委托银行按其所指定的对象或投向、规定的用途和范围、定妥的条件（期限、金额、利率等）代为发放、监督使用并协助收回的贷款。在我国，根据《委托贷款管理办法》的规定，委托贷款是指由公司作为委托人提供资金，由银行作为受托人，根据公司确定的贷款对象、用途、币种、金额、期限、利率、还款方式、担保方式等，由银行代为发放、监督使用并协助收回的贷款。

银行的委托贷款业务主要分为机构委托贷款和个人委托贷款。如图 3－6 所示，具体的操作形式大致为：资金提供方通过银行牵线搭桥，为资金需求方提供资金，银行不承担任何风险，只收取一定比例的手续费。在委托贷款模式下，通常资金供给方和资金需求方已有借贷款意向，但是囿于非金融机构之间不能发生借贷行为的法律规定，所以采用的一种曲线借款方式。

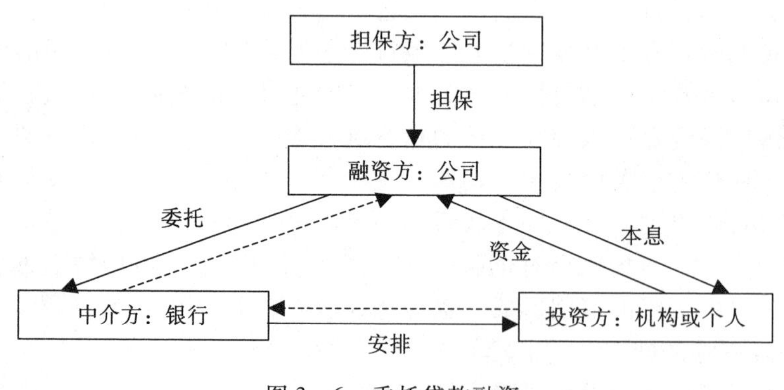

图 3－6 委托贷款融资

根据《委托贷款管理办法》规定，办理委托贷款业务基本流程为：客户申请、受理、调查、审查、审议与审批、签订合同、提供贷款、贷后管理、贷款收回。

通过委托贷款这一融资形式，一个资金短缺的公司可以按照较高的利率从一个资金剩余的公司融入资金。

公司除了通过银行从特定企业取得委托贷款之外，还可以通过银行从不特定的个人手中获取多方委托贷款。多方委托贷款已经具备了信托融资和公募发行的特征。

需要特别说明的是，委托贷款这一融资形式的期限通常为1～3年，而且由于筹资金额大、审批较一般贷款宽松，因此，可以作为营运资金筹集的一种方式。

项目回顾

营运资金筹资是指企业生产经营过程中对所需的营运资金的筹集，其筹集到的资金使用期限一般在一年以内，且主要用以满足企业流动资产周转中对资金的需求。本章主要从以下四个方面介绍营运资金的筹集：

第一，营运资金筹集概述，包括营运资金筹集的原因、特点以及三种筹集策略。其中，根据临时性流动资产和永久性流动资产的资金来源和匹配原则，企业的营运资金筹集政策可划分为配合型筹资政策、激进型筹资政策和稳健型筹资政策。

第二，营运资金筹集渠道及方式。其中，按照投资主体，我国企业目前的营运资金筹集渠道可划分为政府财政资金、银行信贷资金、非银行金融机构的资金、公司内部资本积累资金、渠道资金、其他法人的资金、民间资金、境外资金等。按形成的途径不同，营运资金筹集方式可划分为自然性融通和非自然性融通两大类。

第三，介绍营运资金自然性融通项下的各种融通方式的概念、分类、成本计算、筹资优缺点等。这里，营运资金自然性融通方式主要包括商业信用自然融通（包括应付账款、应付票据、预收账款）和应计费用自然融通（包括应付职工薪酬、应交税费、其他应付款等）。

第四，介绍营运资金非自然性融通项下的各种融通方式的概念、分类、成本计算、筹资优缺点等。这里，营运资金非自然性融通方式主要包括短期银行借款、商业票据、短期融资券、委托贷款。

在考察了短期融资的渠道和各种方式后，我们可以发现，理财人员在实际工作中面临着多种短期融资的选择。公司短期融资水平以及短期融资方式之间适当的比例也取决于多种因素，这些因素主要包括成本因素、时间因素、资金的可获得性等。在多种因素中，成本一般是关键的因素。各融通方式的成本从小到大的顺序依次为：应计费用、商业信用、商业票据、担保借款、无担保借款等。这些以成本为中心的各种因素都会对短期融资的管理起一定的影响作用，因此，在对短期融资进行管理时，必须从上述因素出发，注意充分估计所需的资金总额及相关的成本，在保证需要的同时力求降低成本；对各种短期融资的来源进行探索、使融通组合更具有弹性；合理安排偿债的来源及计划等。

专业技能训练

1. 某公司购买一批商品，货款总额为500 000元，供应方提供的现金折扣条件为：2/10、1/30、n/60。银行贷款利率为12%。试计算不同信用条件下的商业信用融通成本。

2. 如果一家公司正面对着两家提供不同信用条件的卖方，a家的信用条件为3/n、n/30，b家的信用条件为2/10、n/30，请回答下面两个问题，并说明理由：

（1）如果该公司在10～30天之间，该笔应付账款有一个投资机会，回报率为60%，公司是否应在10天内归还a家的应付账款，以取得3%的折扣？

（2）当该公司只能在20～30天内付款时，应该选择哪家供应商？

3. 某企业向银行借款50万元，借款的年利率为8%，借款期限为9个月，试计算并比较公司采用收款法、贴现法和加息法这三种付息方式的实际利率（加息法分9个月等额偿还本息）。

4. 在考察了短期融资的渠道和各种方式后，我们可以发现，理财人员在实际工作中面临着多种短期融资的选择。公司短期融资水平以及短期融资方式之间适当的比例也取决于多种因素，请结合本章内容，简要说明公司理财人员如何进行短期融资选择。

教学设计与实践

1. 通过概念讲授的教学方法，使学生掌握本章的基本概念和基本方法；

2. 通过比较分析的教学方法，使学生区分不同概念和方法的优缺点和适用情况；

3. 通过课堂习题的教学方法，使学生掌握本章的基本方法和基本计算；

4. 通过案例分析的教学方法，引导学生思考和讨论，进一步巩固基本概念、基本方法，并使学生能够根据案例企业的实际情况选择合理的营运资金筹集渠道和方法，达到学以致用的目标。

项目四

营运资金管理绩效评价

【专业能力目标】

1. 理解营运资金管理绩效评价的重要性；
2. 理解基于渠道的营运资金管理理念；
3. 掌握基于要素的营运资金管理绩效评价指标；
4. 掌握基于渠道的营运资金管理绩效评价指标；
5. 灵活运用营运资金管理绩效评价指标分析企业的营运资金管理绩效。

【职教能力目标】

1. 根据本项目的内容与应用要点，合理进行教学设计与组织教学过程；
2. 掌握教案编写，多媒体课件制作，教学素材搜索与整理的方法；
3. 灵活掌握演示讲授、案例探讨、无领导小组讨论等教学方法，合理运用提问、讨论等教学手段与工具，并在本项目教学中实施。

【项目简介】

"绩效"一词，对于不同的组织形态、性质或评估的立场、角度区别等各种因素，其含义有所差异。但不论营利组织还是非营利组织，都是在从事将投入转化为产出的活动，因此通常以产出所能达成组织目标的程度来评估组织的效能，即以最小或合理的投入，获得最大的产出。效率的衡量是提高生产力的基础，效率衡量的结果可以帮助决策者了解组织对于资源的使用是否达到了预期效率。有效的绩效评价体系与完善的管理方法是企业经营管理程序中不可分割的重要组成部分，它通过定期或者不定期地对企业的生产经营活动进行绩效评估，以事实作为依据，帮助发现企业经营管理中的薄弱环节，提出相应的改进措施，使企业得以保持长足的发展。

营运资金管理绩效评价体系是衡量营运资金管理绩效的基本工具，也是企业关注营运资金管理绩效的反应器。按照对营运资金的界定和分类不同，营运资金管理绩效评价的指标也可以分为按要素的营运资金管理绩效评价指标和按渠道的营运资金管理绩效评价指标。按渠道的营运资金分类既能够将各个营运资金项目涵盖在内，而且能够清晰地反映出营运资金在渠道上的分布状况，从而为基于渠道管理的营运资金管理策略和管理模式研究奠定基础。

【项目分解】

根据营运资金管理绩效评价指标的分类，本项目分解为如下任务：

任务一：基于要素的营运资金管理绩效评价

任务二：基于渠道的营运资金管理绩效评价

任务三：营运资金管理绩效评价体系的应用

任务一 基于要素的营运资金管理绩效评价

任务目标

1. 理解按要素的营运资金的分类；
2. 理解存货周转期、应收账款周转期和应付账款周转期的涵义；
3. 理解现金周转期的涵义；
4. 掌握按要素的营运资金管理绩效评价体系的应用。

导入案例

戴尔公司崇尚的一句话是：在瞬息万变的电脑行业中，速度才是企业的生存之道。至1995年下半年，戴尔公司的财务改造工作已势在必行，公司的存货迅速膨胀，应收账款的增加速度超过了收入增长率，因此公司必须卸下阻碍增长的包袱，把工作放在流动性和盈利能力上。公司财务要集中做好三件事——资产管理、投资收益率以及现金转换速度是至关重要的，公司主要聚焦于如何把市场直接销售的东西尽可能地转换为现金，戴尔公司用它自己的方式实现了这一点，并且从员工、供应商、销售商到客户人人参与其中。为了改善投资收益率，戴尔公司建立了一套内部基准。这些衡量指标包括应收账款周转天数（DSO）、库存周转天数（DSI）以及应付账款周转天数（DPO）。用这三个指标计算出衡量公司流动性的主要指标：现金转换周期（ccc）。

CCC = DSO + DSI - DPO

这些衡量指标创造了奇迹。戴尔公司的现金转换周期从原来的40天缩短到了1997年第四季度惊人的负5天，库存周转天数从30多天缩短到了13天，这得益于公司分析了关键的库存驱动因素。这一年之内，公司的应收账款周转天数从本来不错的42天减少到了37天，这是由于戴尔公司的客户财务服务部门运用了新的收款工具，来改进订单处理与收款工作。戴尔公司在应付账款的衡量指标方面也取得类似的进展，其应付账款天数从33天延长至54天。

案例思考：戴尔营运资金管理绩效如何，为什么？

任务解构

一、基于要素的营运资金管理分类

在营运资金分类方面，传统的分类主要有两种方法，一种是按其构成要素进行分类，另一种是按其随时间的变动特点进行分类。按照前一种分类方法，营运资金被分为：现金、有价证券、应收账款、存货和应付账款等。在这种分类的基础上，营运资金管理被分解为现金和有价证券管理、应收账款管理、存货管理、信用管理等组成部分，各组成部分研究的内容主要是如何确定各组成部分最佳的持有水平，以期缩短各项目的周转期，提高营运资金周转效率。按照后一种分类方法，营运资金被分为临时性营运资金和永久性营运资金，研究的内容是确定短期融资和长期融资的适当组合，即：临时性营运资金通过短期融资方式筹措，长期性营运资金通过长期融资方式筹措。上述两种分类及其相关的两类决策构成了现有营运资金管理的全部内容，而两类决策的本质都是风险和盈利能力的权衡。但是传统的营运资金管理研究局限于按照营运资金的构成要素对营运资金进行分类，并相应地将营运资金管理分解为现金和有价证券管理、应收账款管理、存货管理、应付账款管理等内容，导致营运资金管理的各个组成部分相互孤立，缺乏整体观念。

“绩效”一词，对于不同的组织形态、性质或评估的立场、角度区别等各种因素，其含义有所差异。但不论营利组织还是非营利组织，都是在从事将投入转化为产出的活动，因此通常以产出所能达成组织目标的程度来评估组织的效能，即以最小或合理的投入，获得最大的产出。效率的衡量是提高生产力的基础，效率衡量的结果可以帮助决策者了解组织对于资源的使用是否达到了预期效率。有效的绩效评价体系与完善的管理方法是企业经营管理程序中不可分割的重要组成部分，它通过定期或者不定期地对企业的生产经营活动进行绩效评估，以事实作为依据，帮助发现企业经营管理中的薄弱环节，提出相应的改进措施，使企业得以保持长足的发展。

企业的营运能力是指企业充分利用现有资源创造价值的能力。其实质就是要以尽可能少的资产占用，尽可能短的时间周转，生产尽可能多的产品，创造尽可能多的收入。营运能力主要指企业营运资产的效率与效益。企业营运资产的效率主要指资产的周转率或周转速度。企业营运资产的效益通常是指企业的产出额与资产占用额之间的比率。

按要素的营运资金分类之下，衡量各要素营运资金绩效的指标即：应收账款周转率（期）、存货周转率（期）、应付账款周转率（期）。

二、基于要素的营运资金管理绩效评价指标

财务报表中有大量数据，可以涉及企业活动各个方面的许多财务比率。为了便于说明财务比率的计算和分析方法，本章将以 ABC 股份有限公司（下面简称“ABC 公司”）的财务报表数据为例。该公司资产负债表和利润表如表 4－1、表 4－2 所

示。为简化计算，这些数据都是假设的。

表 4－1 **资产负债表**

编制单位：ABC 公司 20×1 年 12 月 31 日 单位：万元

资产	年末余额	年初余额	负债及股东权益	年末余额	年初余额
流动资产：			流动负债：		
货币资金	44	25	短期借款	60	45
交易性金融资产	6	12	交易性金融负债	28	10
应收票据	14	11	应付票据	5	4
应收账款	398	199	应付账欺	100	109
预付账款	22	4	预收账款	10	4
应收利息	0	0	应付职工薪酬	2	1
应收股利	0	0	应交税费	5	4
其他应收款	12	22	应付利息	12	16
存货	119	326	应付股利	0	0
一年内到期的非流动资产	77	11	其他应付款	25	22
其他流动资产	8	0			
流动资产合计	700	610	一年内到期的非流动负债	0	0
			其他流动负债	53	5
			流动负债合计	300	220
非流动资产：			非流动负债：		
可供出售金融资产	0	45	长期借款	450	245
持有至到期投资	0	0	应付债券	240	260
长期应收款	0	0	长期应付款	50	60
长期股权投资	30	0	专项应付款	0	0
固定资产	1 238	955	预计负债	0	0
在建工程	18	35	递延所得税负债	0	0
固定资产清理	0	12	其他非流动负债	0	15
无形资产	6	8	非流动负债合计	740	580
开发支出	0	0	负债合计	1 040	800
商誉	0	0	股东权益：		
长期待摊费用	5	15	股本	100	100
递延所得税资产	0	0	资本公积	10	10
其他非流动资产	3	0	减：库存股	0	0
非流动资产合计	1 300	1 070	盈余公积	60	40
			未分配利润	790	730
			股东权益合计	960	880
资产总计	2 000	1 680	负债及股东权益总计	2 000	1 680
无形资产	6	8			

续表

资产	年末余额	年初余额	负债及股东权益	年末余额	年初余额
开发支出	0	0			
商誉	0	0			
长期待摊费用	5	15			
递延所得税资产	0	0			
其他非流动资产	3	0			
经营性长期资产合计	1 300	1 025			
经营性长期负债：					
长期应付款（经营）	50	60	股东权益：		
专项应付款	0	0	股本	100	100
预计负债	0	0	资本公积	10	10
递延所得税负债	0	0	减：库存股	0	0
其他非流动负债	0	15	盈余公积	60	40
经营性长期负债合计	50	75	未分配利润	790	730
净经营性长期资产	1 250	950	股东权益合计	960	880
净经营资产总计	1 744	1 399	净负债及股东权益总计	1 744	1 399

表 4－2　　利润表

编制单位：ABC 公司　　20×1 年　　单位：万元

项目	本年金额	上年金额
一、营业收入	3 000	2 850
减：营业成本	2 644	2 503
营业税金及附加	28	28
销售费用	22	20
管理费用	46	40
财务费用	110	96
资产减值损失	0	0
加：公允价值变动收益	0	0
投资收益	6	0
二、营业利润	156	163
加：营业外收入	45	72
减：营业外支出	1	0
三、利润总额	200	235
减：所得税费用	64	75
四、净利润	136	160

（一）应收账款周转率

公司的应收账款在流动资产中具有举足轻重的地位。公司的应收账款如能及时收回，公司的资金使用效率便能大幅提高。应收账款周转率就是反映公司应收账款周转速度的比率。它说明一定期间内公司应收账款转为现金的平均次数。用时间表示的应收账款周转速度为应收账款周转天数，也称平均应收账款回收期或平均收现期。它表示公司从获得应收账款的权利到收回款项、变成现金所需要的时间。

1. 计算方法

应收账款周转率是销售收入与应收账款的比率。它有三种表示形式：应收账款周转次数、应收账款周转天数和应收账款与收入比。其计算公式如下：

应收账款周转次数 = 销售收入 ÷ 应收账款

应收账款周转天数 = 365 ÷ (销售收入/应收账款)

应收账款与收入比 = 应收账款 ÷ 销售收入

根据 ABC 公司的财务报表数据：

本年应收账款周转次数 = 3 000 ÷ 398 = 7.5 (次/年)

本年应收账款周转天数 = 365 ÷ (3000 ÷ 398) = 48.4 (天/次)

本年应收账款与收入比 = 398 ÷ 3 000 = 13.3%

应收账款周转次数，表明1年中应收账款周转的次数，或者说明每1元应收账款投资支持的销售收入。应收账款周转天数，也称为应收账款收现期，表明从销售开始到收回现金平均需要的天数。应收账款与收入比，则表明每1元销售收入需要的应收账款投资。

2. 在计算和使用应收账款周转率时应注意的问题

(1) 销售收入的赊销比例问题。从理论上讲，应收账款是赊销引起的，其对应的流量是赊销额，而非全部销售收入。因此，计算时应使用赊销额而非销售收入。但是，外部分析人员无法取得赊销数据，只好直接使用销售收入进行计算。实际上相当于假设现销是收现时间等于零的应收账款。只要现销与赊销的比例保持稳定，不妨碍与上期数据的可比性，只是一贯高估了周转次数。但问题是与其他企业比较时，不知道可比企业的赊销比例，也就无从知道应收账款周转率是否可比。

(2) 应收账款年末余额的可靠性问题。应收账款是特定时点的存量，容易受季节性、偶然性和人为因素影响。在用应收账款周转率进行业绩评价时，可以使用年初和年末的平均数，或者使用多个时点的平均数，以减少这些因素的影响。

(3) 应收账款的减值准备问题。财务报表上列示的应收账款是已经计提坏账准备后的净额，而销售收入并未相应减少。其结果是，计提的坏账准备越多，应收账款周转次数越多、天数越少。这种周转次数增加、天数减少不是业绩改善的结果，反而说明应收账款管理欠佳。如果坏账准备的金额较大，就应进行调整，使用未计提坏账准备的应收账款进行计算。报表附注中披露的应收账款坏账准备信息，可作为调整的依据。

(4) 应收票据是否计入应收账款周转率。大部分应收票据是销售形成的，是应收账款的另一种形式，应将其纳入应收账款周转率的计算，称为“应收账款及应收票据周转率”。

(5) 应收账款周转天数是否越少越好。应收账款是赊销引起的，如果赊销有可能比现销更有利，周转天数就不是越少越好。收现时间的长短与企业的信用政策有关。例如，甲企业的应收账款周转天数是 18 天，信用期是 20 天；乙企业的应收账款周转天数是 15 天，信用期是 10 天。前者的收款业绩优于后者，尽管其周转天数较多。改变信用政策，通常会引起企业应收账款周转天数的变化。信用政策的评价涉及多种因素，不能仅仅考虑周转天数的缩短。

（6）应收账款分析应与销售额分析、现金分析相联系。应收账款的起点是销售，终点是现金。正常情况是销售增加引起应收账款增加，现金存量和经营活动现金流量也会随之增加。如果一个企业应收账款日益增加，而销售和现金日益减少，则可能是销售出了比较严重的问题，以致放宽信用政策，甚至随意发货，但现金却收不回来。

总之，应当深入应收账款内部进行分析，并且要注意应收账款与其他问题的联系，才能正确评价应收账款周转率。

（二）存货周转率

存货周转率是企业营运能力分析的重要指标之一，在企业管理决策中被广泛地使用。存货周转率不仅可以用来衡量企业生产经营各环节中存货运营效率，而且还被用来评价企业的经营业绩，反映企业的绩效。

1. 计算方法

存货周转率是销售收入与存货的比率，也有三种计量方式。其计算公式如下：

存货周转次数 = 销售收入 ÷ 存货

存货周转天数 = 365 ÷（销售收入 ÷ 存货）

存货与收入比 = 存货 ÷ 销售收入

根据 ABC 公司的财务报表数据：

本年存货周转次数 = 3 000 ÷ 119 = 25.2（次/年）

本年存货周转天数 = 365 ÷（3 000 ÷ 119）= 14.5（天/次）

本年应收账款与收入比 = 119 ÷ 3 000 = 4%

存货周转次数，表明 1 年中存货周转的次数，或者说明每 1 元存货支持的销售收入。存货周转天数表明存货周转一次需要的时间，也就是存货转换成现金平均需要的时间。存货与收入比，表明每 1 元销售收入需要的存货投资。

2. 在计算和使用存货周转率时应注意的问题

（1）计算存货周转率时，使用“销售收入”还是“销售成本”作为周转额，要看分析的目的。在短期偿债能力分析中，为了评估资产的变现能力需要计量存货转换为现金的金额和时间，应采用“销售收入”。在分解总资产周转率时，为系统分析各项资产的周转情况并识别主要的影响因素，应统一使用“销售收入”计算周转率。如果是为了评估存货管理的业绩，应当使用“销售成本”计算存货周转率，使其分子和分母保持口径一致。实际上，两种周转率的差额是毛利引起的，用哪一个计算都能达到分析目的。

根据 ABC 公司的数据，两种计算方法可以进行如下转换：

本年存货（成本）周转次数＝销售成本÷存货＝2 644÷119＝22.2（次）

本年存货（收入）周转次数×成本率＝（销售收入÷存货）×（销售成本÷销售收入）＝（3 000÷119）×（2 644÷3 000）＝22.2（次）

（2）存货周转天数不是越少越好。存货过多会浪费资金，存货过少不能满足流转需要，在特定的生产经营条件下存在一个最佳的存货水平，所以存货不是越少越好。

（3）应注意应付账款、存货和应收账款（或销售收入）之间的关系。一般来说，销售增加会拉动应收账款、存货、应付账款增加，不会引起周转率的明显变化。但是，当企业接受一个大订单时，通常要先增加存货，然后推动应付账款增加，最后才引起应收账款（销售收入）增加。因此，在该订单没有实现销售以前，先表现为存货等周转天数增加。这种周转天数增加，没有什么不好。与此相反，预见到销售会萎缩时，通常会先减少存货，进而引起存货周转天数等下降。这种周转天数下降，不是什么好事，并非资产管理改善。因此，任何财务分析都以认识经营活动本质为目的，不可根据数据高低作简单结论。

（4）应关注构成存货的原材料、在产品、半成品、产成和低值易耗品之间的比例关系。各类存货的明细资料以及存货重大变动的解释，应在报表附注中披露。正常情况下，它们之间存在某种比例关系。如果产成品大量增加，其他项目减少，很可能是销售不畅，放慢了生产节奏。此时，总的存货金额可能并没有显著变动，甚至尚未引起存货周转率的显著变化。因此，在财务分析时既要重点关注变化大的项目，也不能完全忽视变化不大的项目，其内部可能隐藏着重要问题。

（三）应付账款周转率

应付账款周转率是指反映企业应付账款的流动程度。合理的应付账款周转率来自于同行业对比和公司历史正常水平。如公司应付账款周转率低于行业平均水平，说明公司较同行可以更多占用供应商的货款，显示其重要的市场地位，但同时也要承担较多的还款压力，反之亦然；如果公司应付账款周转率较以前出现快速提高，说明公司占用供应商货款降低，可能反映上游供应商谈判实力增强，要求快速回款的情况，也有可能预示原材料供应紧俏甚至吃紧，反之亦然。

1. 应付账款周转率计算公式：

应付账款周转率＝（主营业务成本＋期末存货成本－期初存货成本）÷平均应付账款×100%

应付账款周转率＝主营业务成本净额÷平均应付账款余额×100%

或：应付账款周转率＝销售成本÷平均应付账款

其中：应付账款平均余额＝（应付账款期初数＋应付账款期末数）÷2

2. 应付账款周转率的运用：

应付账款周转率反映本企业免费使用供货企业资金的能力。合理的应付账款周转率来自于与同行业对比和公司历史正常水平。如公司应付账款周转率低于行业平均水平，说明公司较同行可以更多占用供应商的货款，显示其重要的市场地位，但同时也要承担较多的还款压力，反之亦然；如果公司应付账款周转率较以前出现快速提高，说明公司占用供应商货款降低，可能反映上游供应商谈判实力增强，要求快速回款的情况，也有可能预示原材料供应紧俏甚至吃紧，反之亦然。

（四）现金周转期

1976 年，Hampton C. Hager 在论文《现金管理和现金周期》中首次提出“现金周期”的概念，并且结合企业生产过程探讨了现金流转的状况，进而提出了改进现金管理从而缩短现金周期的措施。Hampton C. Hager 强调现金周期是用来衡量营运资金流动性的，Hager 在介绍“现金周期”这一概念的同时，指出了具有较少的现金资产的企业通常会具有较好的运营绩效，现金周期较短的企业，运营绩效也较好。他指出较短的现金周期允许管理者把现金、可销售证券等这些相对无利润资产的持有量达到最低，较短的现金周期意味着企业资产的净现金流具有更高现值。

1980 年，Richard 和 Laughlin 针对现金周期进行了研究。将现金周期定义为采购现金支出到最终产品销售收回的净时间间隔，即现金周期 = 应收账款周转期 + 存货周转期 - 应付账款周转期，他们强调用这一指标来反映企业营运资金管理状况的全貌。由此，现金周转期作为衡量整体应营运资金管理绩效的指标而出现。

现金周转期是指企业付出现金到收到现金的时间段。

计算公式：现金周转期 = 应收账款周转期 + 存货周转期 - 应付账款周转期

其中：现金周转期若为负，代表企业营运资金管理绩效较好，相当于利用上游供应商的钱在赚钱，是企业营运资金管理绩效好的表现。

三、基于要素的营运资金管理绩效评价指标的应用

REL 咨询公司和 CFO 杂志从 1997 年就开始对美国最大的 1000 家企业开展营运资金管理调查，每年发布年度营运资金调查报告，该报告最初采用营运资金周转期（Days of Working Capital，DWC）和变现效率（Cash Conversion Efficiency，CCE）两个指标的等权平均对企业营运资金管理绩效进行排名，所用公式如下：

$$\text{某企业得分} = \frac{\text{最高 CCE} - \text{该企业 CCE}}{\text{最高 CCE} - \text{最低 CCE}} + \frac{\text{最低 DWC} - \text{该企业 DWC}}{\text{最低 DWC} - \text{最高 DWC}}$$

这里的营运资金周转期（DWC = DSO + DIO - DPO）实质上与 Richard V. D. & E. J. Laughlin 提出的现金周期相同，变现效率指标则被定义为经营现金流量除以销售收入。自 2003 年以后，该调查改用营运资金周转期作为营运资金管理绩效排名的唯一指标，即调查采用基本指标：

DWC = DSO + DIO - DPO（Days Sales Outstanding、Days Inventory Outstanding、Days Payables Outstanding）

REL 咨询公司和 CFO 杂志发布的调查报告除了分行业对所调查企业按照营运资金管理绩效进行排名之外，还结合不同的经济环境对营运资金管理的热点和趋势进行评述。自 2001 年开始，调查报告就始终倡导将供应链企业关系作为企业营运资金管理的重点。在 2006 年发布的以“还能走多远”（How Low Can It Go）为标题的调查报告中，指出营运资金管理能力比 2004 年又有所提高，但是仍存在 4 500 亿美元

营运资金浪费。公司在提高产品质量和顾客服务水平的前提下，可以通过提高销售发票精确度、培训收款专家、加强信用评级及管理、将应收账款外包、采用供应链管理系统等方法降低库存，加速应收账款收回，并且采用有效绩效机制将营运资金管理责任分配到相关员工。营运资金管理是一项持续性的管理活动，仍有较大的提升空间；2009 年发布的以“清洁资产负债表”（Cleaner（Balance）Sheets）为标题的调查报告提出，在全球经济危机的大背景下，企业加紧应收账款收回、批量生产减少库存以减少营运资金占用资金，保证现金流。该调查报告为理论界构建营运资金理论架构提供了指导，而且为实务界认清企业营运资金管理状况、探寻适合营运资金管理的对策提供了依据和建议。

案例解析

戴尔公司的营运资金管理绩效卓越突出，这是因为：

戴尔公司在营运资金占用居高不下的情况下，迅速调整战略，制定了速度取胜的发展战略，将公司重点聚焦于如何把市场直接销售的东西尽可能地转换为现金，使员工、供应商、销售商、客户等价值链全部成员参与进来，设计了突出现金转化速度的绩效衡量指标包括应收账款周转天数（DSO）、库存周转天数（DSI）以及应付账款周转天数（DPO），用这三个指标计算出衡量公司流动性的主要指标：现金转换周期（ccc），公司营运资金管理周转期得以大幅度缩减。

任务二　基于渠道的营运资金管理绩效评价

任务目标

1. 理解按渠道的营运资金的分类；
2. 理解采购渠道营运资金周转期、生产渠道营运资金周转期和营销渠道营运资金周转期的涵义；
3. 理解经营活动营运资金周转期的涵义；
4. 掌握按渠道的营运资金管理绩效评价体系的应用。

导入案例

海尔集团 1998 年开始的“市场链”流程再造，结束了各事业部各自为政、营运资金管理技术与政策极度不统一的散乱局面，成立了产、供、销三大体系，客观上形成了采购、销售统一对内、统一对外的管理格局，并建成了海尔物流本部和商流本部，统一进行存货物资的运输和配送。然后，随着集团的壮大以及国际国内竞争的日益激烈，集团为适应顾客需求急剧变化的市场，在 2007 年 4 月又开始了“信息化”流程再造，将原有的横向分割的矩阵式组织结构变革为产品与顾客距离更近的按产品线划分的纵向模式，新形成的白电运营集团（冰箱、洗衣机、空调）、黑电运营集团（彩电、AV 产品等）、数码及个人产品运营中心（电脑、MP3 等）、全球运营中心（海外推进本部即海外市场部）、创新市场中心、金融运营中心等六大子集团直接与市场对接、直接与物流公司对接，此举在新的环境下可以更好地加快顾客响应速度，营运资金管理绩效也得以大幅度提升，见图 4－1。

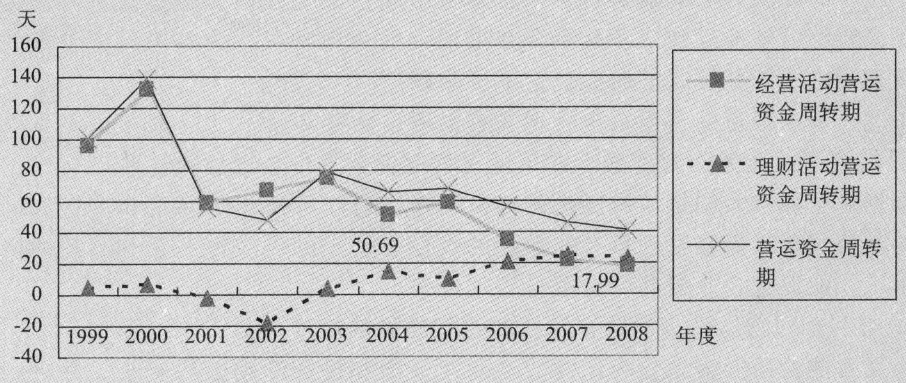

图 4－1　海尔集团 1999～2008 年营运资金周转期变化趋势图

案例思考：海尔集团所进行的业务流程再造是如何影响企业营运资金管理绩效的？

任务解构

一、基于渠道的营运资金管理分类

一个企业，不管其纵向一体化程度有多高，都免不了与上下游市场主体打交道，从产业链的角度看，客观上存在一条从客户到供应商的价值链（营销上将这条价值链称为“渠道”），企业营运资金的流转贯穿于这条价值链的始终。按照现代价值链管理的观点，任何价值链都是为最终满足客户需求而设计的一系列密切联系的有序作业的集合体，这些作业集合体构成了能够帮助企业实现一定功能、完成一定任务的业务流程。从而，业务流程成为营运资金的重要载体，是营运资金流动的平台。营运资金周转是企业的营运资金从现金投入经营活动开始，经过采购流程、生产流程、营销流程，资金形态由储备资金、生产资金、成品资金又转化为现金的过程。在这个过程中，业务流程能否有效运作至关重要。业务流程周期是一个物流的周期，营运资金周转期是一个资金流的周转期，两者之间的关系研究有助于我们更好地认识营运资金周转，从而为提高营运资金周转效率提供基础。

相对于传统营运资金管理的分类方法，按渠道的营运资金管理分类是王竹泉等（2007）在“国内外营运资金管理研究的回顾与展望”一文中从企业经营管理的角度把营运资金分成经营活动的营运资金和理财活动的营运资金，在此基础上将经营活动营运资金按照其与供应链或者渠道管理的关系分为营销渠道的营运资金（成品存货+应收账款、应收票据-预收账款-应交税费）、生产渠道的营运资金（在产品存货+其他应收款-应付职工薪酬-其他应付款）和采购渠道的营运资金（材料存货+预付账款-应付账款、应付票据）。相对于前面两种分类方法，第三种分类是从企业经营管理的角度考察营运资金管理，重点关注的是经营活动的营运资金的管理。这样的分类方法既能够将各个营运资金项目涵盖在内，整体地看待营运资金管理，又能够清晰地反映出营运资金在渠道上的分布状况，为基于渠道管理的营运资金管理策略和管理模式的研究奠定下了基础。

由此，基于渠道的营运资金管理具有以下重要意义：

1. 有利于从业务与财务融合的角度对营运资金进行全方位的管理

根据对全加拿大的供应链经理的一份调查，超过80%的人认为供应链和制造性部门对其公司营运资金管理负有非常高的责任。稳定的供应链关系和高超的供应链管理水平，能促进企业提高营运资金管理效率。

2. 有利于对营运资金的分布和流转进行准确的评价

将经营性营运资金划分为经营活动营运资金和投资活动营运资金，并进一步划分至采购、生产和营销渠道，从而可以针对各渠道营运资金管理绩效进行准确衡量，有利于营运资金管理绩效的全方位评价相分离的作用。

3. 有利于从源头上提高营运资金管理绩效

营运资金管理绩效的源头在于业务。过去的营运资金管理是在系统论的角度上，从预算投入到最终产出的整个资金周转链上仅对预算和结果进行管理，忽略了中间营运资金流转的具体环节。

二、基于渠道的营运资金管理绩效评价指标

王竹泉等（2007）在基于渠道管理的营运资金管理新视角的基础上提出了基于渠道管理的营运资金绩效评价体系并发布中国上市公司营运资金管理调查报告。王竹泉教授在将经营活动营运资金按渠道进行分类的基础上，研究设计出新型的营运资金管理绩效评价体系：即将营运资金总体管理绩效、经营活动营运资金以及各渠道营运资金管理绩效有机衔接起来。

基于渠道的营运资金周转绩效指标不仅包括总的营运资金周转绩效指标，还包括各个渠道的营运资金周转绩效指标，分别如下：

①营运资金周转期=营运资金总额÷(全年销售收入/360)

②经营活动营运资金周转期=经营活动营运资金总额÷(全年销售收入/360)=(营销渠道营运资金+生产渠道营运资金+采购渠道营运资金)÷(全年销售收入/360)

③营销渠道营运资金周转期=营销渠道营运资金÷(全年销售成本/360)=(成品存货+应收账款、应收票据-预收账款-应交税费)÷(全年销售成本/360)

④生产渠道营运资金周转期=生产渠道营运资金÷(全年完工产品成本/360)=

（在产品存货＋其他应收款－应付职工薪酬－其他应付款）÷（全年完工产品成本/360）

⑤采购渠道营运资金周转期＝采购渠道营运资金÷（全年材料消耗总额/360）＝（材料存货＋预付账款－应付账款、应付票据）÷（全年材料消耗总额/360）

营运资金周转期与经营活动营运资金周转期及各渠道营运资金周转期之间的关系为：

⑥营运资金周转期＝经营活动营运资金周转期÷经营活动营运资金占营运资金总额的比重

⑦经营活动营运资金周转期＝营销渠道营运资金周转期×（全年销售成本/全年销售收入）＋生产渠道营运资金周转期×（全年完工产品成本/全年销售收入）＋采购渠道营运资金周转期×（全年材料消耗总额/全年销售收入）。

其中，公式中的营业收入为上市公司年度利润表中的营业收入项目金额，货币资金、应收票据、应收账款、预付账款、其他应收款、存货、短期借款、预收账款、应付票据、应付账款、应交税费、应付职工薪酬、其他应付款等项目均为资产负债表中期初和期末余额的平均数。其中：应收账款、其他应收款、存货均按照扣除跌价准备前的账面余额计算并发布排行榜。

划分到采购渠道的材料存货包括原材料、物资采购、外购商品、包装物等项目，生产渠道的在产品存货包括在产品、自制半成品、周转材料、消耗性生物资产、委托加工物资、开发成本等项目，营销渠道的成品存货包括库存商品、产成品、开发产品、委托代销商品等项目。其中，低值易耗品和备品备件由于可能存在在库和在用两种不同的渠道分布情况，所以将这两个项目的1/2划分在采购渠道，1/2划分在生产渠道。

该绩效评价体系明晰了营运资金管理与渠道管理的关系，不仅能够考核整体营运资金管理绩效，而且可以进一步考核各个渠道的营运资金管理绩效，引导企业从供应链管理和渠道控制、客户关系管理的角度来寻求提升营运资金管理绩效的途径。王竹泉等从2007年开始按此指标按年度发布“中国上市公司营运资金管理调查”，并于2008年成立了中国企业营运资金管理研究中心，弥补了我国营运资金管理缺少数据平台的空白。

三、按渠道的营运资金管理绩效评价指标的应用

中国企业营运资金管理研究中心于2009年8月8日在青岛成立，是中国会计学会设立的首个产学研联盟。研究中心以中国会计学会和中国海洋大学为依托、以学者和名牌企业理财专家为研究主体，是一个政产学研合作共建的开放式科研机构。研究中心主任为中国会计学会教育分会现任会长、首期全国会计领军人才特殊支持计划入选者王竹泉教授。

研究中心率先将渠道管理理论引入营运资金管理研究，以营运资金重新分类为切入点，将经营活动营运资金按照其与渠道的关系分为营销渠道营运资金、生产渠道营运资金和采购渠道营运资金，创建了“基于渠道管理的营运资金管理绩效评价体系”和“基于营运资金需求保障能力的财务风险评估模型”，构建了“基于渠道

管理的营运资金管理理论”。以“基于渠道管理的营运资金管理理论”为支撑，研究中心持续开展中国上市公司营运资金管理调查，每年在《会计研究》发布“中国上市公司营运资金管理调查”，按年度发布“中国上市公司营运资金管理绩效排行榜”，并成功开发“中国上市公司营运资金管理数据库”，该数据库涵盖了1997年以来全部非金融类上市公司营运资金管理专题数据，填补了我国在营运资金管理专项数据库方面的空白，2011年11月实现与社会共享，为推动营运资金管理理论研究和管理实践做出了重要贡献。在营运资金管理调查基础上，研究中心持续编撰《营运资金管理发展报告》系列丛书，持续举办全国性的“营运资金管理高峰论坛”。《营运资金管理发展报告》系列丛书每年出版一部，目前已出版5部，被学界和业界誉为“营运资金管理的思想库、文献库和信息库”。“营运资金管理高峰论坛”除邀请理论和实务界的专家学者在主论坛发表主题演讲、专题报告及案例分享外，还设置“营运资金管理学术分论坛”，邀请优秀应征论文作者分享他们的理论与实证研究成果。自2010年首次举办以来已连续举办5届，成为我国财务管理领域理论和实践互动的高端研讨平台，促进了营运资金管理领域理论与实践的交流和互动。中心每年进行的营运资金调查便是以按渠道的营运资金管理绩效评价体系为基本衡量标准。

以2014年2364家A股上市公司作为研究对象为例，如表4－3所示。

由表4－3可以看出，中国上市公司2014年采购渠道营运资金周转期比上年缩短5天，但生产渠道和营销渠道营运资金周转期均比上年延长5天，最终使得经营活动营运资金周转期（按渠道）比上年延长5天。具体到各个行业，在21个行业当中，有17个行业经营活动营运资金管理绩效（按渠道）下降，占比80.95%。其中采购渠道有15个行业绩效提升（占比71.43%），生产渠道有7个行业绩效提升（占比33.33%），营销渠道有19个行业绩效降低（占比90.50%）。表明虽然大部分行业采购渠道营运资金管理绩效提升，但大部分行业营销渠道营运资金管理绩效下降，最终使得大部分行业经营活动营运资金管理绩效（按渠道）下降，中国上市公司整体按渠道的营运资金管理绩效也因此下降。从公司个体层面来看，经营活动营运资金管理绩效（按渠道）及采购、生产和营销各渠道营运资金管理绩效改善公司占比分别为45%、72%、52%和31%，由此可见，虽然大部分企业采购渠道和生产渠道营运资金管理绩效改善，但约69%的上市公司营销渠道营运资金管理绩效下降，使得约55%的上市公司经营活动营运资金管理绩效（按渠道）下降。也就是说，营销渠道营运资金管理绩效提升是中国上市公司营运资金管理绩效改善的瓶颈。

从2010—2014年的五年变动趋势来看，经营活动营运资金周转绩效（按渠道）呈持续下降趋势，其中采购渠道营运资金管理绩效呈上升趋势，生产渠道营运资金管理绩效呈总体下降趋势，营销渠道营运资金管理绩效呈持续下降趋势。从各行业的变动趋势来看，经营活动营运资金周转绩效（按渠道）呈下降趋势的行业数量最多，为11个；采购渠道营运资金管理绩效呈上升趋势的行业数量最多，为12个，生产渠道营运资金管理绩效呈下降趋势的行业数量最多，为8个；营销渠道营运资金管理绩效呈下降趋势的行业数量最多，为15个。

表 4－3　　2010－2014 年营运资金周转期（按渠道）指标

行业		采购渠道					生产渠道					营销渠道					经营活动营运资金周转期				
		2014年	2013年	2012年	2011年	2010年	2014年	2013年	2012年	2011年	2010年	2014年	2013年	2012年	2011年	2010年	2014年	2013年	2012年	2011年	2010年
农林牧渔业		-6	12	13	23	57	47	39	33	29	31	101	80	76	86	71	142	131	123	139	159
采矿业		-24	-22	-17	-15	-16	-6	-5	-4	-5	-5	22	18	14	9	10	-9	-8	-8	-11	-11
制造业	食品饮料	3	3	5	7	3	10	8	5	3	6	21	11	5	4	10	34	22	15	14	23
	纺织服装	-3	2	6	17	6	43	10	12	19	59	95	91	83	64	37	135	103	101	99	105
	木材家具	-12	-16	-14	-6	12	17	25	20	22	21	114	109	101	93	87	119	118	107	110	103
	造纸印刷	-27	-22	-23	-12	-14	22	23	14	-5	4	130	112	111	105	88	124	113	103	88	80
	石化塑胶	-31	-19	-12	-10	-10	-2	-3	-1	0	3	70	62	56	49	45	37	40	43	40	38
	电子	-58	-59	-48	-41	-52	-5	-5	-5	-4	-2	138	147	121	114	107	75	83	68	69	63
	金属非金属	-36	-21	-13	-3	-9	16	14	13	13	9	51	39	36	28	25	31	31	36	39	29
	机械设备	-71	-65	-61	-54	-47	10	11	15	14	12	97	89	81	64	57	36	36	34	24	19
	医药生物	-22	-16	-24	-22	-36	0	0	0	2	4	116	107	103	100	93	94	91	79	80	72
	其他制造业	4	6	-2	-39	-5	8	13	14	5	45	80	58	82	82	-2	92	77	93	48	30
电力煤气及水的生产供应业		-40	-32	-26	-26	-30	-16	-13	-14	-15	-20	5	5	13	39	37	-51	-40	-27	-2	-13
建筑业		-94	-83	-79	-71	-56	70	56	97	48	38	57	58	10	33	23	33	31	28	9	4
交通运输及仓储业		-31	-35	-39	-32	-38	-9	-10	-12	-14	-12	15	12	15	11	13	-25	-33	-35	-35	-37
信息传输、软件和信息技术服务业		-96	-86	-120	-83	-100	0	-1	1	-1	-2	4	-26	27	46	56	-92	-113	-91	-38	-46
批发零售贸易		-20	-17	-32	-30	-29	15	10	11	9	10	20	16	24	22	17	15	9	3	1	-2
房地产业		-60	-48	-33	-15	67	698	669	685	706	561	-143	-178	-200	-155	-182	495	443	451	536	447
社会服务业		-30	-33	-29	-14	-26	25	40	57	6	42	52	0	15	26	-11	46	8	44	18	5
传播与文化产业		-31	-45	-49	-45	-45	7	0	-3	-4	-5	91	85	58	50	34	67	40	6	1	-16
综合类		-63	-46	-15	-9	-12	148	76	96	76	118	158	68	8	11	11	243	97	89	78	117
上市公司平均		-43	-38	-35	-26	-27	35	30	34	24	21	42	37	27	26	24	34	29	26	23	18

注：采购渠道营运资金周转期＋生产渠道营运资金周转期＋营销渠道营运资金周转期＝经营活动营运资金周转期，经营活动营运资金周转期＋理财活动营运资金周转期＝营运资金周转期。由于采用四舍五入的方式将周转期指标调为整数，故可能存在计算尾差。

案例解析

海尔集团营运资金管理绩效的提升主要通过以下方式实现：

1. 打造订单价值链流程

为解决没有市场的库存不仅会耗费掉企业宝贵的资源，而且会加大应收账款坏账风险。海尔集团打造的订单价值链流程是解决库存、坏账问题的关键。从采购到生产再到销售过程，始终以订单为中心，靠订单去采购，为订单去生产，为订单去销售。即海尔从市场上获得订单后，通过订单信息管理系统，使之同步到达产品部和物资管理部门，产品部同步生成生产订单，物资管理部门则同步生成采购和配送订单。先有订单，后有产品的制造，保证海尔的采购和生产都是为了有价值的订单而进行。

订单价值链流程的效果显著：再造订单价值链流程后，业务流程完全以客户订单为起点，一切采购、生产、物流配送等行为都是以订单信息流为中心，将客户需求信息和满足客户需求的供应商网络相联系，使来自存货的风险降到最低限度。完全零库存生产，是基于产品完全根据客户的订单要求生产的，因此，在将产品提供给客户时就可以实现现款现货，从而可以完全消除来自应收账款的风险。通过对以订单价值链流程为核心的业务流程进行彻底再造，海尔可以远离存货滞销、呆账风险，营运资金也可顺畅运作。

2. 物流管理的再造

三个 JIT 的同步流程是物流管理的重要特点：JIT 采购，即按需要的数量进行采购。将集团的所有事业部的物资采购统一集中到总部，通过网上招标、采购、支付，再加上统一运输、统一配送，极大地提高了营运资金的周转速度。JIT 送料，即将采购事业部采购回来的所有物资快速直接送料到生产线，进而降低库存水平。JIT 配送，即将按照订单生产出来的产成品直接配送到客户手中，这样不仅可以降低库存，而且可以保证资金及时足额地收回。迅速、安全的分销物流体系为海尔将订单及时转变为产品、及时配送给客户提供了有力的支持，并给客户提供了满意的服务，保证了应收账款及时足额收回，降低了营运资金的占用。

3. 围绕供应链的流程再造

海尔的业务流程再造不仅仅是内部的，还有进行以供应链敏捷化为中心的流程再造。围绕供应链的流程再造是上至供应商下至客户的再造过程。对待供应商，海尔认为，公平、双赢的合作伙伴关系绝不是空洞的口号，其体现的是企业双方或多方为共同规避风险达成的一种合作策略。例如，宝钢是海尔最大的钢板供应商，在国内钢材供应较为紧张的时期，在许多企业钢板供应不足不得不减产、停产的情况下，宝钢优先保证了对海尔的供应，使海尔的家电生产没有因钢材供应紧张而受到丝毫影响。对待客户，海尔认为，企业的核心竞争力就是获取客户和用户资源的超常能力。客户关系管理的好，可以获得更多的订单，将按订单生产出来的产品快速及时地送达客户手中，客户得到了满足就会及时足额地付款，这样企业在存货、应收账款上的营运资金占用就会减少，营运资金管理绩效就能提高。

4. 大力发展新型融资方式

海尔集团组建专门的金融运营中心，大力开发新型融资模式，全面加强集团的资金管理。供应链金融便是集团积极发展新型融资模式的重要方面。“供应链金融”是银行将核心企业和上下游企业联系在一起灵活提供金融产品和服务的一种融资模式，其最大的特点就是以核心企业为出发点，将资金有效注入处于相对弱势的上下游配套的中小企业，以解决中小企业融资难的问题。通过“供应链金融”模式，集团可以利用信誉更加充分地利用供应链上的资金流，提升经营活动营运资金绩效。

任务三　营运资金管理绩效评价体系的应用

任务目标

1. 灵活应用基于要素的营运资金管理绩效评价指标进行绩效评价；
2. 灵活应用基于渠道的营运资金管理绩效评价指标进行绩效评价。

任务解构

一、保利地产营运资金管理绩效分析

（一）保利地产公司概况[①]

保利地产成立于1992年9月14日，经过十年扎实发展，2002年成功完成股份制改造，遂开始实施全国化战略，加强专业化运作，连续实现跨越式发展。目前，公司已完成以广州、北京、上海为中心，覆盖57个城市的全国化战略布局，拥有292家控股子公司，是全国性大型房地产集团公司，土地储备丰富，在全国战略布局上采取的是以重点城市带动周边经济圈的发展策略，业务已延伸到珠三角、渤海湾、长三角、东北、中部、西部等地区。

保利地产的业务范围包括一级房地产开发，出租本公司开发商品房，房屋工程设计、旧楼拆迁、道路与土方工程施工，室内装修，冷气工程及管道安装，物业管理，酒店管理，批发与零售贸易（国家专营专控商品除外）。

保利地产原为广州保底利地产开发公司，是由中国保利集团公司（以下简称“保利集团”）全资子公司保利南方集团有限公司（原名为“保利科技南方公司”，以下简称“保利南方”）于1992年9月14日在广州市注册成立的全民所有制企业。2002年8月22日，经中国国家经济贸易委员会以国经贸企改［2002］616号文批准，由保利南方作为主发起人，联合广东华美国际投资集团有限公司（原名为“广东华美教育产业集团有限公司”）和张克强等16位自然人，公司改制为股份有限公

① 保利地产官网：http：//www. gzpoly. com/about. aspx？tags＝1。

司，名称变更为“保利房地产股份有限公司”。2006 年 3 月，公司更名为“保利房地产（集团）股份有限公司”。经中国证券监督管理委员会证监发行字［2006］30 号文核准，本公司于 2006 年 7 月 19 日首次公开发行人民币普通股（A 股）15000 万股，每股面值 1 元。2006 年 7 月 31 日，本公司股票在上海证券交易所上市交易，证券代码 600048，股票简称“保利地产”。

（二）保利地产营运资金周转绩效与行业平均对比分析

根据中国企业营运资金管理研究中心对保利地产 2014 年营运资金管理绩效的调查结果，得到 2014 年保利地产及房地产行业平均营运资金周转期指标，同时将其与 2013 年对应指标和行业平均进行比较。具体如表 4－4、表 4－5 所示。

表 4－4　　保利地产营运资金周转期对比分析（按渠道）

项目	2014 年	排名	2013 年	排名	2014 年行业平均	2013 年行业平均
采购渠道营运资金周转期	1	107	8	101	－59	－49
生产渠道营运资金周转期	687	70	704	79	696	669
营销渠道营运资金周转期	－230	16	－284	14	－144	－179
经营活动营运资金周转期	458	50	429	52	493	442

表 4－4 显示出：按照渠道来分析保利地产的营运资金管理绩效同样是比较稳定的。经营活动营运资金周转期十分稳定，排名一直处于 50 名左右，保持着略低于行业平均水平，周转绩效较好。而采购渠道营运资金周转速度较慢，远高于行业平均水平，排名也十分靠后，已排到 100 名外，这是影响经营活动营运资金周转的关键。同时，营销渠道营运资金周转期领先行业平均较多，2014 年排第 16 名，高周转速率使得在一定程度上抵消了采购渠道营运资金周转的低效，拉平了经营活动营运资金周转期。而生产渠道的营运资金周转处于行业平均水平且相对稳定。

表 4－5　　保利地产营运资金周转期对比分析（按要素）

项目	2014 年	排名	2013 年	排名	2014 年行业平均	2013 年行业平均
存货周转期	838	58	837	59	910	859
应收账款周转期	10	54	9	50	18	16
应付账款周转期	68	25	61	35	124	111
现金周转期	780	61	785	65	803	763

从表 4－5 可以分析出：从要素的方面来看，保利地产的现金周转期在 2014 年这一年中波动很小，较为稳定，但同时排名也比较靠后，仅仅从 65 名升到 62 名，同时在行业的平均水平附近波动。具体到各个要素上，存货周转期较长，约为 838 天，并且 2013－2014 年几乎没有变化，虽然略低于行业平均水平，但也导致现金周转缓慢的一个主要原因。同时，应付账款周转期持续低于行业平均，还有待提高。而应收账款周转速度较快，较为领先。

将按渠道和按要素两个角度的分析整合来看，保利地产在营运资金管理方面形成了自己较为完备的体系，使得 2013 - 2014 年的营运资金周转速率十分稳定，没有较大的起伏，与房地产行业龙头老大万科相比，难分高下。但是整体的营运资金周转效益还需要提高，无论是从要素的角度来看，还是从渠道的角度来看，都需要从各要素，各渠道综合地完善提高，才能使得整体的经营活动营运资金流动的更快。

（三）保利地产营运资金管理绩效趋势分析

1. 渠道分析

2010 - 2014 年保利地产营运资金周转期（按渠道）指标及变动趋势如表 4 - 6、图 4 - 2 所示。

表 4 - 6　　2010 - 2014 年保利地产营运资金周转期（按渠道）指标　　单位：天

年份	采购渠道营运资金周转期	生产渠道营运资金周转期	营销渠道营运资金周转期	经营活动营运资金周转期
2010	96	788	- 354	529
2011	48	939	- 407	580
2012	17	802	- 345	474
2013	8	704	- 284	429
2014	1	687	- 230	458

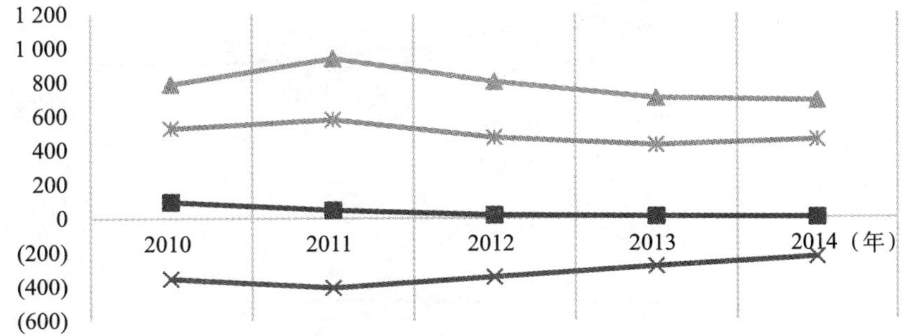

图 4 - 2　2010 - 2014 年保利地产营运资金周转期（按渠道）

从表 4 - 6 和图 4 - 2 可以看出，近五年中，保利地产采购渠道营运资金周转期逐年下降，但是整体下降趋势较缓。并且生产渠道营运资金周转期均大于 0，这在房地产行业中并不突出，说明虽然保利地产采购渠道营运资金管理绩效在逐年改善，但是其经营绩效在行业中并不突出。生产渠道营运资金周转期是呈下降趋势，由 2011 年的 939 年下降到 2014 年的 687 天，下降幅度为 253 天，表明保利地产生产渠道营运资金改善明显，管理绩效有所提升。营销渠道营运资金周转期则有所上升，有 2011 年的 - 407 天上升到 2014 年的 - 230 天，上升 124 天，这说明保利地产在销售流程上对资金的控制不够严格，也放宽了管理。当然，营销渠道营运资金管理绩效的下降也与整个行业低迷脱离不了关系。按渠道的经营活动营运资金周转期变化趋势与采购渠道一致，即有稍微的下降趋势。说明总体上保利地产营运资金在近几年得到改善。

总体来说，保利地产在渠道上对营运资金的管理绩效还是比较突出的，但从分渠道的变化趋势来看，保利地产应更加重视营销渠道营运资金的管理。同时，还要保持采购渠道和生产渠道营运资金管理的改善趋势。

2. 要素分析

2010－2014 年保利地产营运资金周转期（按要素）指标及变动趋势如表 4－7、图 4－3 所示。

表 4－7　　2010－2014 年保利地产营运资金周转期（按要素）指标　　单位：天

年份	存货周转期	应收账款周转期	应付账款周转期	现金周转期
2010	853	6	35	823
2011	1 003	7	53	957
2012	893	8	58	842
2013	837	9	61	785
2014	838	10	68	779

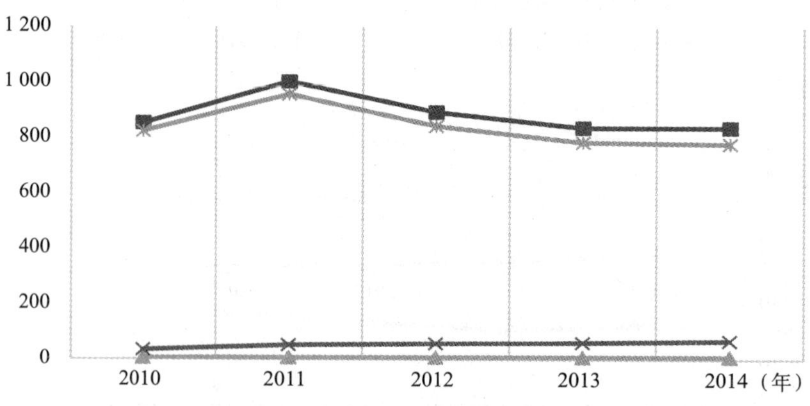

图 4－3　2010－2014 年保利地产营运资金周转期（按要素）

从表 4－7 和图 4－3 中，我们可以看到企业经营活动营运资金变化趋势完全与存货周转期变化趋势一致。因为房地产行业中，房产作为企业存货，因此存货占用大量资金。从存货周转期来看，自 2011 年，企业存货周转期逐年下降，说明保利地产存货周转期管理绩效得到改善。应收账款和应付账款占用资金较少，因此导致其周转期较小，但是从其变化趋势来看，2010－2014 年之间，保利地产应收和应付周转期都逐年增加，说明两者管理绩效在下降。

总的来看，现金周转期自 2011 年逐年下降，说明企业现金周转期管理绩效得到改善。其变化趋势主要是由存货周转期决定的。虽然从绩效来看，保利地产管理绩效逐年改善，但是周转期的下降有很大部分是由于行业低迷而导致企业缩小产量，存货占用营运资金减少所致。

（四）保利地产营运资金管理总结

受相关政策的影响，2014 年的房地产市场呈现下降的趋势，渐渐步入稳定成熟的道路，在这种背景下，保利地产以其稳定的资金周转速率，销售收入逆市增长。营运资金周转速度虽稳定但不具有明显优势，还需慢慢调整提高。保利地产的营运资金管理特点总结如下：

1. 低成本多渠道补充资金

作为房地产企业，其所需要投资的成本较大，效益回收相对其他产业来说又较慢，这极大地影响了营运资金的周转。而保利地产对于不动产的利润回收多通过分期付款的方式，使得资金回流较慢。因而，其所执行的是低成本多渠道补充资金，克服了单一的银行贷款的资金来源，通过发行债券等，保持现金流平衡。2013－2014 年度，保利地产实现了 150 亿元人民币中期票据注册，年内成功完成首次 10 亿元人民币中期票据发行，票面利率 4.8% 全年，公司实现销售回笼 1 176 亿元，完成房地产项目直接投资 992 亿元。[①]

2. 拓展新的业务渠道

保利地产不仅仅将目光聚集于住宅地产和商业地产，还制定了三位一体的养老战略，定位于养老地产市场。根据设计标准，在居家养老和社区养老方面均有涉足，例如上海的西塘越集医疗康复中心、养老公寓、和熹会三者于一体的服务性养老社区。通过对新项目的开发，增加土地的储备量，开拓新市场，提高存货销货的周转速度，进而获取更多的营运周转资金。

同时，保利地产还积极地进行海外项目的开展工作，在 2014 年度，已在筹备澳大利亚墨尔本克莱蒙项目及悉尼埃平项目。但是其存货总量较多，加之应收账款回收较慢，十分不利于企业营运资金的周转。建立完善的应收账款回收机制必不可少。

3. 集中采购规模增大，提高对上游渠道资金的利用水平

保利地产在住宅地产方面逐渐品牌化、规模化，开发了四大品牌系列即康居、善居、逸居、尊居。随着制度的完善，保利地产实现了从单一技术到产品线的转向，采购部门随即扩大集中采购规模以跟上步伐。2014 年度，保利地产已经完成 41 项采购计划，包括建材设备和工程服务。

在增大集中采购规模的同时，企业供应商逐渐集中，不仅利于价格谈判，也能够从集团层面加强赊购款的管理，提高对上游渠道资金的利用水平，未付账款规模持续增加，从 2013 年 157 亿元增加到 2014 年的 206 亿元。保利地产正在努力寻求对上游渠道资金利用的最有利的平衡点，使自身的营运资金周转管理达到最优的状态。

---

① 保利地产 2014 年年报。

二、中国石油营运资金管理绩效分析

（一）公司简介

中国石油天然气股份有限公司（简称“中国石油”或“中石油”）是于1999年11月5日在中国石油天然气集团公司重组过程中按照根据《公司法》和《国务院关于股份有限公司境外募集股份及上市的特别规定》成立的股份有限公司。中国石油发行的美国存托股份及H股于2000年4月6日及4月7日分别在纽约证券交易所有限公司及香港联合交易所有限公司挂牌上市（纽约证券交易所ADS代码PTR，香港联合交易所股票代码857）。2007年11月5日在上海证券交易所挂牌上市（股票代码601857）。中国石油天然气股份有限公司是中国油气行业占主导地位的最大的油气生产和销售商，是国有企业，是中国销售收入最大的公司之一，也是世界最大的石油公司之一。

中国石油致力于发展成为具有较强竞争力的国际能源公司，成为全球石油石化产品重要的生产和销售商之一。公司经营范围为：石油、天然气勘查、生产、销售；炼油、石油化工、化工产品的生产、销售；石油天然气管道运营；石油勘探生产和石油化工技术的研究开发；油气、石化产品、管道生产建设所需物资设备、器材的销售（国家规定的专营专项除外）；原油、成品油进出口；自营和代理各类商品及技术的进出口业务（国家限定公司经营或禁止进出口的商品及技术除外）；经营进料加工和“三来一补”业务；经营对销贸易和转口贸易；经营中国石油天然气集团公司转让权益的对外合作合同项目的石油勘探开发生产业务。公司主要产品及业务：原油和天然气的勘探、开发、生产和销售；原油和石油产品的炼制、运输、储存和销售；基本石油化工产品、衍生化工产品及其他化工产品的生产和销售；天然气、原油和成品油的输送及天然气的销售。

中国石油以科学发展观为指导，加快实施资源、市场和国际化三大战略，着力加快转变增长方式，着力提高自主创新能力，着力建立安全环保节能长效机制，着力建设和谐企业，致力于建成具有较强竞争力的国际能源公司。

（二）经营活动营运资金周转绩效数据分析

1. 中国石油经营活动营运资金管理绩效与行业平均水平对比分析

根据中国企业营运资金管理研究中心对中国石油2014年营运资金管理绩效的调查结果，得到2014年中国石油及采矿行业平均营运资金周转期指标，具体如表4－8、表4－9所示。

由表4－8可以看出，中国石油2014年经营活动营运资金周转期（按渠道）为－13天，低于行业平均水平，在行业内排名第22，说明中国石油经营活动营运资金管理水平高于行业平均水平。进一步分析可以发现，2014年中国石油采购渠道营运资金周转期为－28天，比行业平均水平低4天，营销渠道营运资金周转期低于行业平均水平5天。但是，生产渠道营运资金周转期－2天略高于行业的－6天，这说明要提高中国石油经营活动营运资金（按渠道）管理水平，尤其是生产渠道的管理。

表 4－8　　2014 年中国石油经营活动营运资金各渠道周转期　　单位：天

项目	采购渠道营运资金周转期	生产渠道营运资金周转期	营销渠道营运资金周转期	经营活动营运资金周转期（按渠道）
行业整体	－24	－6	22	－9
中国石油	－28	－2	17	－13

由表 4－9 可以看出，中国石油 2014 年存货周转期为 31 天，高于行业平均水平 2 天，行业排名第 30；应收账款周转期 11 天，低于行业平均水平 11 天，行业排名第 8；应付账款周转期 43 天，高于行业平均水平 22 天，行业排名 26；现金周转期 －1 天，低于行业平均水平 11 天，行业排名第 9。可以看出经营活动营运资金管理绩效（按要素）高于行业平均水平，除存货周转绩效外，应收账款、应付账款周转绩效均高于行业平均水平，存货管理绩效改善空间很大。

表 4－9　　2014 年中国石油经营活动营运资金各要素周转期　　单位：天

项目	存货周转期	应收账款周转期	应付账款周转期	现金周转期
行业整体	29	22	21	10
中国石油	31	11	43	－1

2. 中国石油 2010－2014 年度经营活动营运资金管理绩效变化趋势分析

2010－2014 年中国石油经营活动营运资金周转期（按渠道）情况，分别见表 4－10 和图 4－4。

表 4－10　　2010－2014 年中国石油经营活动营运资金周转期（按渠道）　　单位：天

项目	2010	2011	2012	2013	2014
经营活动营运资金（按渠道）周转期	－16	－18	－12	－12	－13
采购渠道营运资金周转期	－28	－24	－25	－31	－28
生产渠道营运资金周转期	－1	－0	0	1	－2
营销渠道营运资金周转期	13	6	12	18	17

从各渠道情况来看，2010－2014 年中国石油采购渠道营运资金周转期呈波动趋势，由 2014 年回至 2010 年的 －28 天，周转期均为负数，说明中国石油在采购环节占用上游企业资金，导致采购渠道营运资金管理绩效较高，这可能是因为企业规模越来越大，具有规模优势，随着行业影响力的提高，在采购方面更具有话语权。生产渠道营运资金周转期 2010－2013 年成小幅上升趋势，2014 年略有下降，总体看来波动不大，但是略有劣势，这可能由于近年来石油化工行业固定资产投资呈持续下降，生产技术的改进滞后所致，生产渠道营运资金绩效管理仍有提高的潜力。营销渠道营运资金周转期呈先下降后上升再下降趋势，周转绩效有不稳定的波动，仍需要加强对营销渠道的管理，但营销渠道营运资金周转期近五年排名均比较靠前，

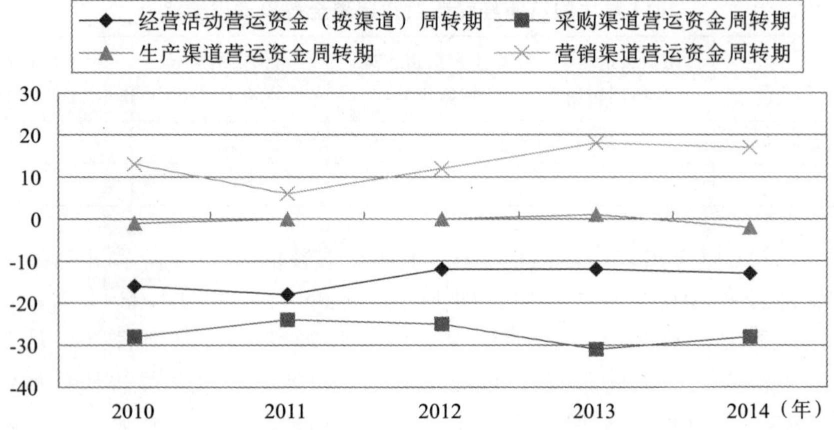

图 4－4　2010－2014 年中国石油经营活动营运资金周转期（按渠道）趋势图

2010 年排名 13，2011 年排名 12，2012 年排名 12，2013 年、2014 年均排名 13，这说明中国石油营销渠道营运资金管理绩效在采矿业中具有一定的优势。

2010－2014 年中国石油经营活动营运资金周转期（按要素）情况，分别见表 4－11和图 4－5。

表 4－11　2010－2014 年中国石油经营活动营运资金周转期（按要素）　单位：天

项目	2010 年	2011 年	2012 年	2013 年	2014 年
现金周转期	－4	－1	2	1	－0
存货周转期	31	29	33	35	31
应收账款周转期	11	11	12	12	11
应付账款周转期	46	40	42	46	43

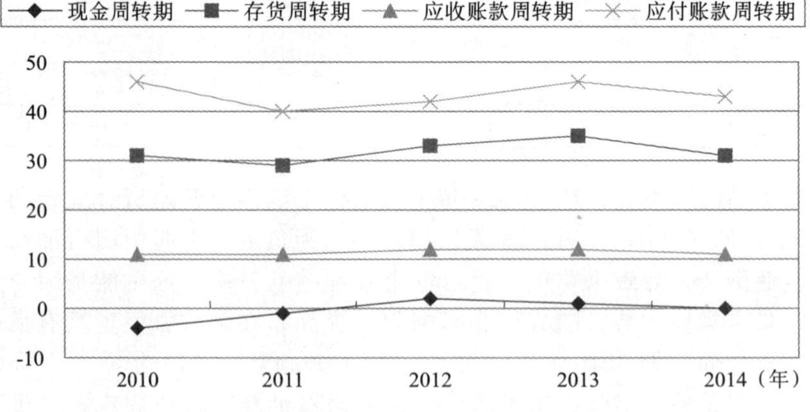

图 4－5　2010－2014 年中国石油经营活动营运资金周转期（按要素）趋势图

从要素角度来看，中国石油 2010－2014 年的存货周转期变化幅度较小，2011 年存货周转期从 2010 年的 31 天下降到 29 天，2011－2013 年持续上升，2013 年达到 35 天，2014 年下降到 31 天。由此看来，存货管理绩效有所改善后又有所下降。应收账款周转期近五年基本呈稳定态势，应收账款周转期稳定在 11 天左右。应付账款周转期在 2010 - 2012 年呈下降趋势，2013 年上升到 46 天，2014 年又下降至 43 天，应付账款周转期近 5 年排名都居于中上水平，应付账款管理绩效仍可发掘潜力。现金周转期呈现先上升后下降趋势，2013 年开始回降，2014 年的现金周转期仍高于 2010 年的 -4 天，总体来看，营运资金管理绩效呈现下降趋势。

综合渠道和要素来看，采购渠道管理绩效有一定的优势，这主要是由于应付账款周转期有一定的优势，而应付账款周转绩效仍有提升的潜力。应收账款周转期的稳定，对于营销渠道管理绩效优势的积累有一定好处，而存货周转期仍有进步的空间，存货周转期的缩短将提高营销渠道营运资金的管理绩效，仍需加强对存货和营销渠道营运资金的管理。虽然企业通过占用供应商资金，可以缩短采购渠道营运资金周转期。但是，在大量占用上游供应商资金的同时，被客户占用资金的情况也会增加，因此要提防应收账款周转期延长从而减慢营销渠道周转速度的情况发生。

近年来，石化产业产能持续高速增长、需求下降，导致供需形势发生根本性变化，由供不应求发展为供过于求，甚至出现严重的产能过剩问题。在渠道层面，中国石油表现出较好的营运资金管理绩效，但生产渠道营运资金管理仍需提高；在要素层面，由于石化产品消费增幅回落，主要耗油行业产量增速下滑，中国石油存货周转期改善幅度不大，仍需进一步提高存货管理水平。

（三）特色总结与建议

1. 拓宽原材料采购渠道，保证原材料的低成本供应

中国石油实施的物资集中采购政策，通过整合市场资源、对同类产品推行标准化采购或扩大采购规模等措施，优化供应链结构，增加供应商潜在市场份额，降低采购成本；通过与优秀供应商合作，提高物资采购质量和售后服务水平，降低后期维护保养成本。特别是在三抽产品集中采购过程中，采购管理小组借助集中采购平台，以团队的专业化能力保证了采购质量和采购效率，实现了与优秀供应商的互利共赢，促进了中国石油整体规模化、低成本和可持续发展。

2. 积极推动技术改造，提高生产渠道营运资金管理绩效

面对严峻的市场环境，中国石油认识到加强生产渠道管理的重要性，积极推动技术改造，加快油品质量升级，启动了严于国家标准的集团公司油品内控质量标准编制，并每年组织开展柴油产品检测能力比对试验，促进提升同类产品质量检验试验室整体技术能力，加强对生产渠道营运资金的监管。

此外，2014 年 8 月开始，从汽柴油产品入手，集团公司启动建立覆盖主要产品生产销售全过程的质量信息系统，以实现质量管理事前预警、事中控制、事后追溯。虽然产品质量信息系统的建立会加大企业的资本投入，但从长远来看，一方面，该系统的建立在提高产品质量、减少物资损耗、实现信息共享决策等方面起到积极的作用，从而提高了生产渠道营运资金管理绩效；另一方面，较少的物资损耗减少生产渠道在产品存货资金的占用，进而减少营销渠道产成品存货资金的占用，产品质

量的提高能进一步拓宽产品销路，提高客户满意度和企业的知名度，无疑对应收账款管理、营销渠道营运资金管理起到积极的作用。

3. 采用统销营销方式，提升营销渠道营运资金管理绩效

为了形成市场竞争优势，提升企业竞争力，中国石油选择“统销”的营销方式。统销是指下属各生产企业按照销售大区对市场的需求计划，统一安排产品生产，并对所生产产品按计划配置给各销售单位，销售单位在各自区域内实施销售。这种方式既强调了计划的严肃性，也有利于整体协调。中石油实行统销以来，经营业绩以及市场份额都有较大的提高，客户的满意度也有明显的提升。统销营销模式以销定产，减少了营销渠道产成品存货囤积，提升营销渠道营运资金管理绩效；与此同时，稳定的产品销售量保证炼化企业的正常生产，也将直接促进上游油田的稳产、增产。

4. 成立财务公司，加强资金集中管理，提高营运资金运作效率

为适应集团公司业务发展的需要、推进境内外资金集中管理，中国石油于 2008 年 3 月在港成立财务公司，该财务公司集“结算中心、融资中心、资金管理中心”功能于一身，经营投资、融资和中介三大业务，可以将企业集团内成员单位的临时闲置资金集中起来，通过投资以期获得较高的收益，使企业集团的资金得到最有效的利用和升值，提高营运资金的运作效率；还可以通过申请发行财务公司债券，进行股票融资、债券融资，良好的企业信用还会降低企业的融资成本；中介业务也势必会增加企业集团的整体收入。此外，中国石油财务公司还对以前年度的应收款成立专门的清欠小组，从而减少了坏账风险，提高了营销渠道的营运资金管理绩效。

三、凯瑞德营运资金管理绩效分析

（一）凯瑞德基本情况简介

凯瑞德控股股份有限公司原名德州棉纺织厂，始建于 1958 年，由山东德棉集团有限公司、德州恒丰纺织有限公司、德州双威实业有限公司、山东德棉集团德州实业有限公司、山东华鲁恒升（集团）有限公司共同发起，于 2000 年 6 月 12 日注册成立的股份有限公司。2006 年 10 月成功在深交所发行上市，是一家集纺纱、染纱、织造、制品加工于一体的综合棉纺织企业。自 2014 年 11 月 24 日起，公司名称由“山东德棉股份有限公司”变更为“凯瑞德控股股份有限公司”，英文名称由“Shandong Demian Incorporated Company”变更为“Kairuide Holding Co. , Ltd. ”。该企业装备精良、管理精细、产品齐全，公司具有较强的新产品开发能力，已建立了设施先进齐全、技术力量雄厚的国家级新产品开发基地，可根据客户要求开发相应的产品。2014 年度公司主营业务为棉纺织，主要产品为各种成分的高支纱、特种纱及各种组织的高档纯棉色织服装面料和大、小提花床上用品装饰面料和休闲服装面料和各类新型功能性产品，产品质量、纺纱、织布、染纱工艺技术、技术装备水平等处于行业领先水平，“德棉”牌“高支高密纯棉坯布”和“彩棉纱”两大系列产品，双双荣获中国名牌产品称号，“德棉”牌装饰布艺系列产品荣获“国家免检产品”称号。

2014 年公司总资产 11.2 亿元，比上年 10.6 亿元上升 5.67%，公司实现营业收入 70 967 万元，比上年同期降低 18.44 %，实现利润 459.22 万元，比上年同期增长 107.60%，基本每股收益 0.026 元[①]。公司 2014 年生产经营情况未能实现预期目标，主要受欧债危机、国际市场需求减弱、档次降低、生产要素价格持续上涨等诸多因素影响，我国棉纺织、能源等行业运营压力增大，尤其是国内外棉花价差达到 4 000 – 5 000 元/吨，致使我国棉纺织行业持续低迷，国际市场竞争力下滑。报告期内公司的棉纺织业务、煤炭业务相关数据同比发生变动的主要原因是：受国际市场持续低迷、国内整体经济下行的双重影响，公司的产品出口规模下降，内需市场不畅，无法保证全负荷生产，生产能力和经营贸易量萎缩，导致公司销售量、生产量均出现一定幅度的下降，整体销售业绩下滑，公司销售收入同比减少较大。

（二）凯瑞德营运资金周转绩效数据分析

1. 凯瑞德与行业平均水平对比分析

根据中国企业营运资金管理研究中心对凯瑞德 2014 年营运资金管理绩效的调查结果，得到 2014 年凯瑞德及纺织、服装、皮毛行业平均营运资金周转期指标，具体如表 4 – 12、表 4 – 13 所示：

表 4 – 12　2014 年凯瑞德及行业平均营运资金周转期（按渠道）指标　单位：天

分渠道	采购渠道营运资金周转期	生产渠道营运资金周转期	营销渠道营运资金周转期	经营活动营运资金周转期
凯瑞德	–83.94（6）	–30.49（8）	125.18（37）	10.76（2）
行业平均	–2.52	42.69	95.11	135.29

注：括号内数字为行业排名。

由表 4 – 12 可发现，凯瑞德 2014 年采购渠道和生产渠道营运资金周转期低于行业平均值，差值分别为 81 天和 73 天。营销渠道营运资金周转期高于行业平均水平，总体经营活动营运资金周转期远低于行业平均水平，行业排名第二，说明凯瑞德在渠道方面营运资金周转良好。

表 4 – 13　2014 年凯瑞德及行业平均营运资金周转期（按要素）指标　单位：天

分要素	存货周转期	应收账款周转期	应付账款周转期	现金周转期
凯瑞德	99.86（30）	80.12（47）	157.17（2）	22.81（4）
行业平均	147.06	49.60	45.85	150.81

注：括号内数字为行业排名。

同样的分析可得，凯瑞德 2014 年除应收账款周转期外各要素管理绩效均优于行业平均水平，尤其是应付账款周转期远远高于行业平均值，较长的应付账款使得现金周转期变为负值，与行业平均值差 111 天。从渠道及要素两个角度分析发现采购

① 凯瑞德 2014 年财务报告。

渠道应付账款的管理为该企业营运资金管理的一大特色。

2. 凯瑞德2010－2014年度变化趋势分析

（1）渠道分析

2010－2014年凯瑞德营运资金周转期（按渠道）指标及变动趋势分别如表4－14、图4－6所示。

表4－14 2010－2014年凯瑞德营运资金周转期（按渠道）指标 单位：天

年份	采购渠道营运资金周转期	生产渠道营运资金周转期	营销渠道营运资金周转期	经营活动营运资金周转期	排名
2010	－100	－29	113	－17	4
2011	－111	－28	103	－36	3
2012	－69	－13	54	－28	4
2013	－89	－21	70	－40	4
2014	－83.94	－30.49	125.18	10.76	2

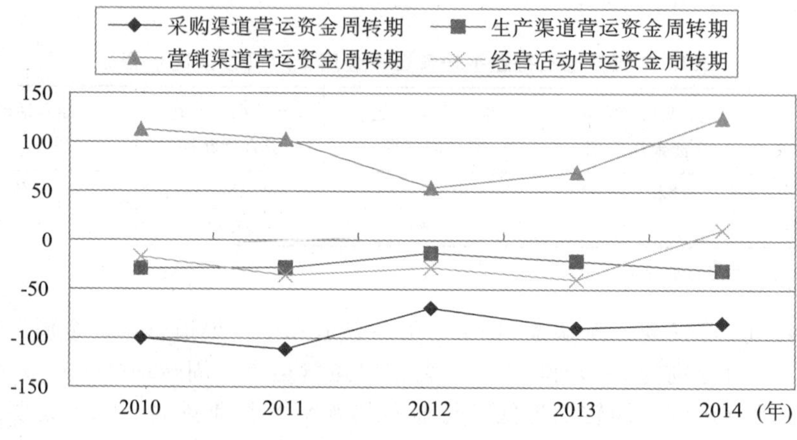

图4－6 2010－2014年凯瑞德营运资金周转期（按渠道）

由表4－14及图4－6可以清晰地看出，2010－2013年凯瑞德营运资金周转期（按渠道）均为负值且呈下降趋势，说明这段时间凯瑞德整体营运资金管理绩效改善，但2014年又突然上升，说明管理绩效突然下降。采购渠道营运资金周转期五年来均为负值，说明凯瑞德在采购环节占用上游企业资金，采购渠道营运资金管理绩效较好；生产渠道营运资金周转期五年来均为负值，这主要是因为公司利用高科技，不断改进生产技术，生产效率得到提高，生产渠道资金占用减少；营销渠道营运资金周转期变动幅度较大，整体看管理绩效下降。从变化趋势来看，采购渠道营运资金周转期呈上升态势，管理绩效有所下降，应引起关注。整体排名上升为第2位，说明总体上营运资金管理绩效还是有所改善。

（2）要素分析

2010－2014 年凯瑞德营运资金周转期（按要素）指标及变动趋势分别如表 4－15、图 4－7 所示。

表 4－15　　2010－2014 年凯瑞德营运资金周转期（按要素）指标　　单位：天

年份	存货周转期	应收账款周转期	应付账款周转期	现金周转期	排名
2010	124	47	159	13	2
2011	118	40	160	－2	1
2012	58	25	94	－10	2
2013	79	38	136	－20	1
2014	100	80	157	23	4

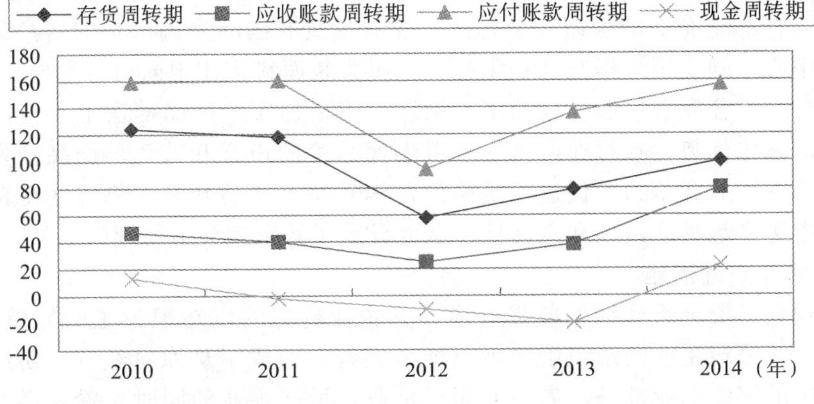

图 4－7　2010－2014 年凯瑞德营运资金周转期（按要素）

由图 4－7 我们发现，从整体来看，各要素周转期呈先下降后上升趋势，即存货、应收账款管理绩效先改善后下降，应付账款管理绩效先降低后改善，三要素周转期变化趋势基本一致，2014 年各要素周转情况有变，应付账款管理绩效改善，存货、应收账款管理绩效降低，应提醒管理层关注变化。对比三要素周转期大小我们发现，应付账款周转期高于存货周转期，存货周转期高于应付账款周转期，2010－2013 年，较长的应付账款周转期导致现金周转期逐年缩短，2013－2014 年，应收账款周转期的大幅度延长和存货周转期的持续延长，使得现金周转期突然大幅延长。2014 年营运资金管理绩效下降，现金周转期行业排名下滑。

（三）凯瑞德营运资金管理特色总结

公司不断加大新产品研发力度，把生产高质量、高档次、高附加值、特质化、异质化产品作为企业发展方向，不断提升企业的核心竞争能力。

1. 合理控制原材料成本

凯瑞德采购渠道周转期的行业领先得益于其原材料优势。根据凯瑞德 2013 年半年度报告摘要：公司具有稳定棉花原料供应客户和渠道，能够满足中高档纺织品对品质的要求；同时公司利用自身进出口自营权和棉花配额进口原料，有效规避了国内外原料价差不断拉大的风险，降低原料成本①。并且该企业注重供应商管理，从而大大降低了采购渠道周转期。

2. 提升装备质量和生产效率

凯瑞德公司生产渠道周转期的行业领先得益于公司主要装备优势。凯瑞德在2013年的财务报告中披露该公司本年度通过资产置换，淘汰了部分落后设备，关键的纺织设备如自动络筒机、浆纱机、喷气织机等均采用意大利、比利时、德国等国的先进装备，公司整体装备达到了国内领先水平，织机全部实现了无梭化改造，并成为国内最具实力的大提花、小提花织物生产基地。技术优势可以提高纺织企业的生产效率和产品质量，长期来看可以降低生产渠道的营运资金周转期，提高企业的竞争优势。

3. 开发具有竞争力的产品

凯瑞德营销渠道绩效的提升得益于其主产品开发优势。该公司2013年报显示，公司奉行“产品是企业的生命”的理念，建立了具有国际先进水平的新产品研发中心和制样中心，确立了大提花高档床品、色织服装面料、休闲面料等主导产品优势，从花形设计、工艺配置、织样成功率、染纱、织造加工、产品档次上，在同业间具备了一定的领先优势，在行业内树立了凯瑞德品牌的声誉和特色。产品开发优势提升了凯瑞德的产品竞争力，促进了凯瑞德营销效率。产品开发优势也使得该企业在客户管理中越来越具话语权和主动性，从而导致了其营销渠道管理绩效的提升。

4. 完善产业链构建

凯瑞德营运资金管理绩效的提升离不开企业构建的以纺织为主的完整产业链。一方面，作为公司主业的纺织生产不断健全完善，形成了从原料经营、纺纱、织布到床品加工的完整产业链条。另一方面，企业在做强主业的同时，置入煤炭等能源业务，使公司多元化经营，有效降低了经营风险，使公司的持续经营能力和核心资产盈利能力得到增强。完整的产业链条可以降低成本，产业链中各个节点的顺利无缝衔接提升了资金周转效率，从而实现了企业营运资金管理绩效的总体提升。

5. 多元经营优势

2014年，在公司纺织生产业务和煤炭等能源业务的基础上，公司大力实施多元化经营，通过大规模的收购整合，向互联网彩票、创业投资、基金管理等领域拓展和转型，有效降低了经营风险，使公司的持续经营能力和核心资产盈利能力得到增强。

综上所述，2014年，由于受国内实体经济下行、国际市场需求减弱、档次降低、生产要素价格持续上涨等诸多因素影响，我国棉纺织、矿产、能源等实体企业运营压力增大，内需持续不振，国际市场竞争力明显下滑，纺织行业发展进入了新常态。面对异常严峻的国内外形势，公司上下积极应对，深入开展转型升级工作，加快结构调整步伐，努力发挥自身优势，深挖内部潜力，克服各种困难，基本保持了满负荷生产；同时，公司全力推进多元化经营进程，在纺织主业基础上全面向互联网彩票、基金、投资管理等领域拓展和转型，降低经营风险，培育公司新的利润

① 凯瑞德2014年财务报告。

增长点，企业总体实力和核心竞争能力进一步增强。

项目回顾

1. 传统的营运资金管理绩效评价多是采用流动资产周转率指标进行的评价，主要衡量的是企业各项流动资产的周转效率。主要指标有：存货周转率、应收账款周转率、应付账款周转率。但是这些指标只能单独地考察营运资金中的流动资产项目部分的管理绩效，忽视了对这些项目之间内在的联系，导致企业在应用这些指标进行评价时经常出现冲突和矛盾。尤为严重的是，以上这些指标完全没有涉及营运资金中的流动负债部分，所以很难从总体上把握存货、应收账款、应付账款周转及其变化对营运资金的具体影响程度，不易判断营运资金的策略变化或所做调整在某一比率上的改善是否会抵消在其他比率上带来的恶化。

2. 王竹泉教授提出了基于渠道管理的营运资金管理绩效评价体系。在将经营活动营运资金按照渠道进行分类的基础上，将营运资金整体管理绩效与经营活动营运资金以及各渠道营运资金管理绩效有机衔接的新型营运资金管理绩效评价体系。他认为不论是营运资金总体管理绩效还是经营活动营运资金及各渠道营运资金管理绩效的评价，均采用营运资金周转期指标进行评价，只不过在计算营运资金总体管理绩效和经营活动营运资金管理绩效时，统一以销售收入作为周转额，而在评价各渠道营运资金管理绩效时，则分别以销售成本、完工产品成本和材料消耗总额作为周转额。

3. 按要素的营运资金管理绩效评价体系和按渠道的营运资金管理绩效评价体系应结合使用，综合考察企业营运资金管理绩效。

专业技能训练

1. 现有营运资金管理绩效体系存在的问题？

2. 有何新的方法衡量营运资金管理绩效？

教学设计与实践

1. 根据教学计划，针对任务一与任务二内容，进行教学设计，编写教案，制作多媒体课件等演示资源，合理组织教学过程，开展实践教学。

2. 根据项目各任务导入案例的思考要求，合理运用案例讨论方法与工具，开展讨论式教学实践。

项目五

业务创新与营运资金管理

【专业能力目标】

1. 理解业务、财务一体化；
2. 理解渠道管理影响营运资金管理的机理；
3. 掌握基于渠道管理的营运资金管理模式设计。

【职教能力目标】

1. 根据本项目的内容组成，合理进行教学设计与组织教学过程；
2. 掌握教案编写，多媒体课件制作，教学素材搜索与整理的方法；
3. 灵活掌握案例讨论、演示教授等教学方法，合理运用提问、讨论等教学手段，并在本项目教学中实施。

【项目简介】

资金管理既要服务于营业活动的需要，资金管理效率也是业务运作效率和管理水平的综合体现。要根本性提升营运资金管理绩效，业务流程和供应链运作模式的改革是重心所在。本项目从业务、财务一体化的理念出发，在对渠道管理影响营运资金管理绩效的机理进行阐释的基础上，从多个维度对基于渠道管理的管理模式进行设计。

【项目分解】

根据项目内容，本项目可分解为如下任务：

任务一：业务、财务一体化

任务二：渠道管理影响营运资金管理的机理

任务三：分渠道营运资金管理模式

任务一　业务、财务一体化

任务目标

1. 理解业务和财务的关系；
2. 理解营运资金管理的重心。

导入案例

赛维（全称“江西赛维 LDK 太阳能高科技有限公司”），曾经以“超越光速”的速度成为“光伏帝国”，然而短短 6 年时间，就以 60 多亿美金、300 多亿人民币的负债规模和 87.7% 的负债率陷入资金链断裂的困境。正如所有出现资金链断裂的企业所表现出来的情形一样，资金链断裂的主因并不在于资金而在于经营。作为朝阳产业的光伏业在经历了 2010 年的辉煌之后，从 2011 年三季度开始市场急剧变脸，多晶硅产品价格一路大跌，加上像作为客户的德国最大光伏企业 Q – cells 公司破产等原因严重影响市场需求，使包括赛维在内的光伏企业迅速陷入经营亏损。2010 年盈利 2.91 亿美元的赛维，2011 年便出现销售下降 14%、亏损 6.21 亿美元的局面，2012 年一季度继续保持着亏损 3.53 亿美元的状态。经营巨亏及由此引起的欠薪和裁员、供应商堵门、产品扩张项目投资过度等因素使赛维出现资金链危机，并最终陷入需要破产拯救的尴尬境地。

案例思考：赛维的营运资金危机的根源在哪里？

任务解构

一、业务流程与营运资金的关系

根据经营活动按渠道分类的思想，企业的经营活动由采购流程、生产流程、营销流程三个核心流程组成。财务管理流程、服务管理流程等辅助流程都分别归集到采购流程、生产流程、营销流程这三个核心流程当中。每个核心流程都由一系列有序的小的业务流程构成。业务流程本身是一个投入——产出的价值增值系统，其产出是向企业外部或下一流程提供的产品或服务等，而投入则是为其产出所必需的流程耗用的资源或作业，既可以是从上一流程获得的产品或服务等，也可以是来自企业外部的资源。营运资金从企业经营活动的起点，即采购流程起投入，经过生产流程，在营销流程收回，其占用和周转伴随着业务流程运作的全过程。企业业务流程同营运资金的关系如图 5 – 1 所示。

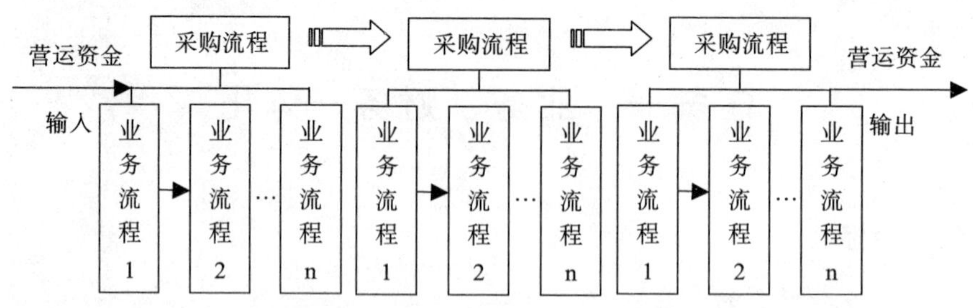

图5－1 业务流程与营运资金关系图

二、业务与财务一体化

企业资金效率是企业经营效率的真实写照，也是反映经济运行质量和业务运行效率的晴雨表。中国企业营运资金管理研究中心的调查显示，近年来大部分上市公司的营运资金管理绩效总体呈下降趋势，这与我国经济普遍存在的产能过剩严重、结构调整压力加大等不利因素的影响是吻合的。营运资金管理绩效的提升不应陷入就财务论财务的误区，必须与时俱进，树立业务、财务一体化的理念和协同创新的意识。

虽然财务管理的中心是资金管理，但是资金管理的问题绝不只是财务人员就能解决好的。现实中我们看到很多企业的资金管理都非常出色，它们的成功经验和做法中的一个共同点就是都十分重视那些能够根本性决定企业资金管理绩效的业务流程、商业模式和管理体制等因素。CFO 不仅要敢于突破传统财务管理理念和模式的束缚，更重要的是要树立业务、财务一体化的理念和协同创新的意识，要打破财务、业务的传统界限和部门、企业之间的边界，跨越企业边界开展合作和协同创新，从而实现资金管理绩效的战略性提升。

例如，传统的资金管理认为存货储备是必不可少的，存货管理只能通过经济订货量模型和再订货点模型去控制存货上的资金占用，要实现零存货简直就是异想天开。但是，现在很多企业通过与供应商的战略性合作却轻而易举就实现了零存货，而根本不需要再去计算什么经济订货批量，也不必再去核定什么再订货点，所有这些问题都由供应商管理库存的模式解决了。通过这种管理模式的变革，通过跨越企业边界与供应商的合作，零存货的问题迎刃而解。又如，在分散的资金管理体制下，大型企业集团要降低企业的融资规模和融资成本，只能逐一降低每个成员企业的资金需求，但对一个经营管理多年的企业集团来说，通过每个成员企业降低资金需求能挖掘的潜力可能已经十分有限了，但若将集团的资金管理体制由原来的分散管理变革为资金集中管理，则管理体制的创新就可以将集团成员企业的内部闲置资金充分利用起来，由此所带来的资金需求的节约和融资规模、融资成本的降低才是根本性的、战略性的。

三、营运资金管理重心的转移

REL 咨询公司和《CFO》杂志 2002 年发布的营运资金调查报告以“不要让供

应链断裂”为标题，指出客户与供应商关系管理的重要性，提出通过供应商、企业、客户之间的整合和供应链优化来提升营运资金管理绩效的新思路。海尔 20 世纪 90 年代中期在国内跨地区扩张时，营运资金管理一度成为其持续高速成长的绊脚石，应收账款、存货急剧攀升，巨额的坏账和存货损失蚕食了企业的利润。20 世纪末以来，海尔通过业务流程再造、分销渠道整合、优化供应链等举措破解了一系列营运资金管理难题。特别是进入 21 世纪之后，海尔通过实施“零库存下的即需即供”、“大客户加应收账款保理”等模式，有效地解决了全球化扩张和竞争中营运资金管理的难题，实现了零营运资金、负营运资金的良好绩效。

因此，营运资金管理要善于通过引领企业的业务流程再造、商业模式重构和管理体制创新，以从根本上解决资金管理的难题，而不能固步自封，就财务论财务。随着世界经济一体化的进一步加强，在全球视野中整合优化产业链，已成为各国企业的普遍选择。CFO 不仅要思考企业财务如何满足企业优化整合产业链的资金需求，更要深入思考如何通过产业链的优化整合解决企业资金管理的难题。

为此，营运资金管理应树立以渠道管理为重心的管理理念。要将营运资金管理的重心转移到渠道管理和控制上来，实施“基于渠道管理的营运资金管理”，通过企业内部的业务流程再造和跨越企业的渠道优化和整合来化解营运资金管理的难题，JIT（实时制）、VMI（供应商管理库存）、JMI（联合管理库存）等的广泛应用正是这种理念实施的典范。

任务二　渠道管理影响营运资金管理的机理

任务目标

1. 理解业务流程周期与营运资金周转期的关系；
2. 理解渠道管理对营运资金管理影响的一般机理；
3. 分析不同渠道管理模式对营运资金管理的具体影响。

导入案例

戴尔和联想是 IT 界的杰出典范，两公司的发展历史和业务范围具有较强的相似性，但由于经营理念和管理策略等方面的差异，导致两公司营运资金管理的水平不同。利用基于渠道管理的营运资金管理绩效评价体系，2008 年戴尔、联想经营活动营运资金周转期分别为 －46 天、－16 天。虽然联想的营运资金管理已经取得了良好绩效，但其经营活动营运资金周转期却比戴尔要多 30 天，差距仍然十分明显。

案例思考：为什么联想的营运资金管理绩效要明显落后于戴尔？

任务解构

一、业务流程周期与营运资金周转期

业务流程周期是该业务流程中第一项作业开始至最后一项作业结束的时间，该周期的判断不以企业现金是否投入，而是以人力资源是否投入为标志。因此，当一个业务流程的第一项作业开始，则表明负责该作业的相关人员已经进入工作状态；而最后一项作业结束，则表明该作业的相关人员已经撤出工作领域。然而，营运资金周转期则是指企业在生产经营过程中，由现金转变为非现金资产，再由非现金资产转变为现金的整个过程，也被称为现金流转周期或现金周期。

在传统的现货交易中，当资金流与物流同步运动的时候，业务流程周期与相应的营运资金周转期应该是一致的。以采购业务流程周期为例，顾名思义，采购业务流程以完成采购任务为核心功能的流程，其业务流程应该从采购原材料开始到原材料投入生产过程为止。在现货交易条件下，原材料采购的同时伴随着企业采购现金的支出，则采购作业本身就是现金转变为原材料资产的过程，于是，在采购业务流程开始时，营运资金周转也同时开始。而如果将企业采购生产以及销售业务进行精细分工，将原材料投入到生产环节视为原材料从采购流程销售至生产流程。这样，在现货交易条件下，生产流程将会付出相应的现金，则在原材料转入生产流程时，采购业务周转完成的同时，采购业务中涉及的营运资金周转也同时完成。所以营运资金周转期与业务流程周期同步且相等，见图 5 - 2a 所示。

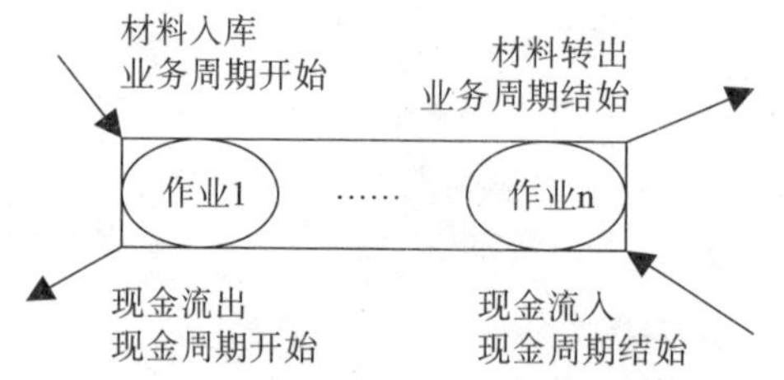

图 5 - 2a 现货交易下（采购）业务流程周期与（采购）营运资金周转期关系图示

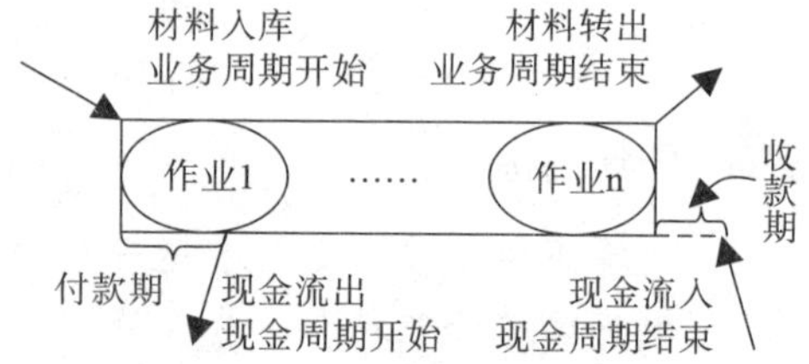

图 5 - 2b 信用交易下（采购）业务流程周期与（采购）营运资金周转期

然而，现代交易中普遍存在商业信用，这意味着物流与资金流将不再是同步的，这将导致业务流程周期与营运资金周转期的非同步性。而商业信用在企业上下游之间并不完全匹配，这将导致业务流程与营运资金周转期的不相等。仍以采购流程为例，见图 5 - 2b 所示。在卖方向买方提供信用交易的环境里，材料采购作业中物流先于资金流，两者之间的时间差为付款期，此时业务流程周期已经开始，而营运资金周转期尚未开始。直到付款期结束，企业现金流出时营运资金周转期才开始。而到材料转入生产过程时依然是物流先于资金流，则材料转出同时业务流程周期已经结束，而由于现金并未同时流入，则营运资金周转期尚未结束，两者之间的时间差

为收款期，直到收款期结束，企业现金流入时营运资金周转期才结束。而付款期和收款期不相等时，业务流程周期与营运资金周转期也将不相等；付款期与收款期之差为业务流程周期与营运资金周转期之差，即存在以下等式：

营运资金周转期 - 业务流程周期 = 收款期 - 付款期　(5 - 1)

可见，现代信用的存在及其不对称性是营运资金周转期与业务流程周期之间存在差别的原因。现代信用在企业营运资金中的主要表现形式包括应收账款、预付账款、预收账款及应付账款，其中，应收账款和预收账款代表收款，而预付账款和应付账款代表付款。

则收款期 = 应收账款周转期 - 预收账款周转期

$$= \frac{\text{营业收入}}{\text{平均应收账款} - \text{平均预收账款}} \quad (5-2)$$

付款期 = 应付账款周转期 - 预付账款周转期

$$= \frac{\text{营业收入}}{\text{平均应付账款} - \text{平均预付账款}} \quad (5-3)$$

将公式（5 - 2）和公式（5 - 3）带入公式（5 - 1）可得：

营运资金周转期 = 业务流程周期 +（应收账款周转期 - 预收账款周转期）-（应付账款周转期 - 预付账款周转期）　(5 - 4)

公式（5 - 4）是营运资金周转期与业务流程周期之间的通用公式，该公式扩展到整体营运资金、经营活动营运资金以及采购渠道、生产渠道和营销渠道中可得到以下公式：

采购渠道营运资金周转期 = 采购业务流程周期 + 采购应收账款周转期 + 预付账款周转期 - 采购预收账款周转期 - 应付账款周转期　(5 - 5)

其中，采购应收账款和采购预收账款均指来应收企业内部生产流程的虚拟或实际结算款项。

生产渠道营运资金周转期 = 生产业务流程周期 + 生产应收账款周转期 + 采购预付账款周转期 - 生产预收账款周转期 - 采购应付账款周转期　(5 - 6)

其中，生产应收账款和生产预收账款均指应收企业内部销售流程的虚拟或实际结算款项；采购应付账款和采购预付账款均指应付企业内部采购流程的虚拟或实际结算款项，两者分别与公式（5 - 5）中采购应收账款和采购预收账款在数量上相等，即有

生产流程中的采购预付账款 = 采购流程中的采购预收账款　(5 - 7)

生产流程中的采购应付账款 = 采购流程中的采购应收账款　(5 - 8)

营销渠道营运资金周转期 = 营销生产业务流程周期 + 应收账款周转期 + 生产预付账款周转期 - 预收账款周转期 - 生产应付账款周转期　(5 - 9)

其中，生产应付账款和生产应付账款均指应付企业内部生产流程的虚拟或实际结算款项，两者分别与公式（5 - 6）中生产应收账款和生产预收账款相等，即：

营销流程中的生产预付账款 = 生产流程中的生产预收账款　(5 - 10)

营销流程中的生产应付账款 = 生产流程中的生产应收账款 (5－11)

经营活动营运资金周转期 = 采购渠道营运资金周转期 + 生产渠道营运资金周转期 + 营销渠道营运资金周转期 = 采购业务流程周期 + 生产业务流程周期 + 营销业务流程周期 + 应收账款周转期 + 预付账款周转期 － 预收账款周转期 － 应付账款周转期 = 经营活动业务流程周期 + 应收账款周转期 + 预付账款周转期 － 预收账款周转期 (5－12)

营运资金周转期 = 业务流程周期 + 应收账款周转期 + 预付账款周转期 － 预收账款周转期 － 应付账款周转期 (5－13)

从上述系列公式中我们可以看出，业务流程以及企业在供应链信用中的地位对营运资金周转绩效具有决定性的影响。

二、渠道管理对营运资金管理影响的一般机理

根据业务流程对营运资金管理的影响及流程动力的位置的不同，可以将业务流程分为推式传统业务流程和拉式精益业务流程两种。两种流程在组织结构、信息共享程度、流程简化程度以及关键业务流程（包括采购流程、生产流程和销售流程）等方面均有所不同，具体区别见表 5－1。本书将直接从关键业务流程出发分析不同的业务流程对经营性营运资金管理绩效的影响。

表 5－1　推式传统业务流程和拉式精益业务流程比较表

项目		推式传统业务流程	拉式精益业务流程
信息共享程度		不共享或共享程度低	高度共享
组织结构		面向职能的“金字塔”式	面向流程的“扁平式”
流程简化程度		流程简化程度低，存在较多非增值作业	流程简化程度高，存在较少的非增值作业
采购模式	模式总体概括	传统补给式采购模式	供应链 JIT 采购模式
	模式特点	①以补给库存作为采购驱动因素 ②供应关系以短期、竞争为主 ③多组织单位独立采购	①以订单需求作为采购驱动因素 ②供应关系以战略伙伴关系为主 ③多组织集团式统购
生产模式	模式总体概括	推式传统生产模式	供应链精益生产模式
	模式特点	①生产过程：面向职能 ②生产工人地位低，车间围绕科室转 ③多为大量大批的流水线生产 ④流程最后专设质检环节 ⑤单一品种大批量送货制，物流与信息流方向一致	①生产过程：面向订单 ②生产工人地位高，科室围绕车间转 ③多为单件小批的个性化生产 ④取消质检环节，融质检于生产 ⑤多品种配套小批量取货制或主动配货制，信息流与物流方向相反，且先于物流
营销模式	模式总体概括	传统送货营销模式	供应链配送营销模式
	模式特点	①驱动上以生产驱动销售，推销 ②渠道构建上，以分销为主、直销为辅 ③物流组织上为传统取货制或送货制，多为货等车	①驱动上以分销方需求驱动销售，营销 ②渠道构建上，更多利用电子商务直销 ③物流组织上为销售配送，要求车等货

三、不同渠道管理模式对营运资金管理的具体影响

（一）采购模式对营运资金管理绩效的影响

采购活动是企业连接上游供应商的基本活动，采购模式一方面是判断企业与供应商之间关系的一个指标，另一方面，其在很大程度上影响企业原材料存货以及企业应付账款管理，并决定后续的生产环节和销售环节能否采用先进管理理念，因此对企业整体营运资金管理绩效的提升起到至关重要的作用。根据采购模式的理念及其对营运资金管理的影响，本书将采购模式分为传统补给式采购模式和供应链 JIT 采购模式两种。传统补给式采购模式是指企业根据补给库存的需要所进行的采购，这种采购模式的重点在于选择合适的供应商并和供应商之间进行合理的商业交易，特别注重交易过程中供应商价格比较，通过供应商之间的竞争，从中选择价格最低的供应商作为合作者。供应链 JIT 采购模式下，企业根据接到的有效订单的需要进行匹配式的采购，这种采购模式主要是在信息高度共享的基础上通过企业同数量较少的甚至是单一的供应商之间建立长期战略伙伴关系以实现供应商的准时响应。两种采购模式在采购驱动、供应关系和采购组织形式方面对营运资金管理绩效产生不同的影响。

1. 采购驱动

一般来说，企业采购驱动因素主要有两个：补给库存和订单需求。当企业以补给库存作为采购的动因时，采购部门的职能倾向较为明显，进行存货管理的目的就是要在存货采购成本与储存成本之间进行权衡，客观上承认存货储存成本的合理之处，然而，从顾客角度来看，顾客不会因为企业的材料是否在仓库中储存过或储存时间的长短而给予相应的价值，同样的，企业也不能因为生产所用材料曾经在仓库中耗用了成本而要求顾客给予补偿，因此，材料在仓库中储存的行为本身属于不增值的行为，理应从企业业务流程中删除。相对于补给库存来说，企业以订单需求来作为采购动因才更符合当前市场环境的逻辑，即因为企业当前有订单需求，因而需要生产并采购生产所需要的材料，采购行为因订单驱动而产生，虽然以订单需求作为采购动因不一定意味着零库存，但若要实现零库存，则企业必须以订单需求作为采购动因。

从营运资金管理角度来说，以补给库存作为采购动因不可避免地导致相对高水平的材料库存，并且在材料储存、搬运过程中很容易发生材料的毁损、变质以及人为偷盗等责任事故，增加材料成本，即使材料由于管理严格未发生任何毁损，搬运、整理过程中的人工成本也会造成在产品、产成品水平的提高，直接导致采购渠道、生产渠道以及营销渠道营运资金管理绩效的下降。除此之外，补充库存的材料采购方式增加了材料储存搬运环节，在不影响销售时点的情况下使材料采购时间提前，延长生产周期，此举一方面增加了存货资金占用，加大了机会成本；另一方面，导致企业现金短缺时间的延长，增大了企业对外筹措资金的可能性，因此以补给库存作为采购动因还可能会导致理财性营运资金管理绩效的下降。而以订单需求作为采

购动因才能从根本上扭转材料储存对经营性营运资金管理绩效和理财性营运资金管理绩效的不利影响。事实上，供应链JIT采购模式所追求的正是通过订单拉动实现零库存和即需即购的目标，不仅降低材料储存成本，降低材料资金占用，而且还会降低在产品成本和产成品成本，实现整个营运资金管理绩效水平的跨越式提升。同时，推迟材料采购的时间还会在客观上实现应付账款推迟支付的效果，提高应付账款管理水平和现金管理水平，带动理财性营运资金管理绩效的提升。

2. 供应关系

供应关系是指企业同供应商之间的关系，是衡量企业供应链管理水平的一个重要方面。短期、竞争性的供应关系是指企业在采购材料过程中没有同供应商之间建立长期稳定的关系，按照传统的“货比三家式”进行质量价格比较，在质量相差不大的情况下选择价格最低的供应商。通常，这种供应关系可以在一定程度上降低材料的购买成本，但搜寻议价的成本却很高，很难从根本上降低材料的总成本，同时由于企业与供应商之间的关系并不紧密，如果企业在行业中话语权不强的话，很难要求供应商分时段按需准时供货，提前采购并储存材料则是其保证生产经营顺利进行的必要措施，造成采购渠道营运资金管理绩效的降低。但如果企业在行业或区域中的话语权很强的话，这种供应关系却可以帮助企业降低材料购买成本的同时，实现分时段按需供货，缩短生产周期、降低在产品和产成品的成本，提高采购渠道、生产渠道和营销渠道营运资金管理绩效，但需要注意该经营性营运资金管理绩效的提升是建立在损害供应关系基础上的，难以持久。而通过与供应商之间建立战略伙伴关系是采用供应链手段对材料存货进行管理的前提，无论是供应商管理库存（VMI）还是更加合理的联合存货管理（JMI）等先进管理理念的运用都需要建立在双方战略关系基础上，可以在双方共赢的基础上实现分时段按需供货，可以减少材料库存资金占用，有利于从根本上提高采购渠道营运资金管理绩效。而且利用战略关系采购，减少搜寻和谈判成本，全年大批量的采购可以使采购成本较低且价格稳定，不仅可以提高采购渠道营运资金管理绩效，还可以在一定程度上提高生产渠道和营销渠道营运资金管理绩效。

3. 采购组织形式

对企业集团来说，采购组织形式可以有两种：独立采购和统购。独立采购必然意味着相对较小的采购批量，对应着较高的材料价格，同时各事业部单独设立采购部门将加大整个集团的订货费用，使材料总成本上升，造成在产品成本和产成品成本的上升，从而降低采购渠道营运资金管理绩效的同时，还可能造成生产渠道和营销渠道营运资金管理绩效的下降。另外，各事业部单独进行采购还有可能造成供应商对企业集团各事业部给予不同的信用水平，不能利用集团整体采购数量和整体实力强的优势获得更好的付款条件，容易造成应付款管理的混乱，进一步降低采购渠道营运资金管理绩效。统一采购不仅节省大量的部门重置费用，而且也可以变单个事业部的小批量采购为整个集团的大批量采购，可以更好地控制采购渠道，降低材料采购价格和材料库存，便于对应付账款进行管理，提高采购渠道、生产渠道和营销渠道营运资金管理绩效。

另外，采用供应链 JIT 采购模式还有助于企业实施同步化供应链计划，为企业实现制造计划、采购计划、供应计划的同步进行提供了前提条件，为提高生产渠道营运资金管理绩效和营销渠道营运资金管理绩效打下基础。

（二）生产模式对营运资金管理绩效的影响

根据生产模式的不同特点和组织思路，本书将生产模式分为推式传统生产模式和供应链精益生产模式。传统的生产模式主要是面向流程的生产，侧重于从降低生产成本角度追求大量大批生产的一种顺向生产模式；而供应链精益生产模式主要是面向订单的生产，侧重于以最短的响应时间满足顾客个性化需求的单件小批生产的一种拉式逆向生产模式。两种生产模式在生产过程与生产管理体制、生产组织过程、物流组织以及质量管理等方面对产品生产周期和期末在产品存货数额产生影响，甚至会进一步影响到产成品存货的价值，对生产渠道和营销渠道营运资金管理绩效产生重要影响。

1. 生产过程与生产管理体制

生产过程是决定生产渠道营运资金管理绩效的决定性因素，并可以通过对生产渠道的影响来进一步影响营销渠道营运资金管理绩效。一般来说，生产过程主要有面向职能和面向订单或面向流程两种过程形式，企业进行业务流程再造也多是对传统影响速度较慢的面向职能的生产进行再造，以形成面向订单的高响应速度的生产过程模式。面向职能的生产过程设计多为依据规模经济理论和专业化分工理论，为了实现大量大批的快速生产，强调各部门、各车间之间职责的专业化分工，但忽略了部门和车间之间的协调，往往造成供应链上游的车间或部门不考虑下游部门或车间的实际需求，为了保证自己职责的完成，采购部门多会过多地储存存货防止生产中断，生产部门会不考虑销售情况而储备大量的在产品和产成品存货，上游车间不顾下游车间的实际情况储备大量的在产品等，而补充存货也成为这种生产模式顺利进行的必要环节，造成采购渠道、生产渠道和营销渠道营运资金管理绩效的大幅度下降；而面向订单的生产过程首先强调部门之间的协调和配合，其次才强调各部门职责的分工，使各车间形成同一的生产目标：满足顾客的需求。客观上形成生产环节下游的主导地位，以下游的实际需求来拉动上游的生产，形成订货型存货供应模式，降低在产品结存数额，缩短生产周期，在加快顾客响应速度的过程中实现采购渠道、生产渠道和营销渠道营运资金管理绩效的提升。

在不同的生产过程下形成不同的生产管理体制。生产管理体制通过影响生产工人处理问题的速度来影响产品生产周期，进而影响生产渠道营运资金管理绩效。一般来说，传统的生产管理体制中生产工人地位较低，生产车间出现问题需要到处去联系职能科室以求问题的解决，这种方式将耽误车间问题的处理时间，容易发生较长时间的停工，导致产品生产周期延长；而在供应链精益生产模式下，生产工人地位较高，各职能科室将围绕车间转，主动发现问题给予解决，此举将加速车间问题的处理，保证生产顺利进行，缩短产品生产周期，提高生产渠道营运资金管理绩效。

生产管理体制的变革也是企业进行业务流程再造以提高营运资金管理绩效的重点。

2. 生产组织过程

现代生产实际上已经从过去的大量大批生产转变为满足顾客个性化需求的单件小批生产，客观上形成了由于生产准备成本增加而导致在产品、产成品成本的提高，提高了产品资金占用水平，降低生产渠道和营销渠道营运资金管理绩效。合理高效的生产组织过程将能够有效缓解上述问题。

在生产组织过程中，企业可以将生产流程重新梳理，对传统的按部就班的生产流程进行分析，利用科学的平面布置、将生产工人按照生产对象为主、生产工艺为辅来进行专业化安排，优先进行通用工艺的生产，推迟个性化环节的生产，既可以最大限度地利用大量大批生产来降低生产准备成本，又能够有效实现产品的个性化特点；既能提高产品的附加值，又能有效降低在产品、产成品的生产成本，提高生产渠道和营销渠道营运资金管理绩效。

3. 生产物流组织

无论是原材料到生产线的移动，还是在制品在生产线间以及完工产品从生产线到仓库或者是完工产品直接运送到分销商或顾客，都离不开物流。物流的敏捷性是制造敏捷性最重要的因素之一。一般来说，物流运输时间主要受工厂平面布置、物流运输方式的影响。在工厂平面布置确定后，物流运输方式将直接决定物流运输时间。传统的物流组织方式是“以生产计划为指导的‘推动式’，物料和信息的流通方向一致”（王田苗、胡耀光，2002），下一道工序一般从仓库领料或半成品来进行生产，整个生产组织全部依赖库存，导致较高的库存的同时，延长了在制品流动的时间，增加生产渠道营运资金占用，降低营运资金管理绩效。为了降低零部件库存，日本丰田公司提出了 JIT 生产体系，实现“在必要的时间、对必要的零部件进行必要数量的配送”，尽量避免生产过程中的浪费和降低零部件库存（肖修剑、王田苗，2001），这种“拉动式”物流组织形式极大提高了生产渠道营运资金管理绩效。另外，针对上述被动式物流组织形式，王田苗（2002）等提出采用以生产“拉动”为基础的主动式配送方法，要求物流配送部门主动跟踪生产订单的调度、调整和执行过程，以实现通过对生产计划以及生产过程的实时监控，及时向工位进行原材料等的配送，降低物流运输时间，提高生产渠道营运资金管理绩效。

4. 质量管理

传统的质量管理较为注重主体工序的质量，并专设检验人员在产品完工入库前进行质量检查。这种质量管理方式一方面需要专设检验员，增加产品生产成本，延长产品生产周期，降低生产渠道营运资金管理绩效；另一方面事后的检验不利于从根本上减少不良品和废品的数量，也会导致产品生产成本的增加，降低营销渠道营运资金管理绩效。而全面质量管理侧重于全员、全过程的质量管理，将产品检验工作提前交给所有的生产工人，注重对不良品和废品的预防，将有利降低不良品和废品的数量，降低完工产品成本，提高营销渠道营运资金管理绩效，同时节省检验时间，缩短产品生产周期，提高生产渠道营运资金管理绩效。

由此可见，企业将生产流程由推式传统模式转变为供应链精益生产模式将大大提高生产渠道营运资金管理绩效，并在一定程度上提高营销渠道营运资金管理绩效。

（三）营销模式对营运资金管理绩效的影响

营销模式以其直接面对顾客的特点而成为企业业务流程的核心环节，该环节管理的好坏将直接影响顾客的满意度、销售收入，因此其不仅影响营销渠道营运资金管理绩效，还会同时对采购渠道和生产渠道营运资金管理绩效产生影响。本书根据营销渠道和销售物流两个环节的不同理念将营销模式分为传统送货营销模式和供应链配送营销模式两种。供应链配送营销模式与传统送货营销模式的主要区别在于两者信息介入程度的不同以及物流在销售环节的主动响应的程度不同。

1. 营销渠道

营销渠道按照信息技术介入的不同可以被分为传统的以分销为主、直销为辅和现代的以电子商务直销为主、分销为辅两种方式。采用传统的营销渠道将会导致企业负担巨额的渠道建设成本，但对顾客的需求响应速度却比较慢，造成企业利润数额及质量较低，同时，传统的分销模式还要求企业在分销商、代理商处保留一定的产成品存货以满足顾客的需求，增加产成品存货库存，大大降低营销渠道营运资金管理绩效。此外，传统的营销渠道还不利于企业掌握顾客需求的第一手资料，不利于提高企业销售预测的准确性，企业为了降低经营风险，就必然会在采购模式和生产模式中采用存货补给模式，进而降低采购渠道、生产渠道以及营销渠道营运资金管理绩效。而现代以电子商务直销为主、分销为辅的方式充分利用现代互联网等信息技术，可以最大限度地克服传统营销渠道的缺陷，提高营销渠道、生产渠道和采购渠道营运资金管理绩效。另外，电子商务网上直销还会给企业带来新的资金结算方式，帮助企业实现第一时间收款，减少应收账款，提高营销渠道营运资金管理绩效。例如戴尔就是通过电子商务技术建立“集信息搜集、原材料采购、生产和客户支持以及客户关系管理以及市场营销等环节的网上电子商务平台。网上电子支付使戴尔创造了不可思议的负营运资金占用记录”（韩睿，2005）。

2. 客户关系管理

客户关系管理是旨在改善企业与客户之间关系的新型管理机制。它存在于企业的市场营销、服务等与客户相关的领域。一方面，通过向企业的相关人员提供全面、个性化的客户资料，并强化他们的跟踪服务和信息分析能力，使他们能够协同建立和维护一系列与客户和生意伙伴之间卓有成效的“一对一关系”，从而为客户提供更快捷和周到的优质服务，提高客户满意度，吸引和保持更多的客户，进而增加营业额；另一方面，则通过信息共享和优化商业流程有效地降低企业经营成本。

客户关系管理同供应商关系管理一样，间接对营运资金的周转发生作用。客户关系管理具体包括客户甄别、客户维护、客户信息共享三个过程。

第一，客户甄别。

企业通常采用赊销方式来扩大销售，增加市场占有率，这势必会给企业带来信用分险。客户拖欠货款或是客户破产无力偿还货款都会给企业的经营带来负面影响，给企业的资金流带来短缺的风险。因此，在客户关系管理中，首先要对客户进行甄别，确定最具潜在价值的目标客户。通过筛选，再将信用不良的客户略去，最终确定优良的客户。客户甄别在很大程度上使企业避免了应收账款的信用风险，预防企业资金链的断裂。

第二，客户维护。

客户维护是客户关系管理成功的基础。企业要维护好同优良客户的关系，强调“以客户为中心”，强化客户的忠诚度，使其客户关系一直持续下去。长期客户的维护成本要远小于开发一个新客户的成本。争取新客户的成本大约是维护一位老客户成本的5－6倍。长期客户的忠诚度较高，在很大程度上能够节约企业的沟通成本、销售部门的营销成本。并且长期客户本身就具有宣传作用，会带动新客户的加入，间接为企业节省一部分营销成本。

第三，与客户信息共享。

缺乏有效的沟通，企业便无法准确及时地掌握客户的需求信息，这样易造成大量产成品库存积压、资金回收不足等问题。企业应与客户保持信息畅通和共享，及时收集客户信息，了解客户需求的变化，与客户进行良好的信息共享。将客户的信息及时传达给生产部门和供应链中的供应商，快速地根据客户的需求做出反应，减少库存和资金沉淀。

3. 销售物流

销售物流是营销环节重要活动之一，是产成品和半成品由企业流向顾客的重要环节。随着企业生产方式由大量大批生产发展为单件小批个性化生产后，销售物流也由传统的取货制或送货制转变为物流配送。一般来说，传统的取货制或大量大批的送货制需要经历一段时间的备货，备足货后采用低成本的运输方式运送至客户，时间一般较长，因此对产成品资金占用较多；而当企业生产的产品批量变小后，采用传统的送货方式就会提高单件产品的运送成本，降低企业的经济效益，而如果企业为了降低送货成本而等待较长时间才进行送货，则会丧失顾客，提高产成品库存，降低收入及营销渠道营运资金管理绩效。因此，企业选择销售配送来实现物流和商流的统一将成为最佳选择，即可以提高企业对顾客的响应速度，有效降低产成品库存，还能降低送货成本，提高营销渠道营运资金管理绩效。

任务三 分渠道营运资金管理模式

任务目标

1. 理解采购渠道营运资金管理模式设计
2. 理解生产渠道营运资金管理模式设计
3. 理解营销渠道营运资金管理模式设计

导入案例

TCL 集团于 1981 年靠一个小仓库和 5000 元贷款起家，发展至目前中国最大的、全球性规模经营的消费类电子企业集团之一。1999 年，TCL 开始了国际化经营的探索，在新兴市场开拓推广自主品牌，在欧美市场并购成熟品牌，成为中国企业国际化进程中的领头羊。目前，TCL 在全球数十个国家和地区设立了产销体系，通过全球的七大研发中心、十七个制造基地、四万个销售网点以及“四条供应链”管理（产品设计与制造链、物流供应链、质量保证连、产品创造与支持链）实现了全球资源的配置。TCL 集团立足于全球供应链进行营运资金的战略规划，依靠全球产业链整合来创新营运资金管理模式，通过全球供应链上关键流程再造对各主要产业进行垂直一体化整合，对全球采购渠道、生产渠道和销售渠道进行梳理，加强产业链内外协作，已建立了以显示终端为核心、上下游垂直一体化整合的全球全产业链布局。

TCL 基于全球化的营运资金管理的思路是与国际化的公司战略相一致，利用全球供应链协同优势，主动部署营运资金管理规划，利用全球范围的信息共享和资源网络实现营运资金管理绩效的全面提升。TCL 推行国际化融入全球供应链体系中获得的最大营运资金管理最重要的经验之一，就是懂得了全球供应链竞争的真谛，全球供应链体系难就难在它是一个合作体系，而不是一个竞争体系。现在 TCL 的全球供应链响应速度与全球供应链合作体系，远远领先于国内同行业水平，而这种竞争优势，会在未来的竞争中越来越显现出来，成为高效的营运资金管理的基础。TCL 的营运资金管理理念是面向产业升级的营运资金管理理念，而不是仅仅满足于国际分工的现状进行营运资金管理的战略部署。TCL 通过上下游垂直一体化整合的全球产业链布局，提升了公司对产业链的掌控能力和增值空间。在经历了三年的战略扭亏后发展逐渐稳定，在金融危机中，TCL 借助全球产业链运作提高了物流、资金流周转效率，大大提升了营运资金管理能力。

TCL 公司的营运资金周转绩效明显优于行业的平均水平，在将近二百家的电子制造类上市公司中各项指标排名一直居于领先地位。在面对全球性金融危机对整个供应链的冲击时有效地化解了营运资金管理的风险和压力，按渠道的营运资金管理绩效方面，TCL 经营活动营运资金周转期（按渠道）显著低于行业平均数，经营活动营运资金占用仅为行业的 30% 左右，资金运作效率高，全球范围的营运资金战略布局极大地推动了管理绩效的提升，如表 5 -2 所示，采购渠道、生产渠道、营销渠道营运资金管理周转期与行业平均水平的对比分别见表 5 -3、表 5 -4 和表 5 -5 所示。

表 5-2 TCL 集团基于渠道的经营活动营运资金周转期与行业水平的对比

年份	2007 年	2008 年	2009 年	2010 年
行业	54	69	64	63
TCL	18	17	15	25
差异	36	52	49	38

表 5-3 TCL 采购渠道营运资金周转期与行业水平的对比

年份	2007 年	2008 年	2009 年	2010 年
行业	-45	-47	-52	-42
TCL	-49	-48	-44	-40
差异	4	1	-8	-2

表 5-4 TCL 集团生产渠道营运资金周转期与行业水平的对比

年份	2007 年	2008 年	2009 年	2010 年
行业	3	8	1	-2
TCL	-7	0	-7	-10
差异	10	8	8	8

表 5-5 TCL 集团营销渠道营运资金周转期与行业水平的对比

年份	2007 年	2008 年	2009 年	2010 年
行业	95	108	114	107
TCL	74	65	66	75
差异	21	43	48	32

案例思考：TCL 公司是如何实现优于行业平均水平的营运资金管理绩效的？

任务解构

一、采购渠道营运资金管理模式

（一）供应商管理库存

1. 供应商管理库存

供应商管理库存（Vendor Managed Inventory，VMI）是指以供应商为中心，以双方最低成本为目标，在一个共同的框架协议下把下游企业的库存决策权代理给上游供应商，由供应商行使库存决策的权利，并通过对该框架协议经常性的监督和修改以实现持续改进的一种合作性策略。在这种库存管理策略中，下游企业将库存管理的决策权下放给上游供应商，供应商利用双方的信息系统获取下游分销商的分销中心、仓库和 POS 数据，获得产品的销售情况，然后根据产品的需求预测来确定自身的供给水平，并以此确定生产计划。

供应商管理库存是一种在供应链环境下的库存运作模式。本质上，它是将多级供应链问题变成单级库存管理问题，是供应商与分销商之间的一种战略贸易伙伴关系之间的合作性策略。这一方法能够在很大程度上克服传统的按照用户发出采购订单来进行存货补给的缺点，特别适合于批发零售类企业采用。

2. 供应商管理库存对营运资金管理绩效的影响

供应商管理库存能够有效地优化供应商和下游分销商的营运资金管理水平。对于供应商来说，该策略可以带来以下好处：

（1）可以更好地安排生产计划，有效调整产品结构。供应商通过供应商管理库存系统能够及时获得最终消费者的消费数据，掌握下游产品市场销售情况，这相当于供应商直接掌控了销售终端数据，能够更好地销售预测、调整产品结构；另外，与利用下游分销商的采购订单相比，直接获取的信息将减少数据传递时间及数据失真程度，提高生产计划的准确性和及时性。

（2）可以有效降低库存水平，分担库存成本。供应商管理库存策略是缓解存货“牛鞭效应”的有效途径，数据获取的跨级性将有效消除信息传递过程中的风险放大效应，即可以减少产成品存货的储备，进而减少原材料存货的储备，同时也可以在很大程度上削弱安全库存，最终使供应商减少整体存货储备，降低存货储存相关成本。另外，供应商管理库存协议的签订也意味着存货管理成本在上下游企业之间的分担，无论分担比例如何，都可以减轻供应商管理存货的负担，加快存货资金周转，提升采购渠道、生产渠道、营销渠道进而整个经营活动营运资金周转速度。

（3）降低销售风险，确保现金回流。在供应商管理库存协议中，供应商虽然负有及时提供分销方所需材料的义务，但同时也在很大程度上确保了自身产品的销售，因而在一定程度上降低企业经营风险；而双方信息共享以及相互之间结成的战略伙伴关系也可以在很大程度上确保款项的顺利回收。

而对于分销方来说，供应商管理库存带来的收益将会更加明显，主要体现在：

（1）减少分销方的存货储备，节约资金占用。供应商管理库存最为直接的表现就是分销方可以在不需储备存货的情况下实现材料等的及时供应，减少分销方为储存和管理存货而发生的人、财、物等方面的支出，降低了存货资金占用。同时，协议双方的储存成本共担方案将有效提高存货的管理效率。

（2）推迟付款。供应商管理库存协议中，分销方一方的生产或销售直接由供应商进行配货，推迟材料或产品采购时点的同时，也推迟了企业的付款义务，这使得分销方在供销谈判中留有更多的余地，易争取到价格优惠，进一步降低存货相关成本。

（3）减少现金短缺时间，降低现金储备水平。付款义务的推迟同时也缩短了从付款到收款之间的距离，在存货生产周期不变的情况下，减少了企业现金短缺的时间，降低现金储备水平，加速现金周转速度。

（4）减少整体营运资金占用，美化财务报表。供应商管理库存对于分销方的现金、存货以及应付款等项目的优化对具有重要作用，间接地降低企业波动性营运资金借款的规模和期限，美化财务报表。

（二）供应商战略联盟

1. 供应商战略联盟

供应商战略联盟是供应链战略联盟的一种，是指企业与供应商以及供应商的供应商之间在供应链上形成的合作伙伴关系，各方之间在资源、能力和核心竞争能力方面均能结合在一起，从而获得企业在设计、制造、产品或服务提供上的共同利益。

从供应链战略联盟的概念上看，供应链战略联盟是比供应商管理库存更加全方位的一种合作关系，这种关系的建立不仅仅是实现企业库存管理方面的优化，更重要的是通过这种关系使各方形成优势互补、风险共担和利益共享的共同体，进而达到整个供应链链条的“共赢”协同效应。

2. 供应商战略联盟对营运资金管理绩效的影响

从整体上看，供应商战略联盟对于降低供应链总成本，降低企业采购存货的库存水平、增加信息共享度、改善相互之间的交流、提升企业的核心竞争力、改善财务状况等都具有重要的作用。具体来说，供应商战略联盟可以为企业营运资金管理带来以下优势：

（1）加快材料存货的周转速度。供应商战略联盟成立的一个重要目的是实现对市场需求的更加快速的反应，即供应商战略伙伴之间通过减少交易谈判、交易等待时间等方式实现存货的无缝隙传递、降低交易成本，以实现对市场的快速反应，提高竞争力。在存货的无缝隙快速传递过程中，材料存货的征订、质量、储存水平以及相关的资金占用等都可以实现最大程度的优化，提高存货管理绩效。

（2）优化货币资金管理。企业储备现金主要有三个动机：日常采购动机、预防性动机和投机性动机。前两个动机都与供应商密切相关。而供应商战略联盟是将供应商与企业之间从战略上整合在一起，无论各方之间是否存在资金纽带，战略联盟协议都将大大降低双方交易的风险，则企业为与供应商交易而储备的大量现金将可以从根本上得到节约，提高货币资金管理水平。

（3）节约整体营运资金。供应商战略联盟的另一个显著特点是资源共享性，使得本应该由一方企业负担的技术开发、产品设计以及产品生产等成本由双方或多方共担，降低各方为支持战略而占用的营运资金水平，实现整体营运资金管理绩效的提升。

（4）扩大营运资金来源，降低营运资金风险。供应商战略联盟企业之间在信息、技术等方面的共享目的在于提升整体市场竞争力，最终将体现为企业产品市场份额的扩大、销售竞争力增强，销售收入的实现更加有保障，这为企业营运资金提供了源源不断的资金来源，在营运资金整体结构以及整体水平不变的情况下，提高营运资金的使用效率、降低营运资金风险，提升营运资金管理绩效。

（三）供应商整合

1. 供应商整合

供应商整合是一种企业与供应商伙伴之间为了给顾客提供更高的价值和提高竞争优势，而进行更高水平的合作的管理方法，是外部供应链整合的一种典型形式。

企业与供应商的整合主要包括以下内容：与主要供应商建立战略合作伙伴关系；与主要供应商建立快速订货系统；通过网络与主要供应商进行稳定的采购；主要供应商参与企业的采购和生产过程的程度；主要供应商参与产品设计的程度；帮助主要供应商改善流程来更好地满足企业的需求；企业参与选择及管理供应商的供应商；主要供应商与企业共享其生产计划信息；主要供应商与企业共享其生产能力信息；主要供应商与企业共享其库存信息；企业与主要供应商共享生产计划信息；企业与主要供应商共享需求预测信息；企业和主要供应商共享库存信息。可见，供应商整合与供应商战略联盟相似，都是企业与供应商之间通过协议建立虚拟的共享关系，双方在生产、设计、库存管理甚至是供应商的供应商管理方面高度参与，以提高整体竞争力的一种方法。

2. 供应商整合对营运资金管理绩效的影响

从供应商整合的具体内容中可以看出，供应商整合将对企业存货采购管理、库存管理、生产管理等产生重要的影响。

（1）提高存货采购效率，加速存货周转速度。供应商整合可以使企业与主要供应商之间建立快速订货系统。同时，公司与主要供应商共享生产计划信息、需求预测信息以及库存信息，便于供应商根据企业需求安排生产计划，以实现企业随时的存货需求，提高存货采购效率，加速存货周转。

（2）争取有利于企业的付款条件，优化往来款项管理。供应商整合包含了企业参与管理供应商的供应商，这意味着企业对供应商的付款条件十分了解，则在与供应商进行采购付款条件谈判的过程中，可以通过已知信息掌握较高程度的主动权，争取有利于自身的付款条件，从而实现应付款的高水平管理。

（3）共享设计信息，提高产品竞争力。供应商整合协议中，双方共享产品设计信息，企业甚至可以直接参与供应商产品生产和设计流程以更好地满足自身材料需求。供应商对企业产品生产的全面配合将直接带来产品功能的完善、成本适当、质量提升，有利于企业更好地参与市场竞争，为营运资金管理奠定良好的基础。

二、生产渠道营运资金管理模式

（一）业务流程再造

1. 业务流程再造

业务流程再造（Business process reengineering），也经常被称为业务流程重组，与流程改进（Process improvement），业务改革（Business transformation），流程创新（Process innovation）和业务流程再设计（Business process redesign）等词汇经常互相替换，是由美国 Michael Hammer 和 Jame Champy 提出并在 20 世纪 90 年代达到了全

盛的一种管理思想。Michael Hammer 和 Jame Champy 将业务流程再造定义为“对企业的业务流程作根本性的思考和彻底重建，其目的是在成本、质量、服务和速度等方面取得显著的改善，使得企业能最大限度地适应以顾客、竞争、变化为特征的现代经营环境。”

可见，业务流程再造从本质上来说是通过资源整合、资源优化，最大限度地满足企业和供应链管理体系高速发展需要的一种方法。业务流程再造的对象为业务流程，而业务流程是营运资金周转的一种载体，对营运资金，尤其是经营活动营运资金周转速度具有决定性的影响。所以，在营运资金管理观念中，有“流程制胜”之说。一旦业务流程本身不够合理，则最先进的营运资金管理理念也无法从根本上提升营运资金管理绩效，因而，业务流程的先进性是基础和前提。一般来说，拉式业务流程较推式业务流程更能提高营运资金管理绩效。拉式生产流程是拉式业务流程的核心内容，对于提高生产渠道营运资金周转绩效具有重要的作用。

2. 拉式生产流程的典型特征

（1）面向订单组织生产。生产流程是采购流程和销售流程的中间环节，拉式业务流程中，销售流程前置，成为企业生产流程以及采购流程的驱动因素。企业必须改变生产之后等待销售的现状，生产产品的品种或规格、生产数量和生产质量、生产时间安排等都应该视销售订单的情况而定。只有这样，生产流程才能够和销售流程进行有效衔接，尽量减少产成品在企业仓库内的等待时间，降低产成品储存等相关成本，提高相应营运资金周转绩效。

（2）信息流与实物流相反，以信息流驱动生产行为。拉式生产流程内部各个环节之间，也是以后一位作业行为驱动信息流向前一位作业行为，实现后一位作业行为拉动前一位作业行为的目的。这意味着企业需要转变观念，虽然实物流是从前向后按照生产顺序进行的，但拉式生产流程的特征在于信息流是从后向前进行流动的，与生产顺序相反。看板管理形式是典型的拉式生产流程。

看板管理形式是以看板为工具，严格按照生产作业计划中规定的期量标准，控制整个生产过程的在产品周转量，通过搞好各个生产环节之间的衔接和平衡，实现消灭过量储备，保证生产的均衡性，减少资金占用的目的。在看板管理中，按照生产流程的反顺序，以总装配线为起点，以看板作为零部件的领取指令、生产指令和运送指令，后车间根据看板向前车间领取所需数量的零部件，前车间获得后车间的信息后，根据看板信息准时生产和补充后车间领用的零部件。这种信息流与实物流相反的拉式生产流程能够更好地做好生产各环节之间的衔接，最大限度地减少生产过程中在产品的储备水平，提高生产渠道营运资金管理绩效。

（3）以生产工人为主，配套围绕左右。为了尽快地减少生产周期中的无效等待时间，拉式生产流程中应该改变生产工人围绕职能部门，遇事请示职能部门，由职能部门多环节审批后才能继续生产的状态，实现以生产工人的生产为中心，其他职能部门围绕生产提供高质量的服务，通过主动发现并解决生产中可能存在的问题的方式尽量减少生产停滞造成的时间延误，增加生产的流畅性，缩短生产周期，提高生产过程中资金周转绩效。

除了职能部门外，生产用零部件、常用工具等的摆放和传递路线也应科学、合理，加速工人与零部件、常用工具的快速有效结合，提高生产效率。

（4）充分利用延迟策略。面向订单生产多为单件、小批生产或者是适应现代市场需求的个性化生产，在确保缩短生产周期的前提下，还应该尽量实现批量生产来降低产品成本，以提高产品的竞争力。为此，企业在设置生产流程时，应该尽量将通用化的流程前置，将个性化的流程后置，个性化生产流程的延迟能够帮助企业最大限度地利用批量生产来节约固定性制造费用，降低单位产品成本，提高营运资金周转绩效。

（二）跨职能团队

1. 跨职能团队

跨职能团队（Cross Functional Teams）也叫多功能型团队，是指由来自同一等级、不同工作领域的员工组成的为完成某项任务而组成的临时或长期组织。跨职能团队的重要特点在于组织内汇聚了完成特定任务所需要的所有方面的人才，他们之间通过零距离接触的方式来协调和解决复杂的任务，以高效率著称。可见，跨职能团队的高效率来源于其能够在很大程度上消除部门和部门之间为了部门短期利益而导致的任务协调困难以及协调时间的浪费。此外，跨职能团队还可以通过来自不同专业领域人员之间的互相讨论集思广益，从而产生解决问题的创新性思维和方法。因而，跨职能团队多用于解决组织内的复杂项目或任务，是企业管理体制创新的具体表现形式，也是企业对关键业务流程持续改进的具体表现。

20/80 原则存在于企业生产经营的各个方面，例如企业 80% 左右的利润来源于 20% 左右的大客户，从而企业 80% 的营运资金可能用于满足 20% 左右的大客户的需求等，也因此，在生产性企业中，跨职能团队还经常表现为企业的大客户部、重点客户部等，以实现对大客户的更好的服务和维护。

2. 跨职能团队对营运资金管理绩效的影响

任何一个专门生产组织的设立都会对企业营运资金管理绩效产生影响。跨职能团队作为一种专门的部门，尤其是服务于生产的部门，对采购渠道、生产渠道和营销渠道都将产生重要的影响。本书以大客户部为例进行说明。

（1）便于认定营运资金管理责任。营运资金项目众多，也往往会涉及众多生产和职能部门，也因此，对营运资金进行管理往往涉及生产过程的各个方面，一旦营运资金周转绩效没有实现预期目标，则会出现认定责任困难的情况，绩效改善也相对比较困难。而将某种生产相关的所有职能（设计、采购、生产、销售等）集中于单一的跨职能团队，则营运资金管理职责更加明确，易于追究相关责任，也易于改善营运资金管理绩效。

（2）有利于降低生产成本。跨职能团队融设计、生产、采购和销售于一体与大客户直接交流，可以从设计环节开始，实现产品的全面成本管理，从技术角度、生产过程角度等多个方面进行成本控制，能够有效降低在产品、完工产品成本，提高营运资金周转绩效，提高企业经济效益。

（3）便于科学组织生产，提高营运资金周转绩效。跨职能团队以少而精的员工队伍实现绝大部分的生产、销售任务，更加适合于按照对象专业化安排生产，也能够较为容易地实现职能围绕生产工人，提高设备维修、生产故障等的解决速度，最终缩短生产周期，提高营运资金周转绩效。

（4）有利于加强重点营运资金的控制。跨职能团队一般来说负责企业80%利润的实现，也因此可能占用企业80%左右的营运资金。跨职能团队以快速实现大客户需求为宗旨，其在高效履行职能过程中，将带动营运资金的高效周转，确保企业80%左右营运资金周转绩效的提升。

三、营销渠道营运资金管理模式

（一）协同分销

1. 协同分销

协同分销是指企业充分运用直销的积极原理，以现代通路创新为起点、以整合资源为途径，将渠道伙伴（分销商）和客户看作一个共同的整体，面向所有参与者做一体化价值设计，以系统总体价值为最终诉求的一种创新的现代市场行销模式。

协同分销具有以下优势或特色：

（1）以商务为基础，以通路为目标，运用互联网结构，高效地形成资源组织和组织虚拟团队；

（2）充分揉和客户管理、通路管理、产品管理、资金管理、信息管理、商务管理等现代管理模式；

（3）实施以动态联盟为目标的跨区域加盟连锁和特许区域管理经营；

（4）实现信息共享和一体化运营，客户指导、专业分工并协同作业；

（5）充分利用协同作业系统的支持，高效集成经营和管理的流程需求；

（6）以客户终身价值为追求，有效进行客户资源价值管理；

（7）以通路资源整合为目标，高效实施分销商价值链管理；

可见，协同分销模式的产生是为了克服传统分销中存在的信用危机、分销成本高、销售团队效率低、销售额上升而回款率下降等问题而产生的既能够利用直销的优势，又能克服分销的劣势的一种营销模式，对于联合和巩固重要分销商以及大客户具有极其重要的作用，对企业营运资金周转绩效也会产生积极影响。

2. 协同分销对营运资金管理绩效的影响

（1）有利于树立良好的品牌形象，扩大市场份额。协同分销最为重要的特征在于企业对分销商或分支机构进行整体价值设计，统一品牌、统一形象、统一价格、统一服务水平等，更加有利于为消费者创造公平的消费环境，容易以较低成本树立企业良好的品牌形象，争取市场份额的扩大，为企业提供充分的营运资金支持。

（2）有利于节约营运资金，提高资金利用效率。协同分销的主要形式为跨区域加盟连锁或特许区域管理经营。企业更多的是利用自身的品牌、服务规格、产品特殊加工技巧、管理能力等无形资产来吸引分销商，以较少的营运资金占用实现生产销售规模以及市场份额的扩大，有利于提高营运资金的使用效率。

（3）特许加盟店或连锁店直接面对消费者，降低应收款水平。协同分销模式将企业与各类型的分销商进行价值协同建立虚拟团队，以实现企业直面消费者的目的，减少产品及资金在分销商环节流转时间，降低应收款水平，加速资金周转，提高营销渠道营运资金周转绩效。

（4）有利于形成稳固的分销渠道。与分销商或大客户进行战略价值协同可以在企业与分销商或客户之间建立更加长期的伙伴关系，克服企业与分销商之间、分销商与分销商之间、分销商与客户之间为短期利益而进行竞争的现状，更有利于实现以较低成本维系稳定的营销渠道，实现各方流程之间的有效对接，最终实现各方“共赢”的局面，提高营销渠道营运资金周转绩效。

（二）客户战略联盟

1. 客户战略联盟

客户战略联盟是指企业同主要客户在供应链上形成的合作伙伴关系，各方之间在资源、能力和核心竞争能力方面均能结合在一起，从而获得企业在设计、制造、产品或服务提供商的共同利益。

客户战略联盟与供应商战略联盟相似，都是供应链战略联盟的一种，两者的主要区别在于联盟的对象有所区别。在客户战略联盟中，企业与客户应该实现战略上的对接，双方共享必要的信息，互相参与产品设计和生产过程，必要时互相提供相应的解决方案。因而，对于特定企业来说，客户战略联盟对库存管理、生产管理（含产品设计）等都将产生重要影响。

2. 客户战略联盟对营运资金管理绩效的影响

（1）分享产成品库存信息，降低企业产成品库存水平。在客户战略联盟中，企业能够随时获取主要客户关于产品销售预算以及产品库存信息，并根据该信息作出较之以往更加准确的企业销售预测，以此作为自身生产计划制定的依据，可以更加及时地安排生产，降低为防止市场需求变化而储备的产成品存货水平，进而降低产成品存货管理成本，提高营销渠道营运资金周转绩效。

（2）吸收客户参与产品设计，增强产品市场竞争力。在客户战略联盟中，企业可以根据战略联盟协议吸收客户参与到企业产品的设计环节，了解客户对产品的心理需求和实际需求，为自身改善产品设计、更好地满足更多客户需要提供技术支持，增强产品市场竞争力，为营运资金提供稳定的资金来源，提高营运资金管理绩效。

（3）适时安排生产计划，使生产流程与营销流程紧密衔接。企业根据主要客户的销售计划及产品库存信息适时安排生产计划，可以更加准确地确定生产数量和生产时间，减少产成品储备水平的同时，也能够尽量做到生产流程与营销流程的紧密衔接，在很大程度上推迟生产渠道营运资金的垫支，缩短生产周期，提高营运资金周转绩效。

（4）合理分享库存管理成本。在客户联盟战略中，企业还有可能应主要客户的要求来进行受托库存管理，客户为此提供部分补偿，使得可以和客户共同负担产成品库存管理，降低企业自身的库存管理成本，提高产成品营运资金周转绩效。

（5）降低信用管理成本。企业与主要客户结成战略联盟后，双方信息系统的对接使得双方的交易信息可以同时生成，降低双方往来款项差错率，降低对账成本；且双方之间长期战略合作形成的高度信任也会降低客户为了短期利益而出现的不必要的违约等问题，降低企业信用管理的成本。

（6）为双方进行供应链融资提供条件。供应链融资是当前企业解决营运资金短缺的重要途径之一，尤其是在宏观信用紧缩的条件下。但供应链融资的使用往往要求双方建立较高程度的信任，企业与客户建立战略联盟关系为此提供了较好的基础，为解决营运资金问题提供便利。

（三）终端控制法

1. 终端控制法

终端控制法是指企业直接掌控终端、直面消费者来实现产品销售。“终端制胜”当前已经成为业界的共识。无论是单个企业，还是整条价值链，价值的最终源泉即为销售终端——即最后消费者。消费者是否满意是产品是否有竞争力的直接体现，同样也是决定企业，甚至整条价值链蛋糕大小的关键因素。因而，几乎所有成功的企业都能够做到掌控终端，只是掌控终端的方法各不相同。美国克莱斯勒冰箱产品售价比国内产品高出20%左右，在没有任何广告的情况下销售量却仅次于海尔排名第二，其成功的秘诀就在于真正和扎实的终端销售。三株集团在兴起之初主要靠削弱所有经销商，由企业自身掌控终端而成就其辉煌，但最后，由于对终端维护不利而招致惨败，可谓“成也终端、败也终端”。

由此可见，终端可以比喻为水，而企业则为水中舟，水能载舟亦能覆舟。终端控制法是企业拉近同消费者距离的一种方法，也是企业加强渠道建设和管理的一种有效方法。终端控制法对企业营运资金管理绩效也会产生一定的影响。

2. 终端控制法对营运资金管理绩效的影响

（1）有助于产品顺利销售。掌控终端的最初目的在于了解消费者的口味，增强消费者对产品的认可度，扩大销售收入。销售收入的增加为企业营运资金提供了稳定的来源，在营运资金占用水平不变的情况下，提高营运资金使用效率。

（2）有助于销售预测的准确性。掌控终端意味着企业与消费者能够直接接触，了解消费者的消费需求以及消费需求的各种变化，为企业进行准确的销售预测、及时修订产品生产计划、改进产品设计提供依据，这对于减少过时产品储备、加速资金周转具有至关重要的作用。

（3）有助于缩短营销渠道，加速回款。当企业取消中间分销商直接同最终消费者接触，如设立连锁销售店、直销等营销方式时，缩短产成品从企业经多级分销商再到最终消费者手中的距离，营销渠道缩短使得企业更容易对渠道进行管理和控制，掌握产成品传递速度，此外，直接面对消费者使得企业可以很容易地实现现款销售，改变其必须为分销商提供商业信用的现状，加速资金回笼，提高营销渠道营运资金周转绩效。

（四）联合库存管理

1. 联合库存管理

联合库存管理是一种在供应商管理存货的基础上发展起来的供应商与用户权利责任平衡和风险共担的存货管理模式。这种库存管理策略打破了传统的各自为政的库存管理模式，有效地控制了供应链中库存风险，体现了供应链的集成化管理思想，适应市场变化的要求，是一种新的有代表性库存管理思想。

联合库存管理的成功依赖于存货连接的供需双方以供应链整体的观念出发，同时参与，共同制定存货计划；为此，双方应该建立有效的信息沟通渠道，提高信息的透明度、共享范围和使用价值；并通过协议等方式在供应商与用户之间建立存货成本、运输成本及意外损失成本的分担机制，这样才有利于克服供应商管理库存中供应商付出多的缺陷，有利于提高供应链的同步化、敏捷化程度，成为改善企业营运资金周转绩效的重要举措。

2. 联合库存管理对营运资金管理绩效的影响

（1）减少库存点，简化库存管理运作程序。由于联合库存管理将传统的多级别、多库存点的库存管理模式转化成对核心制造企业的库存管理，核心企业通过对各种原材料和产成品实施有效控制，就能达到对整个供应链库存的优化管理，简化了供应链库存管理运作程序，从而节约相应的管理成本。

（2）消除众多物流环节，加速存货周转。联合库存管理在减少物流环节降低物流成本的同时，提高了供应链的整体工作效率。联合库存可使供应链库存层次简化和运输路线得到优化。在传统的库存管理模式下，供应链上各企业都设立自己的库存，随着核心企业分厂数目的增加，库存物资的运输路线将呈几何级数增加，而且重复交错，这显然会使物资的运输距离和在途车辆数目增加，其运输成本也会大大增加，同时，也会导致存货在途时间的延长。而联合库存管理可以有效地消除众多物流环节，缩短存货在途时间，加速存货周转。

（3）分担库存管理成本，提高企业效益。如何分担存货储存成本、运输成本以及意外损失是联合库存管理协议的重要内容，长效的成本、风险共担机制也是联合库存管理优于供应商管理库存之处。将企业与用户之间的存货储存工作合并并不意味着双方库存水平的简单相加，而是省略了双方不必要的库存水平，省略了不增值的存货运输环节，降低了供应链整体存货库存水平的同时，双方成本、风险共担也使得供应链各方所负担的存货管理成本更低，提高企业经济效益。

（4）可以更为精确地预测销售，进而及时安排生产计划。联合库存管理中，各方之间共同制定库存计划，这使得双方信息沟通更加充分，企业可以更好地了解客户产品销售状况，有助于更好地预测自身产品的销售情况，进而更加及时主动地安排生产计划，以最低的营运资金垫支低风险满足客户需求，提高营运资金周转绩效。

项目回顾

1. 营运资金管理要善于通过引领企业的业务流程再造、商业模式重构和管理体制创新，以从根本上解决资金管理的难题，而不能固步自封，就财务论财务。为此，营运资金管理应树立以渠道管理为重心的管理理念。要将营运资金管理的重心转移到渠道管理和控制上来，实施“基于渠道管理的营运资金管理”，通过企业内部的业务流程再造和跨越企业的渠道优化和整合来化解营运资金管理的难题。

2. 业务流程以及企业在供应链信用中的地位对营运资金周转绩效具有决定性的影响。具体到各个渠道，不同的商业模式、渠道组织管理机制、与不同渠道的外部利益相关者的关系会对企业营运资金管理绩效产生重要影响。

3. 本项目分渠道介绍了采购渠道供应商管理库存、供应商战略联盟、供应商整合等采购渠道营运资金管理模式；生产渠道业务流程再造、跨职能团队等生产渠道营运资金管理模式；营销渠道协同分销、客户战略联盟、终端控制法、联合库存管理等营销渠道营运资金管理模式。通过具体营运资金管理模式的学习，将进一步加深对财务、业务一体化理念的理解。

专业技能训练

1. 为应对国内运动品牌的低迷期，2012 年开始特步集团借发展电商渠道的时机，构建了一个资源库，把线下代理商的库存信息共享到公用平台中，让线下渠道和电商渠道互通库存信息，然后进行订单匹配，再就近发货。在这背后其实是后台信息系统的打通，再对线上和线下渠道拟定好合理的利益分成比例，让电商渠道和线下渠道实现整合，最终“通过信息来换取库存”。特步进一步推进“少食多餐”策略，减少订货会的订单量，在快速供应链的基础上增加新品推出频次。在特步的线下渠道的销售中，周六、周日通常占店铺一周零售销量的 40% ~60%，如果新品在周一或周二发出，周四、周五到店，就能保证每周的新款产品在最佳销售时间出现在消费者面前，同时“每周有新款”也会让消费者产生预期，经常光顾店铺，直接增加销售机会。

请思考：线上线下销售相结合已成为许多批发零售企业的业务常态，请结合特步的库存管理模式，梳理虚实营销结合模式下企业销售渠道库存管理策略。

2. 玛萨玛索是互联网上最大的男装品牌，无论是销售规模和品牌影响力，玛萨玛索用三年时间完成了传统企业 10 年的成绩。它发挥了互联网品牌最大的优势——通过用户需求反向影响供应链，使整个供应链体系效率最高，成本最低。传统服装企业最头疼的事莫过于库存。而库存的根源在于被拉长了的供应链反应迟钝。从服装的生产到用户购买，时间跨度长达 3 个月甚至半年。电子商务的优势就是最大限度缩短了用户与生产的距离，最快时间掌握用户需求。基于此，玛萨玛索尝试在系统和人为预测的基础上实现多批少量的生产。玛萨玛索的平均采购频率一年在 12 次以上。

请思考：实现以销定产是绝大多数企业在组织生产时的理想目标，请以玛萨玛索为例，梳理从缩短生产渠道周期出发的营运资金管理策略。

3. 中国的有机食品消费市场，从无到有不过十余年时间。随着城市居民生活质量的提升，在消费升级的内在驱动以及频频曝光的食品安全问题的外部刺激下，消费者对于“环保、健康”概念食品的热衷正在与日俱增。在沃尔玛、家乐福这样的大卖场，专门出售“有机蔬菜”的柜台已经开始蔚然成风，那些被用小包装塑封起来的蔬菜售价常常是普通蔬菜的数倍，但购买者仍趋之若鹜。从2005年开始，多利农庄不惜重金投入，坚持在上游筹地、自建种植基地，目前基地总体面积已经超过了万亩；在农庄有所产出之后，则“绕开菜场和沃尔玛”，自建车队、引入以冷链配送见长的合作伙伴，形成了一套较为成熟的“从田间到餐桌”的直销模式。2010年11月，多利获得了青云创投7 000万元人民币的风险投资，这意味着多利在这个挑战与希望并存的行业中将有更深厚的底气走得更远。

请思考：多利农庄的直供模式在农产品供应商中是否可以得到复制推广？这一模式对农产品供应商及大型超市营运资金管理又会带来怎样的影响？

教学设计与实践

1. 根据教学计划，针对任务一、任务二、任务三内容，进行教学设计，编写教案，制作多媒体课件等演示资源，合理组织教学过程，开展实践教学。

2. 根据项目各任务导入案例的思考要求，合理运用案例讨论方法与工具，开展讨论式教学实践。

3. 组织学生分组研讨，搜集分享各渠道不同类型从商业模式创新出发的营运资金管理模式案例，引导学生对案例进行梳理总结，加深学生对商业模式创新对营运资金管理影响的理解。

4. 选取恰当的案例，结合案例企业的背景资料，请学生为案例企业营运资金管理模式进行设计，完成案例作业。

项目六

制度创新与营运资金管理

【专业能力目标】

1. 认识管理创新与制度创新；
2. 理解通过优化利益相关者关系提升营运资金管理绩效的机理；
3. 理解通过优化利益相关者关系提升营运资金管理绩效的模式。

【职教能力目标】

1. 根据本项目的内容组成，合理进行教学设计与组织教学过程；
2. 掌握教案编写，多媒体课件制作，教学素材搜索与整理的方法；
3. 灵活掌握案例讨论、演示教授等教学方法，合理运用提问、讨论等教学手段，并在本项目教学中实施。

【项目简介】

营运资金管理是财务管理和企业管理的组成部分，除业务创新外，制度创新也是驱动营运资金管理绩效提升的重要变量。本项目从认识管理创新和制度创新开始，分析治理结构和管理体制对营运资金管理的影响，寻求通过制度创新提升营运资金管理绩效的有效途径。

【项目分解】

根据项目内容，本项目可分解为如下任务：

任务一：管理创新与制度创新；

任务二：利益相关者视角的营运资金管理；

任务三：优化供应商关系的营运资金管理模式；

任务四：优化客户关系的营运资金管理模式。

任务一　管理创新与制度创新

任务目标

1. 理解企业与利益相关者的关系；
2. 理解企业制度；
3. 理解混合所有制与资本管理。

导入案例

京东公司（以下简称京东）自1998年在北京中关村成立以来就因其高速成长而备受瞩目：2004年初涉足电子商务领域，开通多媒体网；2006年开通产品博客系统；2007年更名京东商城，以全新的面貌屹立于国内B2C市场；2008年完成3C产品的全线搭建，成为名副其实的3C网购平台；2009年获得外部注资，尝试特色上门服务；2010年开通全国上门取件服务，实现向综合型网络零售商的转型；2011年启动移动互联网战略，上线包裹跟踪（GIS）系统，开创电子商务行业全新的整体服务标准；2012年全面开放京东商城系统；2013年更名京东，实现去商城化；2014年在美国纳斯达克市场挂牌交易，成为中国第一个赴美上市的大型综合型电商平台。目前，京东集团旗下设有京东商城、京东金融、拍拍网、京东智能、O2O及海外事业部，业务涉及电子商务、互联网金融、云计算等多个领域。

自成立以来，京东不断开拓市场、组建并完善在线平台、深化并拓展业务空间，业绩连年增长、市场认可度逐年提升，品牌价值快速增长。根据Wind数据库资料，京东2011年、2012年、2013年、2014年的营业收入分别是211.3亿元、413.8亿元、693.4亿元、1 150.0亿元，2012—2014年同比涨幅分别为95.85%、67.57%和65.85%。京东的招股说明书显示，截至2013年9月30日，京东拥有3 580万活跃用户、1.8万名快递员，在全国34个城市设有仓储中心，在460个城市建立了1 453个快递站，订单总量达到2.117亿。目前，京东SKU数量达到3 150万。2015年第一季度京东在中国自营式B2C电商市场的占有率高达56.3%，成为中国最大的自营式电商企业。

案例思考：京东迅速成长的秘诀是什么？

任务解构

一、企业及其利益相关者

大到一个国家，一个地区，小到一个企业、一个单位，都面临着如何科学发展的共同命题。而在阻碍科学发展的种种矛盾之中，最为突出的就是利益矛盾。要解决这一矛盾，就必须识别该主体的利益相关者，并进一步区分内部和外部利益相关者，从而处理好内部利益相关者相互之间的利益关系和主体与外部利益相关者之间的利益关系。

在企业理论中，企业目标同样是各种理论分歧的焦点。传统企业理论追求的是股东价值最大化，强调企业所有者最终价值之外的东西将会淡化企业的经营重点，导致低效率的回报和资源的浪费，而且通常也无法对股东的期待作出应有的努力。与股东价值论不同，利益相关者理论则追求企业价值或利益相关者价值最大化。

企业是一种社会建构。如同世界上没有完全相同的两个个人一样，世界上也不存在两个完全相同的企业，每一个企业都具有自己的个性化特征。企业的价值或目标取向、所有权归属、注册时间及注册地、法律形式、所处行业、经营范围、规模大小、技术水平、商业模式等都是我们通常用来识别和分析企业个性化特征的常用维度，但使用任何一个维度都难以独一无二地定位于某个特定企业，并同时揭示出企业的本质特征，而同时使用这些维度去识别企业又会使企业个性化特征的识别不胜其烦。事实上，上述各种标识都可以归结为两个方面，即：（1）企业的建构者或所有者是谁？企业与其建构者之间的联系是什么？企业的价值或目标取向、所有权归属、法律形式等都与该项标识相关；（2）企业的边界在哪里？作为社会成员的企业与其他社会成员的联系是什么？企业所处的行业、经营范围、规模大小、技术水平、商业模式等都与该项标识相关。但是，这两个方面也正是企业理论和相关理论研究目前普遍面临的问题，即：（1）企业的利益主体及其目标导向，其核心是企业的所有权归属；（2）企业客体边界或经营边界的界定。而传统的企业理论要么未直接回答这些问题，要么对这些问题的解释已不能适应时代发展和进步的要求，显得捉襟见肘。受制于传统企业理论的局限，传统企业财务和资金管理理论在这两方面的局限性日益明显。因此，企业财务和资金管理的创新首先需要有创新的企业管理理论指导。

二、利益相关者集体选择企业理论

由于企业利益相关者众多，而利益相关者之间的利益又存在着矛盾和冲突，因此，笼统地提利益相关者价值最大化可能导致目标具体实施的困难，在进行利益相关者理论的实证研究和应用推广时几乎寸步难行。事实上，利益相关者可以从多个角度进行细分，不同类型的利益相关者对于企业管理决策的影响以及被企业活动影响的程度也是不一样的。因此，为了使利益相关者价值最大化作为企业目标时能具有更为清晰的目标定位，我们可以对利益相关者进行适当的分类。

虽然对利益相关者进行分类的研究已有不少，但这些分类方法都难以在企业目标上对企业作出细分。不论是查克汉姆的分类方法，还是克拉克逊以及威勒和西兰琶的分类方法，概莫能外。事实上，每一个企业的具体目标都是由其利益相关者选择的结果，因此，可以按照利益相关者是否参与企业目标的选择对利益相关者进行分类，并在此基础上进一步对利益相关者价值进行界定。

王竹泉（2006）指出，企业的本质实质上是利益相关者的集体选择。根据是否参与集体选择，可以将企业的利益相关者划分为内部利益相关者（或企业的所有者）以及外部利益相关者两部分。内部利益相关者或所有者是参与企业契约集体选择的那些利益相关者，外部利益相关者是除内部利益相关者之外的其他利益相关者。内部利益相关者的集体选择决定了企业的所有权归属，企业的目标是实现内部利益相关者共同利益的最大化。

王竹泉、杜媛（2012）进一步提出了“利益相关者集体选择的企业理论”：企业是利益相关者集体选择的产物，是企业契约选择者的集体选择达到的一种可接受的均衡状态。如果把企业视为利益相关者的集体选择，则企业的形成需要经过两个层次的集体选择：第一层次集体选择的参与者是所有可能的利益相关者，选择的内容是是否参与企业契约的签订，选择的结果将决定企业所有权主体的边界。第二层次集体选择的参与者是企业的所有者，选择的内容是企业控制权和剩余分享权在所有者之间的分配，选择的结果将决定企业所有权的行为边界，两个层次的集体选择共同决定了企业的所有权边界。不论是第一层次的集体选择还是第二层次的集体选择，其能够达成均衡状态的约束条件是参与选择者的个体理性和集体理性同时得到可接受程度的满足，而只有当某种组合的利益相关者集体选择在两个层次的集体选择中同时存在均衡状态，这种组合的利益相关者所组建的企业才能形成。要使参与集体选择的利益相关者的个体理性和集体理性同时得到满足，其蕴含的基本思想是合作共赢。即：集体选择不仅增进了集体福利，而且增进了每一个参与者的个体福利。利益相关者合作企业的核心和生命力在于能否实现合作共赢。

三、利益相关者集体选择企业理论对混合所有制的解释

“利益相关者集体选择的企业理论”可为许多领域的研究提供新的视角和理论支持：（1）企业所有权和公司治理研究；（2）企业内部控制的研究；（3）企业业绩评价和价值管理研究；（4）企业社会责任研究；（5）企业财务报告改革研究；（6）企业会计政策选择研究；（7）企业财务理论创新研究等。

利益相关者集体选择理论是在对企业契约理论和所有权理论的合理扬弃基础上提出的，其拓展到利益相关者的视角可以弥补传统企业理论股东至上导向的不足，因此，可以具有更广的适应性。

依据利益相关者集体选择理论对企业所有权的解释，企业是企业契约签订者之间的一种集体选择，企业的所有权归属于企业契约的签订者。如果我们将企业契约的签订者称之为内部利益相关者，而将与企业签订交易契约的主体称之为外部利益相关者，则更准确地说“企业是内部利益相关者的一种集体选择”。由于集体选择是至少两个以上主体的行动，因此，企业内部利益相关者至少由两个以上的主体组成。又由于企业的所有权是由参与集体选择的内部利益相关者共同享有，因此，可

以说每一个企业的所有权都是由两个以上主体共同拥有的，其本身就是一种混合的所有权。

但仅仅是两个以上主体共同享有企业所有权并非混合所有制的要义。但混合所有制也绝非仅指国有资本与民营资本的混合。Coleman 认为，每个自然人都会面对三种资源或资本：物质资本（土地、货币以及其他存在于工具、机器等生产设备之中的资源）、人力资本（体力和智力）和社会资本。而这些资本都可以在特定时间、特定空间成为特定企业生存和发展所需要的关键资源。提供这些资源的利益相关者也据此可能成为企业的内部利益相关者，从而享有企业所有权。将资本形态拓展到人力资本、社会资本的范畴而不仅仅停留在物质资本的范畴上讨论企业的所有权是企业理论的发展和进步，但是，现有的研究却忽视了一个最为关键的问题，就是每一个企业其实都是这三种资本形态的资本的融合体，而不是表面上所表现出来仅是其中一种形态的资本独享所有权或两种形态资本的所有者共享所有权。现有研究最大的缺陷在于对每一个企业中均必不可少、并由政府投入的社会资本视而不见，忽视了政府作为企业当然所有者的地位。不管是在西方还是在中国，政府都“天然”被排除在企业之外。

事实上，政府是一类特殊的社会资本所有者。按利益相关者集体选择企业理论，每一个企业都是一个混合所有制的组织，是由投入社会资本的政府和其他资本投资者的一种集体选择。混合所有制是所有企业的共同特征。即使传统意义上的独资企业，也是一个由政府和业主共享企业所有权的一个混合所有制的组织，世界上并不存在一个纯粹意义上的独资企业。需要特别强调的是，这里的混合不仅包括不同投资主体投入资本的融合，而且包括同一主体投入的不同形态资本的混合。在利益相关者集体选择企业理论看来，传统意义上的国有独资企业是拥有社会资本所有权的政府以其投入的社会资本和其投入的物质资本的混合。

既然混合所有制是每一个企业的共性特征，那么每一个企业的个性又如何体现呢？企业不是天生就存在的，而是后天产生的，是人为构建的结果。如同世界上没有完全相同的两个个人一样，世界上也不存在两个完全相同的企业，每一个企业都具有自己的个性化特征。但是，如果不承认政府作为社会资本投入者在企业中享有的所有权，我们可能无法辨识许多企业的差别究竟在哪里。例如同一个投资者甲在 A、B 两个不同的国家或地区投入相同的货币资金分别组建一个企业，在不考虑政府作为社会资本投入者享有所有权的情况下，这两个企业是没有差别的。但是，在考虑了政府作为社会资本投入者享有所有权的情况下，这是两个完全不同的集体选择，在 A 国或地区设立的企业是甲与 A 国或地区政府的集体选择，该企业是由甲与 A 国或地区政府共享所有权的组织，而在 B 国或地区设立的企业是甲与 B 国或地区政府的集体选择，该企业是由甲与 B 国或地区政府共享所有权的组织。

四、利益相关者集体选择企业理论与资本管理

“利益相关者集体选择企业理论”为创建“以内部利益相关者为财务主体、以

广义营业活动（包括投资活动、筹资活动和经营活动）为财务边界、以广义资本（包括财务资本、物质资本、知识资本、网络资本或社会资本）的配置和运用为研究对象”的新型企业财务理论奠定了基础。

为了实现内部利益相关者共同利益最大化的目标，每一个企业都必须开展自己的营业活动。狭义的营业活动仅指经营活动，而没有将投资、筹资等活动包括在内。从利益相关者视角来看，企业营业活动的边界是由企业与其外部利益相关者之间签订的交易契约决定的，涵盖了一切与实现内部利益相关者共同利益最大化有关的活动。而所有这些活动的开展都需要运用资金，也需要筹措相应的资金。每一个企业不仅需要从内部利益相关者处筹措资金（通常为权益资金），而且也需要从外部利益相关者处筹措资金（通常为债务资金）。资金管理包括资金运用和资金筹措两方面，它是衔接企业目标和营业活动的纽带。资金管理为营业活动的开展和企业目标的实现提供条件支撑，离开了资金管理，企业的营业活动无法正常开展，企业目标也就无法实现。企业目标为资金管理提供了目的导向，营业活动则为资金管理提供了边界约束。

同样，根据利益相关者集体选择企业理论，混合所有制的本质是利益相关者的资本管理，是政府和其他形态资本的所有者将多种形态的资本进行融合从而形成企业的自有资本的过程。在此基础上，企业混合所有制改革对企业绩效的作用机理可以从以下两个方面来理解：（1）每一个企业都是多种形态资本所有者共同享有企业所有权，不同形态资本所有者在企业中的所有权关系属于生产关系和上层建筑的范畴，因此，企业混合所有制改革首先可以通过优化企业所有权结构实现企业治理结构的优化，进而通过改进生产关系实现企业生产力的提升；（2）资本规模和资本结构是决定企业生产力高低的物质基础，而每一个企业的资本都是多种形态资本所有者投入的不同形态资本的集合，因此，企业混合所有制改革可以通过优化资本配置，实现不同所有者的资本以及不同形态的资本的优势互补，从而改善企业生产力的物质基础，提高企业的生产力。

任务二　利益相关者视角的营运资金管理

任务目标

1. 理解利益相关者关系影响资金管理的机理；
2. 理解基于内部利益相关者的资金管理策略；
3. 理解基于外部利益相关者的资金管理策略。

导入案例

戴尔公司通过一整套供应商遴选、认证、考核制度，建立了严密的供应商网络，公司95%的物料来自这个供应网络，其中75%来自30家最大的供应商，另外20%来自规模略小的20家供应商。戴尔公司与供应商没有中间商的阻隔，客户需求可以迅速反馈给供应商，以便后者据此调整供应策略。许多长期合作的供应商都与戴尔建立了战略联盟关系，不仅在戴尔生产基地附近直接建厂以减少零部件运输环节，而且还提供商业信用的支持。通过与供应商的战略联盟，使得戴尔能够在迅速、准确获得符合标准的零部件同时，有效缩短生产周期，降低存货占用水平，并实现负营运资金的良好效果。

案例思考：供应商关系是如何影响营运资金管理绩效的？

任务解构

一、利益相关者关系影响资金管理的机理分析

传统企业以股东财富最大化为目标，与之相对应的企业财务和资金管理是追求自利的增收节支，这种增收节支甚至不惜以损害利益相关者的利益为代价。显然，这样的财务精神难以实现企业的可持续发展。从利益相关者企业管理理论来看，内部利益相关者共同利益的最大化不能靠外部利益相关者利益最小化去实现，而必须通过企业与外部利益相关者之间的合作共赢去实现。体现到企业财务和资金管理上，与利益相关者合作共赢的新财务精神不仅可以在资金筹措方面充分发挥外部利益相关者的作用，积极拓展企业的融资渠道，而且可以在资金运用方面打破企业的界线，跨越企业优化资金配置，提高资金运用效率。因此，良好的利益相关者关系将会在降低企业营业活动资金需求的同时，大大提高企业筹措资金的能力，从而使企业财务和资金管理步入良性循环。为此，打破财务与业务之间以及部门、企业之间的界线，跨越企业边界与利益相关者开展合作和协同创新，将会成为企业财务和资金管理的必然选择。

现代企业管理实践中的许多做法都已充分体现出这种新财务精神的魅力所在。比如说，传统的资金管理认为存货储备是必不可少的，存货管理只能通过经济订货量模型和再订货点模型去控制存货上的资金占用，要实现零存货简直就是异想天开。但是，现在很多企业通过与供应商的战略性合作却轻而易举地实现了零存货，根本不需要再去计算什么经济订货批量，也不必再去核定什么再订货点，所有这些问题都由供应商管理库存的模式解决了。通过这种管理模式的变革，通过跨越企业边界与供应商的合作，零存货的问题迎刃而解。

随着经济全球化的深入，在全球视野中整合优化产业链已成为各国企业的普遍选择。企业财务和资金管理不仅要思考如何满足企业优化整合产业链的资金需求，更要深入思考如何通过产业链的优化整合解决企业财务和资金管理的难题。在信息

技术和网络经济高度发达的今天，与利益相关者合作共赢的新财务精神的实现途径就是促进企业与利益相关者之间的信息共享和资源共享。与供应商、客户等利益相关者之间的信息共享可以降低需求的不确定性从而减少过早、过多的资金占用，减少业务流程各环节之间不必要的等待时间并实现业务流程的并行化运作，从而加快资金周转；与利益相关者之间的资源共享则不仅可以降低企业的资金需求，而且也可以拓展企业的融资渠道，并提高企业的信用水平，从而增强企业的资金筹措能力。因此，与利益相关者合作共赢的新财务精神将会对企业财务和资金管理产生革命性的影响。

从利益相关者视角的资金管理来看，资金管理策略可以区分为基于内部利益相关者的资金管理策略（或称内源式策略）和基于外部利益相关者的资金管理策略（或称外延式策略）两大类。每一类的策略均可再分为资金运用策略、资金筹措策略、资金运用与资金筹措并举策略。

二、基于内部利益相关者的资金管理策略

（一）基于内部利益相关者的资金运用策略

主要是在不显著改变企业的筹资规模和结构的前提下通过资本运作、资产重组（如资产置换）、资本投向和经营范围调整、经营方式（租赁、外包、补偿贸易等）和商业模式变革、管理体制创新（如资金集中管理与现金池）等战略性举措来优化资金配置结构（包括经营活动的资金运用与投资活动的资金运用的比例以及它们各自内部组成部分的比例），提高资金运用效率。由于上述举措通常都属于具有战略意义的重大决策范畴，必须取得内部利益相关者（即所有者）的批准方可实施。因此，这类资金管理策略的设计必须以内部利益相关者满意为前提。

1. 加强资本运作

资本运作是指利用资本市场，通过买卖企业和资产而获利的运营活动，分为资本扩张与资本收缩两种模式。对企业的买卖必然意味着企业的重新组建，即由并购企业的所有者与被并购企业的所有者进行集体选择，以重新确定选择企业契约的内部利益相关者。并购或重建企业契约的目的已不单纯是传统的横向并购和纵向供应链整合等，以吸收新型资本和经营战略调整为目的的资本运作越来越普遍，这将战略性地决定企业的资金投向和资金运用结构，并对企业资金管理产生深远的影响。

2. 经营方式和商业模式转型

随着信息技术和市场经济的飞速发展，战略投资者股东开始选择新型的经营方式、商业模式，它们也成为影响企业资金管理的重要方式。例如，外包是为维持企业核心竞争能力而将非核心业务委派给企业外的专业公司运作，以降低企业运营成本的经营方式。通过外包，企业可以以较少的运营资金发挥其较高的创值能力，以获得资金最大的运作价值。例如，国美、苏宁等企业通过建立网上商城，以辐射面更广的虚拟网络代替了部分实体商场，甚至大批中小型企业直接将其实体店转型为网店，该商业模式转型大大节省了企业运营所需的资本投入和存货、人员工资等流

动资金。

3. 资金管理体制调整

股东与经营者之间在投融资决策权的分配上是相对集权还是相对分权，将影响企业的资金管理体制，并直接影响企业资金管理的效率。在企业集团中，资金集中管理虽然有助于整个企业集团的战略运营，但也可能对各子公司的运营产生冲击；而当股东赋予经营者较大的经营、投资决策权时，经营者应对市场变化的灵敏性和及时性将大大提高。因此，企业应与时俱进，根据经营和环境的变化适时调整资金管理体制。

（二）基于内部利益相关者的资金筹措策略

主要是在不显著改变企业的资金运用规模和结构的前提下通过扩充内部利益相关者的资本投入、引入战略投资者、内部利益相关者为企业增信（如股东为企业融资提供担保、股权质押等）等举措，优化企业资金筹措结构，提高企业资金筹措的质量（权益资金对营业活动资金需求保障的持久性和稳定性优于债务资金）。同样，由于上述举措都属于具有战略意义的重大决策范畴，也必须取得内部利益相关者（即所有者）的批准方可实施。因此，这类资金管理策略的设计也必须以内部利益相关者满意为前提。

1. 丰富和扩充权益资本的来源

过去我们对资本的理解仅限于物质资本和财务资本。十八届三中全会提出的“要紧紧围绕使市场在资源配置中起决定性作用深化经济体制改革”和“让一切劳动、知识、技术、管理、资本的活力竞相迸发，让一切创造社会财富的源泉充分涌流”的要求，为企业创新权益资本的筹措途径指明了方向。企业的本质是利益相关者的集体选择，除了物质资本和财务资本以外，企业应创造条件让拥有技术资本、智力资本、社会资本的所有者加入到企业契约的集体选择之中，成为企业的所有者，从而让其他形态的资本也可以成为企业的权益资本，借以丰富和扩充权益资本的来源，为企业的发展壮大提供源源不断的资本支持。例如，2009 年 6 月，亚威朗光电（中国）有限公司的发起人以其评估价格为 1.4 亿元的两项核心技术作为注册资本，大大节省了企业的资金投入，并为公司开启了新的经济活动。

2. 积极引入战略投资者

战略投资者是指持股量大且稳定，在技术、管理、客户、供应商等资源上能给被投资公司带来直接帮助的境内外大企业、大集团。上市公司可通过定向增发、非上市公司则可通过集体选择引入战略投资者。积极引入战略投资者不仅可以增加企业的权益资本，而且其影响力和公信力会带动其他投资者对企业的资本投入，并能够帮助企业追求长期战略地位，促进其产业结构升级，增强企业长远发展能力。

3. 充分利用股权质押与股东担保

近几年，股东以其股权进行质押或股东直接担保以帮助企业获得贷款成为一种新的融资方式。例如，2010 年，南国置业（002305. SZ）以全资子公司为主体，通过江西国际信托发行两年期股权信托，同时由公司控股股东许晓明所持限售流通股

9 000 万股提供质押担保协助公司完成融资。2013 年 10 月，山东迪浩耐磨管道有限公司与齐商银行达成股权质押融资协议，通过 600 万股权质押，获得银行贷款 500 万元。

（三）基于内部利益相关者的资金运用与资金筹措并举策略

该类策略同时涉及企业的资金运用和资金筹措的规模或（和）结构的显著性改变，如通过内部利益相关者增加投入支持企业的重大战略性调整，内部利益相关者将优质资产或战略性新兴业务注入企业，以及企业利用技术、品牌、渠道等优势与内部利益相关者再合资设立新企业等。这类资金管理策略的设计更需要以内部利益相关者满意为前提。

三、基于外部利益相关者的资金管理策略

（一）基于外部利益相关者的资金运用策略

主要是在不显著改变企业的筹资规模和结构的前提下通过与外部利益相关者的资源共享、信息共享等措施来优化资金配置结构（包括经营活动的资金运用与投资活动的资金运用的比例以及它们各自内部组成部分的比例），提高资金整体运用效率。如通过供应商管理库存降低存货占用水平，通过业务外包或合作经营等方式优化资金的配置结构，通过与银行合作开发企业网银或现金池、票据池等降低闲置资金的规模，通过与银行合作开发应收账款保理业务、回购担保销售业务等降低应收账款占用水平，通过特许经营、专卖店等与客户合作的方式降低企业营销活动中的资金占用，提高资金的运用效率。当然，这些资金管理举措只有让参与合作的外部利益相关者获得满意才具有可持续性。

以银行等外部利益相关者为例，银企合作的资金运用策略可以有：

1. 现金池与票据池

现金池、票据池是银行为协助企业有效运用资金与企业共同采取的管理策略。现金池可实现不同法人实体账户间资金转移。银行每天通过定时将子公司资金上划现金池账户实现集团的收款；子公司付款时以一定额度为限进行透支，银行每日结账时将现金池账户资金划拨到子公司账户以补足透支金额。通过现金池既能汇总集团的资金以提高管理效率，又加强了对子公司的资金管控。而票据池则是直接将企业所有票据业务交由银行管理，一方面能极大地降低大型集团客户的票据业务工作量，以提高票据管理效率；另一方面银行可根据质押票据等情况授予企业融资额度或办理相关融资融信业务，使得非现金的应收票据具备了贴现等能力，使票据能给企业供血，在保持较少现金持有量的同时降低其流动性风险。

2. 网上银行

目前，网上银行能为中小企业、集团企业、行政事业单位等主体提供账户管理、收付款业务、集团理财、贷款等多种服务。通过网银，企业可以有效开展多种业务，银行对企业的业务发展也更加深入。目前，网银已成为电子商务的有力支撑，京东、阿里巴巴、苏宁等企业的网上商城都依赖网银完成收款业务，并借助网银拓展了零

钱宝、易付宝等新的业务范围。

（二）基于外部利益相关者的资金筹措策略

在企业全部的债务资金中，除向银行、债券持有人等举借的金融性债务外，还包括了在营业活动中形成的对供应商、顾客、经营者、员工、政府等外部利益相关者的营业性债务。但是，以往我们对资金筹措的认识一般仅限于权益资金的筹措和金融性债务资金的筹措，而很少将营业性债务资金考虑在内。在与利益相关者合作共赢的新财务理念指引下，营业性债务资金的有效利用将成为企业重点开发的新领域。

基于外部利益相关者的资金筹措策略正是在不显著改变企业的资金运用规模和结构的前提下通过与外部利益相关者的资源共享、信息共享等改变资金筹措结构，充分发挥营业性债务的业务融资功能，降低有息债务资金的比重。例如充分利用供应商的商业信用，增大应付款项、应付票据融资力度，充分利用客户的预收款、充分发挥客户应收票据质押的融资功能以及充分利用政府的支持政策争取政府的资金支持等。当然，这些资金管理举措也只有让参与合作的外部利益相关者获得满意才具有可持续性。

以银行等外部利益相关者为例，企业的债务资本具有杠杆作用，即以较低的利息支付成本换取较高的利润，有较高价值创造能力的企业多愿意采用债务资本筹资。债权人提供了企业发展所需的债务资金，通过还本付息的交易契约成为外部利益相关者。债权人之所以愿意接受较低的利息收入是以按债务契约约定的按时还本付息为条件，借款企业必须获得债权人对还本付息约定的充分信任才能得到贷款，该信任取决于企业自身的信用、抵押品、担保等。而这些条件的缺乏正是急需银行贷款的中小企业不能获得贷款的根本原因。因此，企业应设法增加银行对自己的信任以获得银行增贷、增信。同时，企业也应与债权人（主要是银行）合作以设计提高资金管理效率的新方案。具体策略如下：

1. 对下游经销商的保兑仓金融

该方式实质是借助供应链上核心企业的信用来增强中小企业的信用。它以生产厂商为核心企业，基于实际供销关系，由经销商向商业银行申请融资并获得授信，银行提前预付账款给核心厂商，经销商将厂商出具的提货单质押给银行，有了销售收入后以分次向银行还款的方式分次向厂商提货，完成交易和还款。对于经销商而言，直接凭借销售收入从银行换取提货单并向厂商提货，不需要储存存货，节省了存货资金占用；而对于核心厂商而言，在预收了经销商的购货保证金后也可放心地按经销商的订单生产，减少了在产品数量，降低了营运资金占用。

2. 存货质押、回购担保融资和应收账款质押融资

在存货质押中，物流企业受银行委托对货物进行有效监管，使质押存货的实际控制权转移至银行。借款企业则一方面盘活了在途存货资金，以更高的存货周转率来弥补存货质押所损失的利息；另一方面稳固了与银行和物流企业的深度合作。另外，在大型设备行业应用较多的回购担保融资也是一种吸引银行增贷、增信的策略。

回购担保融资由银行、卖方和买方三方签订合作协议以便为买方融资，它可以理解为卖方有条件的担保行为，这样既有助于买方用较少资金采购大宗货物，实现杠杆采购，又有利于促进卖方销售，加速资金回笼。例如，2010 年 6 月青岛软控股份就为其全资子公司的产品销售向客户提供融资租赁业务的回购担保，并于 2013 年 7 月按合同约定履行了回购义务。应收账款质押融资的本质是企业牺牲部分利润以换取运转资金，同时也可借助银行的参与缓和与下游顾客的债权债务关系，维护供应链稳定、加强银企合作。应收账款保理是应收账款质押融资的一种新方式。目前，我国的中农工建交五大银行和招商、中信、民生、平安等银行都已开展国内应收账款保理业务。

3. 集群融资模式或组团增信模式

集群融资是指一组中小企业（五家以上）通过股权或协议建立集团或联盟，即增信小组，各家提供一定比例的担保基金，同时也仅承担相应金额的担保责任，剩余风险则由某担保公司或地方政府承担，由此集群企业可互相帮助获取银行信贷资金，主要包括中小企业集合债券、集群担保融资、团体贷款等几种形式。这种金融创新实质是将中小企业个体的信用组合成一个共同的担保体系，从而提升集群中所有企业的信用能力，通过合力减少了银企间的信息不对称，降低了融资成本。例如，天津市东丽区多家中小企业，在区政府协助建设的“投保贷”一体化融资平台帮助下，通过组团增信，使其中的单个企业能迅速获得几百万银行贷款。

（三）基于外部利益相关者的资金运用与资金筹措并举策略

该类策略同时涉及企业的资金运用和资金筹措的规模或（和）结构的显著性改变。如与供应商构筑战略联盟关系，不仅由供应商管理库存，而且供应商同时向企业提供商业信用；向银行、债券持有人等举债支持企业的重大战略性调整；利用技术、品牌、渠道等优势与供应商、客户、金融机构等合资设立新企业等。这类资金管理策略的设计更需要以外部利益相关者满意为前提。

任务三　优化供应商关系的营运资金管理模式

任务目标

1. 理解供应商关系对营运资金管理的作用机理；
2. 理解优化供应商关系的营运资金管理模式设计。

任务解构

随着信息技术的广泛应用和经济全球化的深入，市场竞争已经从个体企业之间的竞争转变为全球供应链之间的竞争，世界分工日益向精细化方向发展，迫使企业集中精力于具有核心竞争力的业务，而将其他业务通过对外采购或外包的方式来完成。企业与供应商（含外包方）之间的合作关系不仅成为企业核心竞争力的重要决定力量，而且对企业的资金管理也产生了深远的影响。对供应商关系视角的资金管理策略进行分析和总结，对于进一步加强企业资金管理具有重要的实际意义。

一、供应商关系视角下资金管理策略的作用机理

（一）供应商关系会影响企业与供应商之间的资源共享，从而影响企业的存货占用水平

供应链上的各节点企业为了应对持续变化的商业环境，保障生产的正常进行、降低断货风险，需要留有一定量的存货。供应商可以通过交货反应速度和交货质量两个方面影响企业的存货占用水平。一方面，选择交货速度快、生产能力强、能与企业保持密切合作关系的供应商，能保证企业订单准确、及时的交付，企业在保证一定机动性的基础上可以降低存货的存储量，降低存货资金占用水平；另一方面，供应商提供的产品质量与性能会对企业的制造、销售、售后退回环节中的存货占用水平产生系统性影响。邀请供应商参与企业前期产品研发设计或与供应商合作改善产品质量和性能，就可以降低企业存货存储种类，提高生产效率和产品市场竞争力，降低采购、生产、销售环节的存货占用水平，加快存货转化为销售现金的速度，提高资金利用效率。

（二）供应商关系会影响企业与供应商之间的业务流程，从而影响不创造价值作业的资金占用水平

企业的资金流动依附于供应链的业务流程，不同的供应商关系将直接影响供应链业务流程，从而对企业的资金使用效率产生影响。在整个供应链业务流程中，所有的作业可以区分为创造价值的作业与不创造价值的作业，对于不创造价值的作业应尽量减少直至完全消除。在企业的采购环节，货物运输与存储都属于不创造价值的作业，企业与供应商之间的资源共享将有助于减少或消除这些不创造价值的作业，从而降低不创造价值作业的资金占用水平，提高资金使用效率。

（三）供应商关系会影响企业与供应商之间的信息传递，从而影响经营活动资金周转期

供应链中的信息流包括产品需求、订单传递、交货状态及库存信息等。现代供应链管理通过 IT 技术，建立完善的信息系统，将供应链中的信息与合作伙伴实时共享，从而有助于物流、资金流运转的加速，缩短经营活动资金周转期，达到节约资金、提高资金使用效率的目的。

（四）供应商关系会影响企业的融资能力和融资结构

首先，利用供应商提供的商业信用可以提升企业经营活动资金筹措能力。企业从购买原材料到制造出产成品、到实现销售、再到收回现金需要一定的时间，在收到销售带来的现金之前企业采购原材料需要垫付资金给供应商。企业通过向供应商赊购商品，可以延迟付款时间，缓解资金压力，供应商为企业提供的信用周期越长、

金额越大，就越能缓解企业经营活动资金筹措的压力。其次，良好的供应商关系可以为企业提供增信支持，如供应商提供担保和企业以预付款质押融资等。最后，企业与供应商之间的战略合作关系还可能使供应商成为企业的战略投资者，为企业股权筹资提供来源。特别是在供应商主导的供应链中，供应商成为整条供应链的推动者，为了控制终端客户市场，保持市场敏感性，获得高额利润，资金实力雄厚的供应商会向下游客户企业延伸，对客户企业进行股权投资，供应商投资可能成为企业重要的股权筹资来源。

二、供应商管理库存策略与案例

供应商管理库存策略在许多行业中都有应用，它是一种通过企业与供应商的资源共享改进资金管理的新兴策略。以宝洁公司为例，宝洁公司运用供应商管理库存的方式对价值低、用量大、占用存储空间不大的材料进行管理。

宝洁公司与供应商共同分享库存信息，一起确定供应商订单业务处理过程所需要的信息和库存控制参数，建立基于标准的托付订单处理模式，最后把订货交货和票据处理各个业务处理功能集成在供应商那边。以宝洁公司广州黄埔工厂为例，黄埔工厂采取供应商管理库存策略，宝洁公司的采购提前期由 81 天缩短到 11 天，原材料库存由 30 天减少到 0。宝洁公司的做法大大消除了企业与供应商在库存管理方面的重复作业，一方面供应商可以按单生产，不需要预留多余库存，另一方面，宝洁公司也降低了原材料的采购成本和采购周期，提高了经营的灵活性，大大降低了存货占用水平，提升资金周转效率。

三、采购流程整合策略与案例

企业与供应商之间的业务流程再造集中体现在企业的采购流程中。因此，与供应商合作，对企业的采购流程进行整合，必将对企业的资金占用水平和资金使用效率产生显著影响。

沃尔玛公司在商品采购中排除一切中间商，直接与其筛选的战略供应商进行合作，并通过庞大的信息系统实现沃尔玛、供应商、第三方合作物流公司间的信息共享，从而实现了采购流程的整合。供应商可以根据系统信息，调整自身的生产计划，自助下单，管理库存，有效降低库存占用水平；沃尔玛、供应商、第三方物流公司可以实时监控在途物资运输状况，准确对接货物，合理安排供货、销货时机，加速物流运转速度；沃尔玛、供应商可以通过系统简化结算流程，加速资金运转。此外，通过超级供应商联网板块，沃尔玛公司可以与宝洁公司等有实力的供应商有效对接，充分利用供应商的销售网络及时补货，并由供应商管理库存，实现零库存。

四、与供应商构筑战略联盟策略与案例

企业控制供应商数量、提高供应商集中度，可以与供应商加深合作，提高采购效率，降低存货占用水平，并获得供应商在资金融通、商业信用等方面的额外支持，

从而提升融资能力与资金使用效率。戴尔公司通过一整套供应商遴选、认证、考核制度，建立了严密的供应商网络，公司95%的物料来自这个供应网络，其中75%来自30家最大的供应商，另外20%来自规模略小的20家供应商。戴尔公司与供应商没有中间商的阻隔，客户需求可以迅速反馈给供应商，以便后者据此调整供应策略。许多长期合作的供应商都与戴尔建立了战略联盟关系，不仅在戴尔生产基地附近直接建厂以减少零部件运输环节，而且还提供商业信用的支持。通过与供应商的战略联盟，使得戴尔能够在迅速、准确获得符合标准的零部件同时，有效缩短生产周期，降低存货占用水平，并实现负营运资金的良好效果。

另外，对于制造企业而言，关键零部件的质量对产品整体性能至关重要，企业联合零部件供应商对其质量进行改造提升，一方面能有效降低废品率，改善工艺流程，加快产品销售速度，降低企业在采购环节、制造环节、销售环节的存货存储量，降低存货资金占用水平；另一方面还可提升产品的市场竞争力，间接缩短应收账款回收期，有效提升资金周转效率。例如，一汽解放汽车有限公司无锡柴油机厂（简称一汽锡柴）2013年联合供应商采取一系列措施推进供应商产品质量与整体运营能力的提升：首先从设计、制造、服务、使用四个维度对采购件质量进行改造，并对采购件专线开展年度现场再评价，推进专线运行体系再提高，同时帮助提升供应商管理能力，并对核心供应商进行量化绩效考核。一汽锡柴通过与供应商的战略合作，降低了供、产、销环节的存货占用水平，加速了资金周转，提高了流动资产周转率等资金管理绩效指标。

五、供应链金融策略与案例

供应商关系视角下的资金管理策略不仅包括企业与供应商之间合作共赢的资金管理策略，而且应该包括企业、供应链以及银行等金融机构三方乃至多方合作共赢的资金管理策略，即供应链金融策略。

供应商在供应链中处于主导地位的情况下，企业应充分利用供应链金融获得增资、增信的效果。例如，2008年12月12日，潍坊市华东橡胶有限公司与其供应商青岛软控股份有限公司、中国光大银行青岛正阳路支行签署相关协议，协议规定青岛软控公司为华东橡胶公司向银行贷款购买有关产品提供回购担保，回购担保金额不超过人民币1 500万元，期限两年。此回购担保协议的签订实现了供应商、企业、银行三方的共赢。一方面，促成了青岛软控公司产品销售的实现以及应收账款的回收；另一方面，提高了华东橡胶公司的筹资能力，保障了华东橡胶公司从银行顺利获得贷款，为其购买青岛软控公司的产品实现生产设备的更新换代提供了有力的资金支持。而银行也扩展了贷款业务，并控制了贷款风险。

企业在供应链中处于主导地位的情况下，供应商往往资金实力不足，需要企业先垫付资金才能开始生产，但垫付资金显然又加大了企业的资金压力。如果企业能够以在供应链中的主导地位为供应商提供信用担保，促成银行等金融机构为供应商提供资金支持，则可以在不向供应商预付款的前提下与供应商建立稳定合作关系，保证供应链整体的竞争力和运作效率。例如，2005 年，工商银行深圳分行针对沃尔玛的中小型供应商研发了沃尔玛供应商中小企业融资方案。依托沃尔玛公司优异的信用，对相关物流与现金流实行封闭管理，为供应商提供采购、生产、销售全流程的中小企业融资支持。仅一年时间，工商银行深圳市分行红围支行一家金融机构就为沃尔玛供应链中小企业提供融资 300 笔，金额 8 000 万元。沃尔玛借助自身的商业信用和工商银行的资金支持，不需额外缩短应付账款周期以及提供额外资金支持，便解决了供应商资金短缺的困境，确保了自身货源的稳定。

任务四　优化客户关系的营运资金管理模式

任务目标

1. 理解客户关系对营运资金管理的作用机理；
2. 理解优化客户关系的营运资金管理模式设计。

任务解构

管理大师彼得·德鲁克曾说过，企业经营的真谛是获得并留住顾客。客户关系不仅影响到企业盈利能力的提升，而且直接影响企业资金的管理绩效。客户关系视角的资金管理是利益相关者视角的资金管理的重要组成部分。

一、客户关系视角的资金管理策略

近年来，我国制造业企业生产能力不断提高，市场供求状况发生了很大的变化，大多数产品和服务都由“卖方市场”转向了“买方市场”。在买方市场环境下，企业面临的最大难题是如何将产品和服务销售出去，企业管理的重点正在经历着从以产品为中心向以客户为中心的转变。下游客户掌握着需求信息和订单这些关键性资源，因而在交易关系中处于优势地位，对上游企业的影响力和控制力逐渐提升。企业与下游客户建立良好的合作伙伴关系，可以通过客户信息平台快速掌握市场需求信息、保持稳定的客户群，还可以加速货款回收等，进而也会对企业资金管理绩效产生重要影响。制定基于客户关系的资金管理策略成为企业战略性提升企业资金管理绩效的必然选择。

客户关系视角的资金管理的核心思想就是通过客户关系管理，尽可能更加接近客户、了解客户，与客户建立共同实现价值的目标，促进企业资金管理水平的提高，达到企业与客户“双赢”的结果。客户关系视角的营运资金管理的实现需要两个前提条件：其一是解决管理理念问题，即管理层应深刻认识到客户参与企业资金管理的重要性；其二是搭建客户信息平台，为客户参与企业资金管理的这一管理模式提供信息技术方面的支持。这两个前提条件缺一不可。其中：管理理念是客户关系视角资金管理模式实施的首要条件，若不重视客户参与的重要性，客户关系视角的资金管理就无从谈起；而客户信息系统是客户关系管理的基础，没有信息技术的支持，无法建立客户与企业之间便捷的沟通平台，客户关系视角的资金管理工作的效率与效果将难以保证，利益相关者参与企业资金管理的财务管理理念的贯彻也就成了“空中楼阁”。

企业与客户的主要关系模式可以根据企业与客户的合作程度不同分为买卖关系、优先供应关系、合作伙伴关系、战略联盟关系四种。其中买卖关系是最基本的客户关系，其余三种不同优化程度的客户关系会形成不同的资金管理策略。由此，客户视角的资金管理策略可以分为基于客户关系的资金运用策略、基于客户关系的资金筹措策略以及基于客户关系的资金运用与资金筹措并举策略。

（一）基于客户关系的资金运用策略：优先供应关系下有效客户反应的品类管理模式

优先供应关系下有效客户反应的品类管理模式是在制造商与零售商建立优先供应关系的前提下，以终端客户的需求为导向，通过信息共享平台，建立完善的品类管理系统，以缩短制造商及零售商的交货周期、降低其库存占用、提高客户满意度，最终提高整个供应链的运作效率的一种商品流通模式。有效客户反应（ECR）主要是通过制造商与下游客户通力合作，快速且低成本满足最终端客户的需求，目的是建立一个具有实时反应能力的终端客户驱动系统。品类管理是 ECR 的具体策略之一，传统的经营模式下，制造商和零售商通常以店铺或品牌为依据来制定经营策略，在获取产品信息方面存在不可避免的遗漏现象。品类管理打破传统的制造商和零售商各自为政的单纯供需关系，以实现更高利益层面的“双赢”。实施品类管理模式，零售商通过销售点信息系统可以全面掌握终端客户的需求情况，再加上由制造企业收集的终端客户对于产品的需求信息，在此基础上对消费者的品类需求进行综合分析，然后由制造商和零售商共同制定产品品类目标，如商品品类组合、存货数量管理、新产品开发及促销活动等。实施品类管理的重点在于企业与客户建立优先供应关系以及完善的品类管理信息系统。

对于制造商以及零售商而言，优先供应关系下有效客户反应的品类管理模式可以更好地进行采购、增加销售量、降低缺货率、减少库存占用、提高存货周转率。从供应链整体来看，制造商和零售商这两个环节的信息畅通，可以显著提升供应链最终端客户的满意度。一方面，订单信息在品类和数量方面都更为准确，且配货及时，缓解了缺货的现象，降低了存货周转期，减轻了整个供应链上的存货无效占用；另一方面，制造商、零售商及客户的需求都得到了较好满足，客户关系融洽，回款的数量和质量都较高、降低了坏账损失率，减少了应收账款的资金占用，提高了资金运用能力。沃尔玛等连锁超市都较好地运用了优先供应关系下有效客户反应的品类管理模式。

（二）基于客户关系的资金筹措策略：合作伙伴关系下的直销模式

合作伙伴关系下的直销模式是在企业与客户形成长期稳定的合作伙伴关系的前提下，以实现最快满足客户需求为目的，通过简化、消除中间商来减少商品销售环节的销售模式。在传统的非直销模式下，企业为满足下游分销商和零售商的供货需要，要保持较高的库存量以备不时之需，导致库存资金无效占用；而在直销模式下，相当于客户直接安排生产活动，既最大限度地满足了客户的个性化需求，又避免了大量库存资金的占用，为客户提供了更有价值、更及时的产品与服务，增加了产品的销量。直销模式带来大量的预收账款，一定程度解决了资金的筹集问题。

合作伙伴关系下的直销模式下，作为企业的外部利益相关者，客户实质上参与了企业产品研发和生产经营的决策。企业和客户之间良好的合作关系有益于解决应收账款拖欠、产品售后服务的问题，而且还可以产生大量的预收款。直销模式的管理要点是与客户建立合作伙伴关系、增强物流配送能力以及建立快速的信息反应平台。戴尔一直是合作伙伴关系下直销模式运用的典范，取得了较好的资金管理绩效。

（三）基于客户关系的资金运用与资金筹措并举策略：客户战略联盟关系下的“大企业”模式

马丁·克里斯托弗曾指出：21 世纪的竞争不再是企业和企业之间的竞争，而是供应链和供应链之间的竞争。客户战略联盟关系下的“大企业”模式是指企业与下游客户在近期目标和愿景上达成高度一致，结成正式或非正式的长期联盟关系，通过相互持股或成立新企业的形式，以争取最大的市场份额或利润为目的，同时解决资金运用与资金筹措问题的资金管理模式。客户战略联盟关系的“大企业”模式是“外部关系内部化”的体现，最大限度地体现了目标的一致性。客户战略联盟关系下的大企业模式可以较好地解决资金的运用与筹措问题，从而达到共赢的目的。

例如，2003 年双汇集团正式牵手其客户企业广东温氏集团，双方共同投资 3 亿元在清远开发了肉品屠宰加工基地，成立了广东双汇温氏食品有限公司，顺利完成了屠宰加工企业向养殖、销售等上下游产业链条的延伸，借力打开了广东市场。强强联合一方面开辟了筹资渠道、带来资金筹集的规模优势和信用优势，有效解决了资金来源问题；另一方面进一步扩大了市场，增加了销售利润，跨越了生产与销售的中间环节，缩短了营业周期，降低了存货的占用，带来资金运用的效率化，形成了良性循环。

二、客户关系视角的资金管理案例

海尔集团一直关注利益相关者关系，通过与客户搭建信息共享平台，采用 BTC、“大客户直销直发”、应收账款保理等策略，显著提升了资金管理效率。

1. BTC 模式。BTC 模式（Business To Customer，又称 B2C），顾名思义，是企业直接对接客户。在传统的物流模式下，产品的流动路径是从海尔的生产线运送到经销商，再由经销商送到客户手中；BTC 模式下，海尔与经销商实现了信息平台对接，销售终端的客户订单传到海尔后，海尔直接按照订单要求将产品从生产线运送到顾客手中，实现真正的一站式配送。BTC 模式的推行得益于海尔与经销商关系的深化。海尔集团从 2003 年起启动“大经销商联网工程”，全面构建客户网络平台，陆续实现了海尔营销网、物流网、服务网，覆盖全国大部分的城市社区和农村市场。通过虚实网的融合，既保障了企业与用户的直接对接、“零距离”服务，又提高了企业对市场需求的预测能力。

2. “大客户直销直发”模式。针对海外市场，海尔集团积极推行“大客户直销直发”商业模式。直销直发模式要求把客户需求放在第一位，与经销商合作，共同参与市场需求分析和预测。与此同时，海尔不断进行物流、运营组织体系的改善，以提高客户需求响应速度为直接目的，减少从制造到配送之间的非增值环节，实现了产品下线直运、PTD（Product To Door）门到门配送，极大地提高了成品存货的周转效率，降低了库存资金占用。2012 年海尔集团继续推进以自主经营体为基本创新单元的“人单合一”双赢模式，倡导每个海尔人都以用户为中心成为自主创新的主体，以适应时代的特点，即需即供，快速响应与满足用户需求，促进了企业高效运转。

3. 应收账款保理。海尔集团在步入国际化战略阶段以来，面对的国际客户日渐增多。由于客户多为世界 500 强企业，在付款环节话语权较强，付款周期较长，因此，为确保海外回款安全，海尔利用国际资本市场，针对具体客户情况，开展应收账款保理，降低了应收账款坏账风险，加速了资金回收。此外，针对部分海外客户规模小、信用等级较低，国际保险公司拒绝投保的情况，海尔与中国出口信用保险公司共同创新了“海尔 + 客户”捆绑投保模式，海尔的客户可在中国出口信用保险公司投保，使得这些小客户的应收账款也可以得到国际商业银行的保理，从而加快了海尔海外销售的收款速度，有效地化解了全球化品牌战略进程中可能集聚的应收账款风险。

可见，海尔与客户搭建了良好的信息沟通平台，形成了稳定的合作伙伴关系，通过综合运用有效客户反应的品类管理模式以及直销模式，积极开展应收账款保理，较好地实践了基于客户关系的资金筹措与运用策略，提升了资金管理效率。

客户作为企业重要的利益相关者，客户关系是影响企业资金管理效率的关键性因素之一。客户参与到企业管理能够提高企业资金管理的效率。企业应该与客户建立不同程度的合作关系，合理运用优先供应关系下有效客户反应的品类管理模式、合作伙伴关系下的直销模式、客户战略联盟关系下的“大企业”模式，以达到企业与客户共赢的目的，提高企业资金管理效率。

项目回顾

营运资金管理是财务管理和企业管理的组成部分，除业务创新外，制度创新也是驱动营运资金管理绩效提升的重要变量。利益相关者集体选择企业理论将企业利益相关者划分为内部利益相关者和外部利益相关者两大类，企业可以从优化利益相关者关系的视角寻求通过制度创新提升营运资金管理绩效的有效途径。

专业技能训练

1. 根据教学计划，针对任务一、任务二、任务三、任务四内容，进行教学设计，编写教案，制作多媒体课件等演示资源，合理组织教学过程，开展实践教学。

2. 根据项目各任务导入案例的思考要求，合理运用案例讨论方法与工具，开展讨论式教学实践。

3. 组织学生分组研讨，搜集分享利益相关者关系视角的营运资金管理模式案例，引导学生对案例进行梳理总结，加深学生对管理创新和制度创新对营运资金管理影响的理解。

教学设计与实践

选取恰当的案例，结合案例企业的背景资料，请学生为案例企业营运资金管理模式进行设计，完成案例作业。

项目七

金融创新与营运资金管理——供应链融资

【专业能力目标】

1. 了解供应链融资；
2. 理解供应链融资的作用机理；
3. 掌握供应链融资的基本模式；
4. 掌握基于供应链融资的营运资金管理模式设计。

【职教能力目标】

1. 根据本项目的内容组成，合理进行教学设计与组织教学过程；
2. 掌握教案编写，多媒体课件制作，教学素材搜索与整理的方法；
3. 灵活掌握案例讨论、演示教授等教学方法，合理运用提问、讨论等教学手段，并在本项目教学中实施。

【项目简介】

在整个供应链的运营过程中，资金流并非总是畅通无阻，往往在某些薄弱环节存在着瓶颈或资金缺口，通常这些瓶颈或资金缺口会出现在供应链上的中小企业。供应链融资站在供应链全局的高度，跳出了单个企业的传统局限，通过优势互补，协调供应链资金流，降低供应链整体财务成本。本项目在分析供应链融资的产生原因和基本特点的基础上，重点对供应链融资的作用机理和基本模式进行剖析，并对基于供应链融资的营运资金管理模式进行设计。

【项目分解】

根据项目内容，本项目可分解为如下任务：

任务一：供应链融资；

任务二：供应链融资的作用机理；

任务三：供应链融资的基本模式；

任务四：基于供应链融资的营运资金管理模式设计。

任务一　供应链融资

任务目标

1. 理解供应链融资的产生条件；
2. 了解供应链融资的参与主体；
3. 掌握供应链融资的基本特点。

导入案例

福麦斯轮胎有限公司（以下简称“福麦斯”）是一家小型轮胎制造销售企业，为了更新生产设备，提高企业生产能力，2013 年 4 月、8 月，与软控股份有限公司（以下简称“软控股份”）全资子公司青岛软控机电工程有限公司（以下简称“软控机电”）签署了硫化机、裁断机、成型机等设备的采购合同，设备价款共计人民币 12 530 万元。然而截至 2013 年 6 月 30 日，福麦斯资产总额仅为 32 242 万元，负债总额 31 705 万元，资产负债率高达 98.33%。对于福麦斯而言，此次采购金额数量较大，难以一次性缴清货款，其资产负债率较高难以从银行获得贷款支持，于是它求助于资金实力雄厚的供应商软控股份为其增信，以期获得贷款，实现自身生产能力升级。

软控股份为了实现产品销售，并及时收回货款，同意为福麦斯提供回购担保。2013 年 11 月 7 日，福麦斯、软控股份、中国光大银行青岛城阳支行共同签署了《软控股份有限公司、中国光大银行机械设备金融网从属协议》。软控股份为福麦斯提供回购担保金额为 6 259 万元，期限三年。软控股份提供回购担保前，福麦斯已支付给软控机电设备采购合同金额 30% 的预付款，即 3 759 万元。与此同时，福麦斯与中国光大银行青岛城阳支行签署了《固定资产暨项目融资借款合同》从银行获得贷款用于向软控支付设备款，并与银行签订《抵押合同》，将回购担保对应产品向贷款银行进行抵押。

同时，软控股份为了督促福麦斯及时缴清银行贷款，与福麦斯密切相关的个人签署反担保合同，在《保证合同》中，与福麦斯密切相关的个人以全部家庭财产为软控股份提供的回购担保提供连带责任担保。通过反担保合同的签订，对融资人行为产生约束，降低了软控股份的担保风险。

案例思考：福麦斯、软控股份及中国光大银行青岛城阳支行各自有何优势？

任务解构

一、供应链融资的产生条件

商业信用能够引起供需双方短时间内的资金重新分配，当资金相对充足的一方向另一方提供商业信用时，能够缓解资金分配不均的矛盾，促进供需双方合作关系的可持续发展。然而在现实中，往往企业越是处于弱势，反而越需要向强势企业提供商业信用，资金分配不均的矛盾因为供需双方之间地位的悬殊而更加激化。供应链融资应运而生，它能有效缓解供需双方商业信用供给之间的矛盾。

供应链融资是一种新型的企业融资模式。处于供应链核心地位的企业通过构建与上下游企业稳定的合作关系，可以将其自身的信用优势沿供应链向上下游企业延伸，提升供应链的整体融资能力，借助银行等金融机构的资金支持，缓解供应链中资金链条失衡的问题。具体而言，由资信等级较高的核心企业提供担保或增信，第三方金融机构向供应链不同节点的弱势企业提供封闭授信支持。供应链融资实现的条件是：供需双方之间试图建立稳定的合作关系，供应商针对特定企业的销货量占比较高，或者企业针对供应商的采购量占比较高；供需双方中一方实力强，处于供应链核心地位，在金融市场上具有明显的信用优势，另一方资金实力较弱，但有一定发展潜力。

二、供应链融资的参与主体

供应链融资的参与主体是多元化的。金融机构是供应链融资资金供给的主体，为供应链体系提供资金和信用支持；弱势企业是供应链融资中资金需求的主体，通过核心企业信用的隐含担保，获得金融机构融资；核心企业是供应链融资的依托，依靠自身优良的信用和强大的资金实力，为上下游弱势企业起到反担保作用，为供应链提供信用支持；物流公司是供应链融资产品的重要协调者，第三方物流企业凭借自身资金实力以及对货物管理监控的便利，为弱势企业提供物流运输、库存管理服务的同时提供担保服务，协助银行等金融机构进行质押货物的监管控制工作。

供应链融资力图实现多方共赢。对于商业银行而言，可以深化客户关系，开拓弱势企业融资市场，扩大业务范围和规模，促进商业银行自身发展；对于弱势企业而言，借助核心企业的担保作用，更易获得银行的资金支持，既可以在一定程度上缓解其资金压力，又可以赢得更多商机；对于核心企业而言，无须自身垫付额外资金，借助供应链金融产品可以缓解供应链资金链条失衡的问题，增强链条稳定性，促进弱势企业与核心企业建立长期战略协同关系，提升供应链竞争力；对于物流公司而言，一方面，可以通过供应链金融拓展自己的业务领域，获得额外收益，另一方面，还可以提高市场占有率，挤压竞争对手，因为银行为了控制信贷风险会选择行业市场占有率靠前，而且物流配送渠道畅通、流通性好、价格稳定的大型物流公司合作，中小物流企业被拒之门外。

三、供应链融资的基本特点

与传统的信贷融资模式相比，供应链融资具有以下特点：

第一，授信模式由“点对点”转变为“点对链”。供应链融资是一种适应新的生产组织体系的融资模式，它不是单纯依赖客户企业的基本面资信状况来判断是否提供服务，改变了过去银行等金融机构针对单一企业主体的授信模式，从核心企业入手研究整个供应链。银行在开展授信业务时，在其所在的供应链中寻找出一个大的核心企业，并以之为出发点，从原料供应到产品生产、销售等企业内及企业之间真实的贸易背景入手，判断流动性较差资产未来的变现能力和收益性，为整个供应链提供各种金融服务。一方面将资金有效注入了处于相对弱势地位的上下游配套中小型企业，解决了中小型企业融资难和供应链资金失衡的问题；另一方面，将银行信用融入上下游企业的购销行为，保证了原料供应、产品生产和销售全部环节的顺利完成，避免了风险的发生，促进弱势企业与核心企业建立起长期的战略协同关系，提升了供应链的竞争能力。

第二，供应链融资的目标集中于流动性较差的资产。在供应链的运作过程中，企业会因为生产和贸易的原因，形成存货、预付款项或应收款项等众多资金沉淀环节，并由此产生了对供应链融资的迫切需求，因此这些流动性较差的资产就为银行或金融机构开展金融服务提供了理想的业务资源。这些资产以供应链企业之间真实的商品或服务为基础，强调贸易的连续性和完整性。同时，流动性较差的资产具备一个关键属性就是良好的自偿性，均以授信合同项下商品的销售收入作为直接还款来源，在融资授信金额、期限上注重与真实交易相匹配，即该资产会产生确定的未来现金流，如同企业经过“输血”后，成功实现“造血”功能。供应链融资通过对供应链结构特点和交易细节的把握，借助核心企业的信用实力或单笔交易的自偿程度与货物流通价值，对供应链单个企业或上下游多个企业提供全面的金融服务。

第三，封闭式资金运作是供应链融资的刚性要求。供应链融资强调银行或金融机构对资金流和物流的有效控制，使注入企业内的融通资金的运用限制在可控范围之内，按照具体业务逐笔审核放款，并通过对资产形成的确定的未来现金流进行及时回收与监管，达到过程风险控制的目标。即供应链融资运作过程中，供应链的资金流、物流运作需要按照合同预定的确定模式流动。

第四，参与者的多样化是供应链融资实现的必要手段。在传统的弱势企业融资方式中，一般参与主体只有商业银行等信贷机构和中小企业双方，有些也需要第三方担保人的参与。然而，在供应链融资模式中，参与方不仅仅有金融机构、融资企业，还包括供应链上的核心企业以及物流企业。银行等金融机构通过与核心企业沟通交流，掌握这个供应链中其他弱势企业的核心信息，并及时而有效地控制整个供应链的风险。因此，供应链中核心企业的资信状况影响着其他企业实施供应链融资的成功与否。同时物流企业等中介机构由于熟悉市场运作，有专门的设施和信息手段，有常年的客户关系网络，具备其他企业不可模仿的渠道优势。从而，被银行和金融机构选中，作为供应链融资的主要执行者。

任务二 供应链融资作用机理

任务目标

1. 理解供应链融资的产生原因；
2. 掌握供应链融资的基本特点；
3. 掌握供应链融资的主要类别。

导入案例

海尔海外客户几千家，若完全靠自己来管理海外应收账款，不符合投入产出最大化原则。海尔与国际银行操作的无追索权应收保理模式，就是按照投入产出原则，将不可控商业风险转让给专业化的国际保理公司和跨国银行去管理，实现海尔与跨国金融机构的双赢。

通过保理模式，海尔对客户付款保障转让给了银行，实现了0坏账。基于此，海尔在海外与LG、Siemens等竞争对手去抢订单。2009年获得了古巴政府、马其顿电脑项目、英国Argos等大项目、大客户订单8.7亿美元等。

2008年，胡锦涛主席、温家宝总理到海尔调研时，对金融危机下海尔“大客户+应收保理”的金融创新十分赞赏，并鼓励中国企业学习推广。

案例思考：海尔“大客户+应收保理”对海尔的营运资金管理有何影响？

任务解构

一、优化营运资金内部结构，加快资金周转

结构融资被誉为20世纪以来金融市场上最重要、最具有生命力创新之一，它起源于西方工业化国家，最初用于交易金额较大的自然资源和基础工业的大宗商品如黑色金属、有色金属、铁合金、石油等，自1970年以来发展迅速。所谓的结构融资是指企业将拥有未来现金流的特定资产剥离开来，并以该特定资产为标的进行融资。也可以理解为，以现金资产将企业特定资产从其资产负债表中替换（资产置换），在资产负债率不变的情况下，增加高效资产，之所以被称为“结构融资”，主要是因为从财务报表的结构考虑资产的置换①。其还款来源主要依赖于商品本身出售后的资金来源，而不是主债务人自身的信誉特征，因此，确保还款资金来源十分重要。

供应链融资是以结构融资作为其理论基石，以项目的具体情况和现实交易为起

① 斯蒂文，西瓦兹：《结构融资：证券化原理指南》，清华大学出版社2003年版。

点（交货期、建设期、运营期的资金需求和预期收益），运用各种创新的融资方式量体裁衣，综合各方面力量和方法，将多种融资方式进行设计、组合，使融资得以实现。结构融资三种基本模式为应收账款担保融资、存货担保融资及预付款融资，它们很大程度上调整了企业营运资金的内部结构比例，本质上加快营运资金的周转效率。应收账款融资是在企业销售合同中设定将销售款项汇入指定银行账户，并且以应收账款作为担保，从而获得融通资金的融资方式。存货担保融资为买卖双方与银行协定将交易的货物存放在指定仓库或交由指定物流公司运输，从而使得借款人的物流置于银行可监管的范围之内，以置换一定比例的货币资金。不难发现，供应链结构融资有效地将生产和贸易中形成的变现能力较差的存货和应收款项等营运资金项目置换为流动性强的货币资金。一般情况下，企业在日常施工生产经营过程中发生的应收款项，其流动性随债务单位的差别而不同，不确定性较大；存货是企业在正常生产经营过程中持有以备出售的产成品或商品，或者为了出售仍然处在生产过程中的在产品，或者将在生产过程或提供劳务过程中耗用的材料、物料等，该资产的流动性在流动资产中最差；与此相比，货币资金作为企业在生产经营活动中停留于货币形态的资金，是企业中最活跃的资金，可以作为立即投入流通的交换媒介。由此可见，供应链结构融资大大减少了存在于存货和应收款项项目下的资金沉淀，缩短企业现金周转期，同时提高各个渠道营运资金的管理效率。

供应链融资在优化营运资金内部结构的同时，带来营运资金各项目的期限结构的调整，加快营运资金周转和资金流转。供应链融资关注于每笔真实的业务，对单笔业务进行授信，通过资金的封闭式运作，确保每笔真实的业务发生后资金的回笼。其主要的目的在于锁定未来可实现的现金流入作为还款来源。在此前提下，金融机构把企业的建设、采购、生产、销售以及物流的各个环节进行结构化分割，分阶段、有衔接地采用各种融资产品组合给予授信。这种融资模式的直接目的是使未来的现金流量转换为当期的资金流，缩短存货、应收账款、预付账款等营运资金项目的变现周期。例如存货动态抵押融资，银行对于客户抵质押的商品价值设定最低限额，允许在限额以上的商品出库，客户可以以货易货。对于客户而言，这种方式使抵押设定对于生产经营活动的影响相对较小。特别对于库存稳定的客户而言，在合理设定抵押价值底线的前提下，授信期间内几乎无须启动追加保证金赎货的流程，因此对盘活存货的作用明显。

二、有效填补资金流缺口，改善现金流

企业支出和收入资金的非同步性，产生企业运营过程中的现金缺口，如图7－1所示。

企业融资的切入点分为三个阶段：

第一阶段，“产生存货”到“支付现金”，主要是企业采购原材料、半成品和产成品的时期。一方面，采购物品价格的波动或汇率变动等风险影响整个供应链的运营，供应链融资的风险管理职能起到举足轻重的作用。另一方面，采购期一旦出现

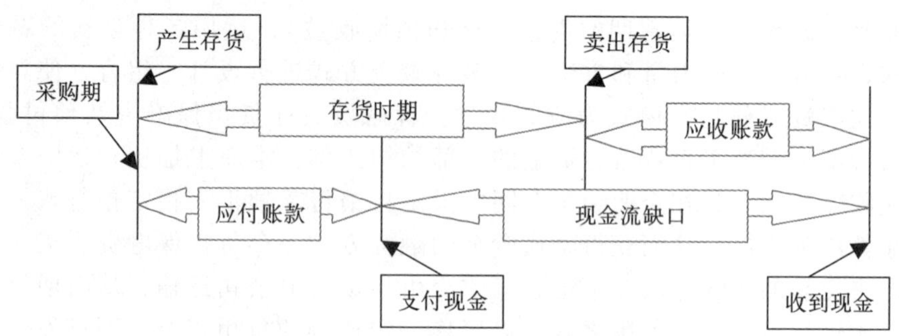

图 7－1　企业运营资金缺口周期

资金缺口，如预付账款的支付，供应链金融可以选择其创新模式解决融资问题。

第二阶段，“支付现金”到“卖出存货”时期为资金缺口期。此时企业大部分的资产以存货这一动产的形式存在，应用动产融资可以大大减少企业资金压力。此时需要合理的利用供应链融资，通过物流来监管作为融资质押物的动产，来帮助企业解决资金缺口问题。

第三阶段，“卖出存货”到“收到现金”时期，企业拥有资产的形式主要为应收账款，应收账款回收及优化是营运资金管理的一项重要内容，也是供应链融资的重要方式。

将企业的运营过程进行解构之后，容易发现那些参与供应链运作，并在真实的贸易过程中形成的流动性不足的资产、需要扩大规模的资产以及由此产生的资金缺口。如果以供应链产权渠道中的制造商为例（如图 7－2 所示），一方面制造商由于自有的流动资金有限，向供应商支付的预付款难以达到批量规模，享受不到价格优惠或者是自有资金很难满足订单下所需的原材料采购预付款。在此之后的一段时间企业一方面持有原材料等投入性库存，另一方面不断产生半成品库存，为了快速满足市场需求，储备了一定的产品存货，占压了流动资金。同时，还需要不断向供应商结清货款，资金需求不断上升，达到这个周期的峰值。接下来，企业开始向下游发货，产生应收账款。

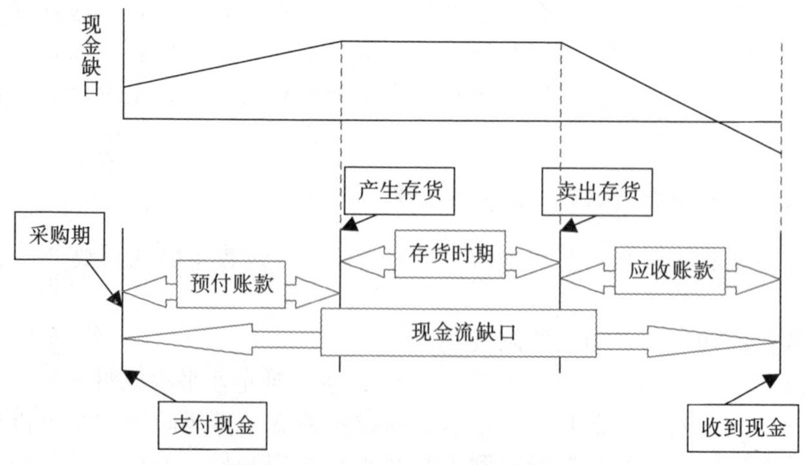

图 7－2　企业运营资金缺口周期

对于各个阶段产生的资金缺口，供应链融资能较为有效地解决这一问题，缓解企业面临的资金压力。金融机构在各个阶段以交易本身的特征作为审查依据，只要资产或交易本身具备偿还能力、风险可以控制，银行即可以给予融资授信。相应地，企业则更容易以供应链融资的方式获得贷款及时解决资金缺口。由于风险能够得到有效控制，供应链融资的产品设计又能带来可观的结算收益，银行便乐于提供这类型的融资安排，而且乐于提供优惠的价格。对企业而言，不但可以降低融资成本，还可以得到与项目相匹配的融资期限。

三、提供营运资金风险管理的新手段

实践中，核心企业往往通过推迟对供应商的付款或加快向分销商转移库存实现自己的财务经济性，达到缩短现金周转期、提高营运资金管理效率的目的。但是，这种对上下游企业的资金挤压，结果往往导致整个供应链融资成本过高。由此，可能迫使供应商延迟原材料的购买、缩减在产品存货，进而推迟对核心企业的供货，同样对分销商延迟结算可能导致其高成本的借款，从而整个供应链的持续经营可能存在很大的风险，核心企业营运资金管理绩效建立在脆弱的供应链链条上，可谓危机四伏。

与此不同，供应链融资的前提是供应链成员之间建立稳定的供应链合作模式。通过实施供应链上下游诸多企业资金筹划和现金流的统筹安排，合理分配各节点的流动性，从而实现整个供应链成本的最小。首先，核心企业与供应链成员之间建立筛选机制，从而保证供应链成员是经营、财务和信用层面评价下的优胜者，因此，中小企业成员的平均信用风险相对低于中小企业整体的信用风险。与此同时，采用供应链融资模式的情况下，核心企业要对供应链成员实行严格的管理，双方保持稳定的合作关系。而对中小企业来讲，考虑到供应链融资带来的资金支持及良好供应链成员资格这一无形资产，必定竭力维护这一关系，避免因为贷款违约影响企业在供应链中的地位。合作关系的保持为高效供应链资金流的流转提供了可能。传统核心企业以损害上下游财务利益为代价，基于单独成本和现金流优化的个体财务策略必将被供应链整体成本和效益的优化所代替。

更重要的是，银行为代表的金融机构乐于参与供应链融资模式，在拓展业务的同时，为供应链及时“输血”，缓解资金压力，加快渠道营运资金的周转。站在商业银行的角度，由于供应链成员企业围绕核心企业形成虚拟的企业联合体，非核心企业的经营状况很大程度上受核心企业的影响，因此风险水平和一般意义上中小企业有所不同。同时，通过引入核心企业和物流监管，信贷委托代理中的信息不对称问题大大改善。再加上，供应链融资中每笔交易都有对应的物流和资金流，控制资金的专款专用，以便对特定贸易背景下的利润实现做出充分的预估，评价还款现金流的充分性。而资金流和物流的控制直接可以渗透到企业经营环节，更有利于实施风险的动态把握。由此可见，供应链融资预警机制比传统流动资金贷款的时效性更强，由于贷款后监控的连续性，一些预警信号更容易被及时捕捉。

任务三　供应链融资的基本模式

任务目标

1. 了解供应链融资的典型模式内涵；
2. 理解供应链融资的典型模式运作流程；
3. 掌握供应链融资的典型模式预期效果。

导入案例

2005 年，工商银行深圳分行针对沃尔玛的中小型供应商，依托小企业交易对手的信用，研发了沃尔玛供应商中小企业融资方案。依托交易对手——沃尔玛公司优异的信用，对相关物流与现金流实行封闭管理，为供应商提供采购、生产、销售全流程的中小企业融资支持。仅一年时间，仅深圳市分行红围支行一家就为沃尔玛供应商中的中小企业融资 300 笔，金额 8 000 万元。沃尔玛借助自身的商业信用和工商银行的资金支持，不需额外缩短应付账款周期，提供额外资金支持，便解决了供应商资金短缺的困难，确保了自身货源的稳定。

案例思考：沃尔玛不向供应商预付款的前提下与供应商建立了稳定合作关系，供应链金融在其中是如何发挥作用的？

任务解构

一、保兑仓模式

（一）保兑仓模式内涵

制造商向上游供货商采购时，若制造商规模、声誉、市场掌控能力处于劣势，在交易中就可能被要求支付预付账款，才能获得企业持续生产经营所需的原材料、产成品等。这样就延长了企业的资金占用时间，若自有资金短缺，就会产生融资需求。对于短期资金流转困难的企业，可以与上游的供应商、银行或者银行和物流企业联盟之间的协作，运用保兑仓业务对其某笔专门的预付账款进行融资，从而获得银行的短期信贷支持，共同解决供应链资金不足的问题。

保兑仓是指以银行信用为载体，以银行承兑汇票为结算工具，由银行控制货权，卖方或仓储方受托保管货物，并对承兑汇票保证金以外金额部分由卖方以货物回购作为担保措施的一种金融服务。下游企业向上游企业购买货物时，提前在银行存入部分价格风险保证金（一般为 20%—30%），申请开立银行承兑汇票，专项用于向生产商支付货款，卖方以银行为收货人向指定的仓库发货，货物到达仓库后第三方物流公司代银行验收并进行质押管理。第三方物流企业根据货物的销售情况和库存情况决定承保金额，并收取监管费用。企业归还银行借款，银行释放相应比例的商品提货权给借款人，直至保证金账户的余额等于未偿借款余额。在此过程中，卖方承诺在买方不归还融资时对质押商品进行回购，从而锁定银行面临的商品下跌的风险，扩大银行提供融资的商品类型。

（二）保兑仓模式业务流程

保兑仓模式具体的业务运作流程如图7－3。

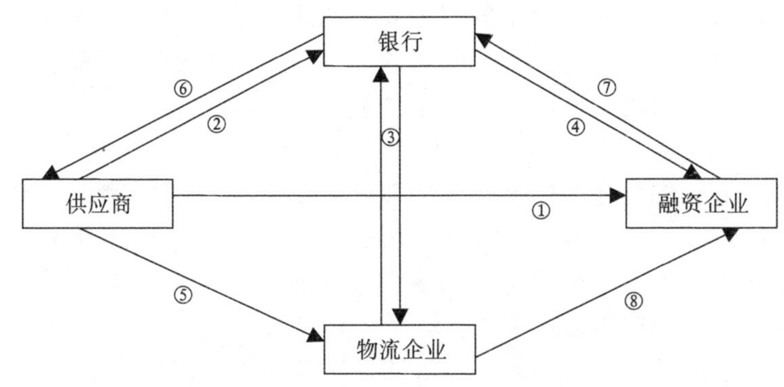

图7－3 保兑仓运作模式流程图

注：

①买卖双方签订购销合同，共同向银行申请办理保兑仓业务；

②银行审查供应商资信状况、回购能力，与供应商签订回购及质量保证协议；

③银行与仓储监管方签订仓储监管协议；

④供应商在银行获取既定仓单质押贷款额度，银行签发以供应商为收款人的银行承兑汇票或开立信用证；

⑤供应商在收到银行同意对买方融资的通知后，向指定仓库发货，取得仓单；

⑥供应商将仓单质押给银行，银行开立银行承兑汇票；

⑦融资企业交提货保证金，银行释放相应比例的商品提货权给买方；

⑧融资企业获得商品提货权，去仓库提取相应金额的货物。

重复⑦和⑧流程，直至保证金账户余额等于汇票金额；汇票到期保证金账户余额不足时，供应商于到期日回购仓单项下质物。

资料来源：王玉洁，《供应链融资中保兑仓融资与运作模式》，北京交通大学硕士生论文，2009年6月。

保兑仓业务为实现购买商的杠杆采购和供应商的批量销售提供了可能。但是从风险管控角度来讲，供应商按合同要求提供合格的商品的履约能力、物流公司的监管能力以及质押商品的变现能力对风险控制非常重要，因此实践中往往围绕大宗商品生产企业展开。例如，在汽车、手机、机械设备等价值较高产品的销售中，由于经销商资金有限，不足以抵偿用于购买商品的流动资金，产生资金缺口；还有一些处于卖方市场的资源型产品，如钢材、有色金属、煤炭、石油等产品，买方常常处于劣势，产生预付账款，进而产生融资和信用需求。目前国内银行与大型物流企业合作，首创以国内信用证方式为汽车经销商办理“保兑仓”模式下的汽车质押融资。

（三）保兑仓模式预期效果

1. 收益分析

对供应商而言，一方面，保兑仓融资模式可以使其得到大量的预付款和批量订单，缓解流动资金短缺压力；另一方面，可以锁定未来销售，稳定自身销售渠道，从而降低销售的不确定性。

制造商或经销商等融资企业，借助上游核心信用，凭较少的自有资金或资产获得较高的授信额，以小博大，实现杠杆采购；同时，大批量的采购获得采购价格优惠及稳定的货源。

保兑仓模式对银行的好处在于：首先，发放贷款的同时吸收了定期存款，同时强制性地为生产商、经销商提供结算服务，获得中间业务收入。其次，通过采用核心企业承诺回购的方式，有效控制信贷风险。另外，银行通过一家核心企业可以对多家经销商进行授信融资，一定程度上减少了营销成本。

2. 风险分析

操作风险：虽然保兑仓融资模式凭借对物流、资金流的控制，构筑了用于隔离中小企业信用风险的"防火墙"，但是由此带来大量的贷后操作环节，如多次货物流动、资金流动及银行内部多项审批程序、法律文本的签订。这实质上造成了操作风险的"位移"，其操作的复杂度明显地高于传统流动资金贷款业务，导致操作错误、操作制度的法律不确定性和漏洞出现的概率都增加，因此形成较高的操作风险。

质押物价格波动风险：在买方市场时代，产品的更新换代速度越来越快，对供应链上下游企业而言，面临的主要风险来自于质押物价格的市场波动和需求带来的影响。市场需求决定着融资企业的收益或损失，进而对上游供应商的产品或原料供应产生影响，供应商需承担对无法销售产品进行的回购的损失。

信用风险：在预收账款融资中采用的是资产支持下的授信，以特定的现金流为保障，使账项评级更加准确。但是在账项评级的过程中必须结合主体评级，因为主体的信用水平过低则可能产生严重的道德风险。如，供应商与融资企业合谋骗取银行贷款，以融资企业的订货量不足购销协议数量为由，供应商违约，拒绝回购剩余产品，产生回购风险。

（四）保兑仓模式案例

2005 年"诺基亚"与银行合作力求增强其销售渠道经销商的支付能力。以"诺基亚"手机省级经销商为例，一名注册资金数百万的经销商在只需向银行缴纳 300 元保证金的情况下，就可以向诺基亚开具 1 000 万元的银行承兑汇票支付订单货款。而这笔授信敞口的担保仅是利用订单项下的尚在运输途中甚至是诺基亚仓库中的货物质押，除此之外无须经销商提供其他形式的担保。这样，由于充分盘活资金，经销商目前仅需 30 天的时间便可以完成原来需要 56 天才能实现的销售规模，销售额扩大近 50%。面对巨额的销售任务，预付账款融资为经销商提供低成本的融资方案，有效促进诺基亚中国市场手机销售计划的全面完成。2005 年第三季度在中国地区实销 850 万部手机，同比增长达到 87%，在中国市场的份额比去年同期增加 12%。

二、融资租赁模式

（一）融资租赁模式的内涵

融资租赁兼有融资和融物的功能，在微观上有利于企业的融资，降低融资风险；在宏观上有利于产品结构调整和产业优化升级，有利于宏观经济的调整。融资租赁从20世纪50年代产生以来发展迅速，目前已成为仅次于银行贷款的第二大融资渠道。国际会计标准委员会的定义准确表述融资租赁的内涵："融资租赁是出租方和租赁方以书面形式达成的协议，在一个特定的期限内，由出租方购买承租方选定的设备和设施，同时拥有所有权，而承租方拥有使用权。"2006年《企业会计准则第21号——租赁》规定：融资租赁是指实质上转移了与资产所有权有关的全部风险和报酬的租赁；所有权最终可能转移，也可能不转移。

（二）融资租赁模式业务流程

其具体的业务运作流程如图7－4。

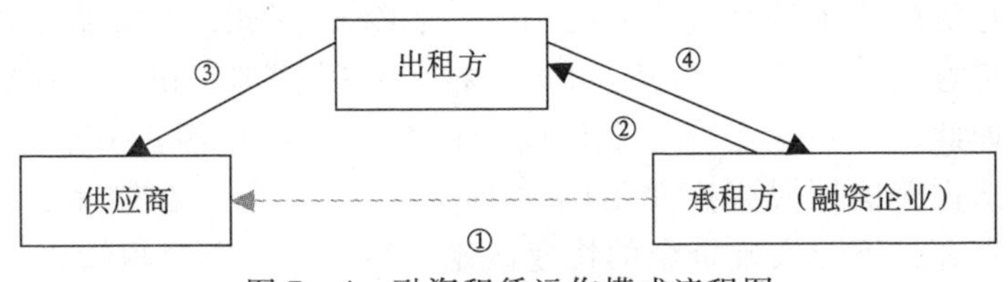

图7－4　融资租赁运作模式流程图

注：

①选定租赁设备，由承租人根据自己的需要选定拟租用的设备和供货人；

②合作方意向确定及方案确认，租赁公司审查了解承租人的企业经营状况和偿付租金的能力，确定接受承租人的委托后，向承租人提供初步租赁方案；

③出租人与供应商签订供货合同，出租人根据承租人的要求，与选定的供货人洽谈，签订供货合同；

④承租人和出租人签订租赁合同，租赁公司与承租人商定租赁条件，制订租金概算方案，签订租赁合同，如需担保时由担保人出具担保合同或担保函。

（三）融资租赁模式预期效果

1. 收益分析

第一，融资租赁可以延长资金的使用期限，增加现金流量。在通常情况下，银行贷款期限比设备使用寿命短，而租赁融资期限一般达到设备寿命的一半以上，这样可以降低融资企业还款压力，缓解企业资金周转困难。

第二，出租人根据承租人对自身未来现金流的预测，采取与承租人未来现金流相匹配的还款方式，使付款方式更加灵活。

第三，国家为了鼓励投资，专为融资租赁提供了税收优惠政策。税法规定融资租赁按租赁物法定折旧期限与租赁期限孰短原则确定实际折旧期限，可以加速租赁物的折旧，降低当期所得税的交纳，享受延缓交税的益处。

第四，利用融资租赁方式引进国外技术设备，以人民币计价租赁，可以不必筹措购买设备的巨额外汇资金，使承租企业避免因人民币贬值而带来的汇率风险。同时，融资租赁可以采用固定利率，所以承租企业可以避免利率波动带来的利率风险。

2. 风险分析

融资租赁是指实质上转移了资产所有权有关的全部风险与报酬的租赁，以此来看出租人似乎脱离了“风险”二字，其实，出租人承担的主要风险是承租人的信用风险以及政策风险。当融资企业可预见将来的经营能力不能产生足够匹配租金的稳定现金流时，就可能丧失偿付租金的能力。此外，融资租赁受政策变化影响较大，例如货币政策的调整，可能使承租人租赁项目的配套资金落空，整个租赁项目有可能失败；我国利用国外商业贷款政策的调整，可能使限额以上的利用外资的租赁项目在报批时出现困难。

三、存货质押融资模式

（一）存货质押融资模式内涵

存货就是在企业生产和物流渠道中各环节堆积的原材料、供给品、半成品、成品，持有这些存货的成本约合其价值的20%—40%，因此，对存货水平进行精细化的管理很有经济意义。于是在供应链渠道中推出适时管理、快速反应管理和时间压缩管理，尽管如此，每年生产商、零售商和批发商（销售额占GNP的99%）在库存上的投资仍然占美国国民生产总值的约12%[①]。原材料、在制品、产成品库存往往占用了大量资金，不能实现资金的快速回笼，容易出现资金短缺，产生融资需求，进而产生信用需求。所以，在资产质押融资过程中，中小企业真正可以并愿意用于质押的财产主要为具有较强变现能力，在一定时期内处于存储状态的原材料、产成品等动产。对于依法可以转让的股份、股票及其他有价证券，中小型企业在资金紧张时通常趋向直接将其变现。对于依法可以转让的商标专用权、专利权、著作权中的财产权等权利，其价值评估存在很大不确定性，难以为金融机构接受。

但是，金融机构将面对的一个重大问题是如何实现对动产质物的占有权。要实现对动产质物的占有权，金融机构不得从事除金融服务以外的其他领域的经营活动，即借助除借款人之外的第三方提供质物监管与仓管服务。于是，金融机构和第三方物流企业合作形成了融通仓，所谓融通仓是以周边中小型企业为主要服务对象，以流动商品仓储为基础，涵盖中小型企业信用整合与再造、物流配送、电子商务与传统商业的综合性服务平台。其核心思想是在各种流的整合与互补互动关系中寻找机会和时机，融通仓是物流、金融、中介和风险管理服务的集成。借助融通仓的参与，针对中小企业的存货质押贷款业务的可操作性大大增强，其融资服务主要分为仓单质押融资和动产质押融资模式。仓单质押融资分为标准仓单质押融资和普通仓单质押融资；动产质押融资又可分为静态动产质押和动态动产质押。

1. 仓单质押融资

仓单质押融资是指融资企业以物流企业开出的仓单作为质押物向银行申请贷款业务，是物流企业参与下的权利质押融资业务。仓单的保管人与融资企业签订仓储保管合同的基础上，对融资企业所交付的仓储物进行验收之后出具的物权证明。可

① U. S. Bureau of the census . Statistical Abstract of the United States：1996，116th ed. （Washington . D. C，1996）.

以看到，仓单质押业务开展的必要条件是将第三方物流企业的仓库改造成具有综合功能的融通仓，它不仅为银企间的合作构架新桥梁，也将良好地融入企业供应链体系中，成为中小企业重要的第三方物流服务提供者。从业务发展的需求来看，仓单应该是一种是依据有关仓储业的法律规定派生出的有价证券，这种存单不单纯是提取货物的证明，它还可以转让、互换、质押，所以具有“有价证券”的地位。在金融与物流的合作过程中，利用仓单的“有价证券”的作用进行融资，成为解决企业，特别是中小企业流动资金困难的一条有效途径。但是，在我国现实法律中，关于仓单的规定还存在很多空白，在合同法中没有明确规定仓单的法律地位。一般物流企业的签发的仓单没有得到权威机构的认可，仓单的标准化程度低，使用和流通的范围有限。

2. 动产质押融资

动产质押融资可以分为静态和动态两种，静态抵质押授信不允许以货易货，贷款条件相对苛刻。适用于除了存货外没有其他合适的抵质押物的融资企业，并且购销模式为批量进货、批次销售。静态抵押融资作为存货的融资的基本模式，已经广泛应用于生产、贸易企业融资中，为了更好地解决客户商品的移库问题，通过仓库租赁的法律安排，实现在第三方仓库乃至企业自有仓库的质押监管，从而大大扩宽了静态质押融资的适用性。动态抵质押授信是静态抵质押授信的延伸，允许在规定限额以上的商品自由进出，融资企业可以以货易货。实践中滚动质押模式更加契合企业经营需要，灵活性更强。对生产企业来讲，可以将其变现能力较强的原材料、半成品、产成品都列入质押商品名单，在生产经营全程监控的基础上获得一揽子融资方案，及实现对物流和资金流的全程监控，及时了解企业的经营，有效防范业务风险，同时大大提高企业的融资额度。

（二）存货质押融资模式的业务流程

具体的业务运作流程如图7－5、图7－6。

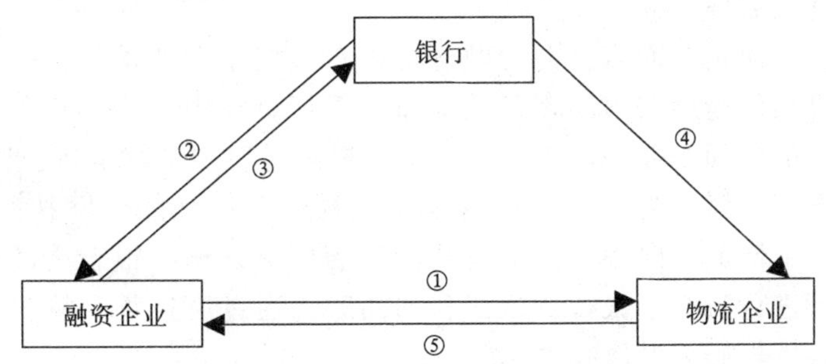

图7－5 静态抵押融资业务流程图

注：

①融资企业将货物抵质押给经银行认可的第三方物流企业；

②银行以一定的折扣率及贷款利率向融资企业授信放款；

③融资企业向银行追加保证金；

④银行通知物流企业释放货物；

⑤融资企业在最低限额下提货。

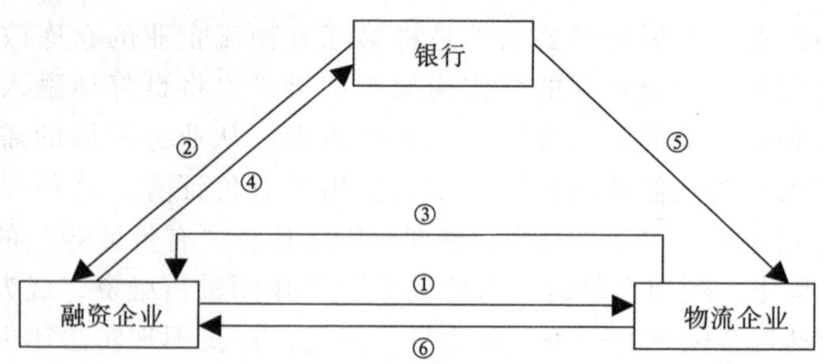

图 7-6　动态抵押融资业务流程图③

注：

①融资企业将货物抵质押给经银行认可的第三方物流企业；

②银行一定的折扣率及贷款利率向融资企业授信放款；

③物流企业在最低限额条件下允许抵质押物自由进出，物流企业有义务向银行汇报货物情况；

④抵押物价值低于一定限额则需追加保证金；

⑤银行通知物流企业释放货物；

⑥融资企业在最低限额下提货。

（三）存货质押融资模式预期效果

1. 收益分析

在中小企业的生产经营活动中，原材料采购与产成品销售普遍存在批量性和季节性特征，这类物资的库存往往占用了大量宝贵资金。存货质押融资使存货及时变现，满足企业运营资金的需要。例如企业的主要产品销售旺季为冬季，产品库存从6月开始就逐渐增加，企业一方面需租用临时仓库用于产成品的存放，同时也被库存占据了大量的资金。金融机构开展的质押贷款业务辅助以融通仓储中心的配套物流服务，不仅可为该企业提供宝贵的融资机会，盘活库存资金占用，也为其提供了优质的第三方物流服务。

对于第三方物流企业而言，向金融机构按有关规定和要求提供信用担保。该模式有利于企业更加便捷地获得融资，减少原先质押贷款中一些烦琐的环节；有利于拓展服务范围，加强同企业的客户关系管理，提高对质押贷款全过程监控的能力。

对于银行而言，第三方物流企业由于是货物流通过程的实际执行者和监控者，能够掌握商品分销环节，向银行提供商品流动的情况，解决银企之间的信息不对称问题，便于银行进行监管。银行贷款获利的同时，通过质押物和第三方物流企业的监管，银行能有效规避金融风险。

2. 风险分析

存货质押融资业务风险防范的重点是质物的产权、市场容量、价格的波动以及变现风险。质物产权要明晰，即质押财产应由担保申请人合法占有，具有权属证明，经有权机构批准同意等。质押物价格波动风险是指，市场变动尤其是质物的市场价格下跌，会造成质物价值缩水。一般应在协议中约定当价格下跌至原价格评估值的一定比例（90%）或者质物的市场价值总额接近质押金额的一定比例（130%），要求融资企业及时进行补货或还贷。质物变现风险是指银行在处置质物时，可能出现质物变现价值低于银行授信敞口余额或无法变现。为了控制风险，在确保特定物是动产的大前提下，质押物品的选取主要以好卖、易放、投机小为原则。即物品的市场需求量大而稳定，物品市场流动性好、吞吐量大；物品的质量稳定，容易储藏保管；物品的市场价格涨跌不大，相对稳定。

除此之外，同预付账款融资相同存在道德风险、信用风险和操作风险等。

四、应收账款保理模式

（一）应收账款保理模式内涵

应收账款保理，即保付代理的简称，是指企业把由于赊销而形成的应收账款有条件地转让给银行或专业保理商，银行或专业保理商为企业提供资金，并负责管理、催收应收账款和坏账担保等业务，企业可借此收回账款，加快资金周转。应收账款保理的实质是应收账款融资具体方式之一，是一种专门为赊销而设计的集商业资信调查、应收账款管理、信用风险担保与贸易融资于一体的综合性服务业务，包括贸易融资、应收账款管理、应收账款催收和坏账担保等。应收账款保理是一种全程信用管理系统，包括从交易之前的客户资信调查开始，经过事中的销售账款回收阶段，一直到最后的账款回收和坏账担保，其核心是对风险进行全程控制。应收账款保理业务的特点表现为：第一，保理业务相当于一种销售行为，要确认损益。应收账款让售价格必须低于应收账款账面值，方可让售出去，两者之间的差额是让售方的损失，受让方的劳务收入和风险收入；第二，让售和受让的标的物是信用债权，保理业务本身是建立在商业信誉基础上，其实质是转让信用债权；第三，应收账款保理使得销售方既转移了收款的所有权，同时也转让了无法收回应收账款的风险。

（二）应收账款保理模式运作流程

1. 发出申请，确定保理商。一般来说，大型的或老牌的保理商能够提供很好的服务，除了提供保理业务以外，也可以为企业信用管理提供咨询服务，企业倾向选择大型或老牌的保理商。企业进行应收账款保理业务，应首先向自己心仪的银行或专业保理商发出申请，经银行或专业保理商同意后便确定保理商。当然，申请必须经银行或专业保理商的审查才能通过，因此发出申请的企业需要提供客观、真实的会计资料与经营资料，以便银行对其进行审查，除此之外，银行或专业保理商还要通过自己的信用部门对购货方的信用情况进行判断，通过对拟申请保理业务的企业以及其购货方的审查来决定是否接受申请。见图 7－7。

2. 签订保理合同。在发出申请并经保理商同意后，就要与保理商签订合同。首先，应该明确保理合同的内容，在合同中必须注明应收账款的支付方式和期限，一般支付方式有两种：一是到期日方式，二是收款日方式，到期日方式有保理商与卖方约定自发票日、自债权让与日或自发票提交保理商日等，保理商向卖方支付价款。收款日方式即在买方债务人向保理商支付货款后，保理商再向卖方支付债权价款，或自应收账款到期日一定期限后，买方未付款时，保理商担保付款等。其次，为保

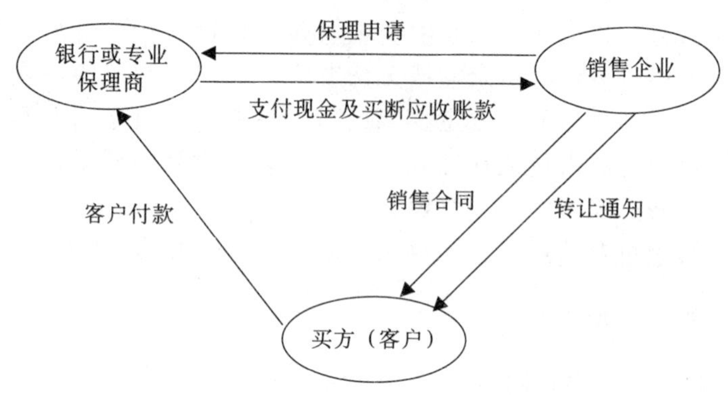

图 7－7 应收账款保理业务流程图

理合同提供公证业务，以能够更好地保证当事人的权利，加强保理合同的效力，保障合同的有效性。再次，签订合同，转让应收账款的债权。

3. 销售企业发货或提供了有关服务后，按以往的方式将发票提交给买方，但这些发票应附带一份转让通知，说明发票所代表的债权已转让给保理商，买方必须直接向银行或专业保理商付款。

4. 销售企业在开出发票的同时将发票副本交送给银行或专业保理商。

5. 买方向银行或专业保理商支付款项。

（三）应收账款保理模式预期效果

1. 获得融资上的好处，减轻资金缺乏的压力。

针对被接受保理的应收账款，银行和保理商可以按预先约定的比率提供即时的融资，使得企业通过应收账款融资，可以迅速筹措到短期资金，以弥补临时性短缺，保理业务本身的特点决定了它是一种有效解决企业流动资金需求的融资方式，而且如果企业使用得当，可以循环使用银行对企业的保理业务授信额度，从而最大限度地发挥保理业务的融资功能。尤其适用于那些成长中的中小企业，向银行贷款将会受到很大限制，然而自身的原始积累又不能支撑企业高速发展，通过保理业务进行融资可能是企业最为明智的选择。保理提供的融资最高可达供销合同金额的 80%，通过这种方式，企业对流动资金的大部分资金需求可以得到满足。对那些实力较强，有良好信誉的销货方来说，如果应收账款收款期限较长，运用应收账款保理业务的成本也明显低于短期银行贷款的利息成本。

2. 完善销售渠道

推行应收账款保理业务是市场分工思想的运用，面对市场的激烈竞争，企业可以把应收账款让与专门的保理商进行管理，使企业从应收账款的管理之中解脱出来，当然这并不代表企业完全脱离销售商，而是利用保理商的专业知识、专业技能和信息，建立企业的销售客户体系，完善企业的销售渠道，提高企业的销售能力。

3. 提高收款能力和及时性的得力帮手

由专业的保理公司对销售企业的应收账款进行管理，销售企业可以免去管理应收账款的工作，同时，保理公司具备专业技术人员和业务运行机制，它会详细地对销售客户的信用状况进行调查，建立一套有效的收款政策，及时收回账款，而且保理所提供的专业化服务可以帮助企业减轻财务管理负担，提高财务管理效率。

4. 降低应收账款带来的风险

企业可借助银行或其他专业保理商的网络和技术优势，有效了解客户的资信情况；并通过银行或其他专业保理商的人才、网络和系统优势，为企业提供应收账款的管理和催收，比企业自身更及时有效地完成应收账款的变现工作，清除了坏账隐患，减少了信用调查及应收账款的开支。尤其在无追索权的保理方式下，企业可以在短期内大大降低应收账款的余额水平，节约了应收账款的机会成本、坏账成本和管理成本。

五、应收账款质押融资模式

（一）应收账款质押融资模式含义

应收账款质押融资是指应收账款债权人以应收账款为质押标的向银行或其他专业担保公司提供担保，银行或其他专业担保公司对其财务状况进行分析后，确定适当的质押率和贷款期限，与应收账款债权人订立应收账款抵借贷款合同和应收账款质押监督协议，并提供资金。[①] 从实质上看，应收账款只是作为质押品，与应收账款所有权相关的风险和报酬并未转移，属于企业以应收账款为质押取得借款。这种融资方式的业务特点：1. 从贷款期限来看，应收账款质押融资期限一般是 6 至 12 个月，用于企业补充流动性资金；2. 从融资额度来看，应收账款抵借贷款金额不得超过质押应收账款金额的 50%—90%；3. 从融资对象来看，抵质押方继续保留应收账款的权益，同时也要承担坏账的责任，银行为控制风险，对业务对象选择十分严格，买方（应收账款付款方）一般是信誉良好，具有充分付款能力的大型企业或公用事业单位。

（二）应收账款质押融资模式运作流程

这种方式通常是与企业的现金流相连接，在企业提供应收账款担保并取得贷款后，只要企业的现金流进来随即就将贷款归还的一种可循环使用的短期贷款，从实质上看，应收账款只是作为质押品，与应收账款所有权相关的风险和报酬并未转移，属于企业以应收账款为质押取得借款。借款人必须在银行或其他专业担保公司开设具有担保性质的应收账款质押专户，借款方用于质押的每笔应收账款的回收都要通过该专户进行结转，贷款方通过质押账户有效监督借款方应收账款的回收情况。银行或其他专业担保公司在质押应收账款的债务企业不能及时付款时，仍享有对申请贷款企业的追索权，申请贷款的企业必须承担其损失。其运作流程如图 7－8 所示：

① 包晓岚、高思新：“应收账款融资的方式和前景分析”，《财会通讯》，2004 年第 2 期。

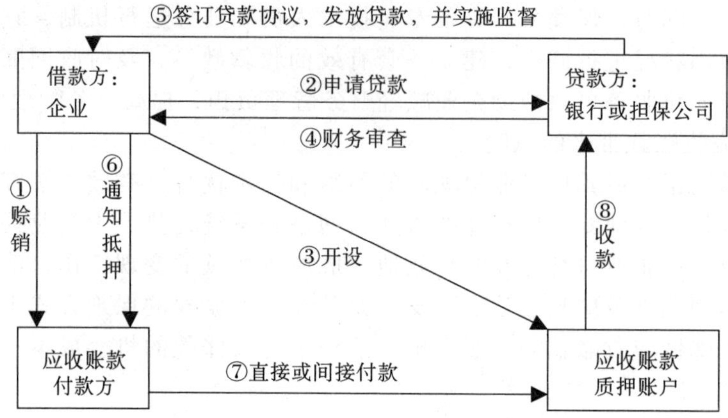

图 7－8　应收账款质押融资业务流程图

（三）应收账款质押融资模式预期效果

由于银行内部需要控制信用贷款发放的总量以及受到银行贷款发放与收回责任制的约束，企业筹集短期信贷资金的难度较大，这在一定程度上限制了企业的发展，同时也造成银行资金的积压。银行为保证金融资产的安全，往往要求企业在贷款时提供各种各样的担保，如提供具有代为清偿债务能力的保证人、具有交换价值的抵押品或质押品，于是就出现了银行与企业共同寻找可靠的担保人或担保品的局面。应收账款作为企业的一项权益资产，较其他抵押品具有易变现、易保管的特点，使应收账款作为质押品容易被双方接受。应收账款质押贷款是以一笔金额较大、质量较好的应收账款权利质押给银行或其他专业担保公司，向其申请一定的信贷资金，这一方面可以解决企业担保难的问题，缓解企业由于应收账款积压造成的流动资金不足的状况，使企业筹集到短期信贷资金，为企业的正常运营提供现金流，避免企业面临停产歇业、坐失生产和失去市场机遇，并督促企业加强应收账款的控制，提高企业的经营管理水平；另一方面通过应收账款转让，转让方与受让方可以在市场上通过债权转让与债务互抵，解决部分企业相互拖欠债务的问题，缓解“三角债”矛盾，改善企业财务状况，加速资金周转。

六、应收账款证券化

（一）应收账款证券化模式内涵

应收账款证券化是指企业将其所拥有的缺乏流动性，但能产生预计现金流的应收账款，通过一定的结构性重组，转变成为在资本市场可销售和流通的金融产品的过程。也就是企业将应收账款债权真实“出售”给 SPV，SPV 以购买的应收账款组合为担保发行债券，用发行债券所得的收入购买企业的应收账款。其本质就是将可证券化的应收账款未来所产生的现金流收益权转让给投资者以取得现实现金流量的过程，应收账款的所有权可以转让也可以不转让。这就可以满足企业对现金的现时需求，以便企业扩大再生产或投资一个新项目或补足流动资金缺口维持正常生产。

（二）应收账款证券化模式运作流程

应收账款证券化以销货或服务产生的应收账款为支撑，通过特定的组织机构和结构设计提升信用状况，向投资者发行信用级别较高的证券。应收账款证券化交易是由企业（发起人）、特设信托机构（SPV）以及投资者构成的一个严谨有效的交易结构，其运作流程如图7-9所示。进行应收账款证券化融资，首先应成立一个独立的证券化特设机构——SPV（Special Purpose Vehicle）。企业（发起人）将应收账款汇集后直接出售给SPV，SPV对所有的应收账款按期限、现金流和业务来源等特征，进行重组匹配，并将所购应收账款向担保公司投保，以实现对SPV的应收账款的信用增级。SPV以经过信用增级后的应收账款发行资产支持证券（ABS）。最后由证券承销商对SPV所发行的ABS进行包销，在资本市场发行，由投资者购买，证券承销商将出售的证券资金，扣除一定的费用后返还给SPV；ABS在市场上进行交易和流通，托管银行负责对ABS的还本付息工作。

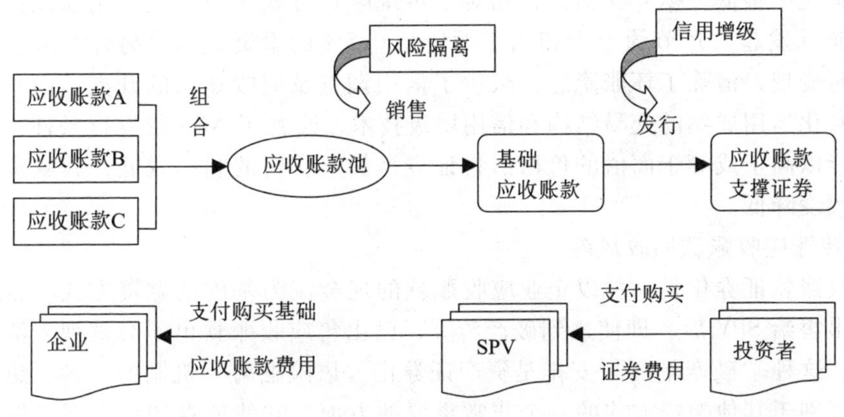

图7-9　应收账款证券化业务流程图

应收账款证券化运作流程的核心是SPV。SPV是一个专门从事应收账款证券化业务的中介投资机构，发行应收账款特殊证券是其法定的唯一收入来源，经营行为受到严格的法律限制，SPV通常为原始债权人的全资子公司或控股公司，在应收账款证券化的整个过程中，SPV挥了至关重要的作用，处于核心地位。应收账款证券化运作流程之起点是“真实出售”，即发起人与SPV签订交易合约，将应收账款出售给SPV。如果发起人出现破产清算，应收账款在SPV的保护下，也不会被列入清算范围，从而实现所谓的“破产隔离”，即应收账款的质量与发起人的信用风险相互分离，使投资者的投资不会受到发起人的信用风险的影响。应收账款证券化运作流程之核心技术是“信用增级”，就是通过担保公司对应收账款的按期偿还进行第三方担保以提高ABS的信用等级，改善发行条件。

（三）应收账款证券化模式预期效果

1. 提高资产流动性，改善企业财务状况

在企业生产经营活动中，赊销一批产品获得的现金收入是以“应收账款”形式计入资产项的，企业在产品上的价值耗费迟迟不能得到真正意义上的补偿，其获得的仅仅是观念上的收入，资金链很可能由此而中断。而应收账款证券化交易结构的设计实质是应收账款与货币资金的置换，保障企业在无须增加负债的情况下迅速实现资产变现，变现所获得的现金流入满足企业融通资金的需要，提升了应收账款的流动性，改善了企业财务状况。

2. 拓宽融资渠道，降低融资费用

在传统融资方式下，资金供给者主要关注的是资金需求者作为一个整体的资产负债、利润和现金流量状况，即资信能力，而较少考虑资金需求者的某些特定资产的质量状况。在应收账款证券化下，投资者则将注意力集中于应收账款组合的质量状况、未来现金流量的可靠性和稳定性，以及交易结构的严谨性和有效性，而将资产发起人本身的资信能力置于一个相对较次要的位置。尽管应收账款证券化融资涉及多项费用支出，如托管银行的托管费用、证券承销商的承销费用等，但是其总的融资成本比率很低。据专家估计，相对于传统融资方式来说，应收账款证券化每年能为企业（发起人）节约至少相当于融资额0.5%的融资成本。另外，由于应收账款的及时变现，清除了坏账隐患，减少了信用调查及应收账款的开支。而且，应收账款证券化运用成熟的交易结构和信用增级技术，改善了ABS的发行条件，使资产发起人能以高于或等于面值的价格出售证券，加上支付的利率较低，其融资成本必然会大幅度降低。

3. 转嫁应收账款回收风险

应收账款证券化是一种以企业应收账款的现金流为基础的融资方式。企业把应收账款出售给SPV后，即使遭到破产清算，已出售应收账款也不会被列入清算资产的范围，这种“破产融离”安排是资产证券化“风险融离”机制的一种，也是资产证券化区别于其他融资方式的一个非常重要的方面。它使证券的投资者能够只承担他们所愿意承担的风险，而不必是企业所面临的所有风险。同时，企业也实现了应收账款回收上风险的转移。

七、应收账款信用保险

（一）应收账款信用保险模式内涵

应收账款存在难以收回的可能性，对于销货方企业（尤其是中小型的销货方企业）来说可能因为买方违约导致现金流断裂，在向银行申请贷款过程中受到很大的限制。一方面，随着保险业的兴起，针对信用风险而产生的信用保险得到越来越广泛的应用，另一方面企业亟需一种能够避免应收账款坏账风险，保证现金流畅通的产品，于是应收账款与信用保险相结合的融资模式应运而生。所谓信用保险就是以债务人的信用风险为保险标的的保险形式。应用到企业应收账款中的信用保险其主要功能是保障企业应收账款的安全，其原理是以商品赊销债务人的信用作为保险标的，当债务人不能履行其义务时，由保险人承担赔偿责任，把债务人的保证责任转移给保险人，这样，企业就把未到期的应收账款的风险降到最低，同时将原本沉淀的资产转变为银行认可的还款来源，也避免了销货方企业自有资金不足难以自发筹款和相互担保的风险性。

（二）应收账款信用保险模式运作流程

应收账款信用保险作为一种融资手段，越来越被企业所重视。从世界范围来看，福布斯500强中，有80%的企业购买了应收账款信用保险。应收账款保险保障的是企业应收账款的安全，承保的风险主要是买家信用风险，包括：因买方破产、无力偿付债务以及买方拖欠货款而产生的商业风险。虽然信用保险仅限于非正常损失，保险公司通常把保险金额限制在一定的范围内，要求被保险企业承担部分坏账损失，但是这种方式仍然可以把企业所不能预料的重大损失的风险转移给保险公司，使应收账款的损失率降至最低。此外，企业还可以通过保险机构更加方便可靠地得到买家的资信情况，对买家持续跟踪，从资金实力、信用程度、道德风险等多方面对买家做出全方位的评估。为企业的应收账款投保险将成为企业缓解信用危机、转移坏账风险的一条必由之路。

应收账款信用保险的具体运作流程如下：（1）当拥有应收账款的销货方企业有融资需求后，向保险公司提出申请，并提交贷款需求、实际用途以及相关买方资料等；（2）保险公司对其买方进行信用资信评审、现场考察，并进行筛选；（3）保险公司如果通过买方审核决定承保后，批复应收账款信用保单，核准保险额度；（4）提高了授信度的销货方企业在保险公司的安排下与银行对接，即保险公司将企业推荐给不同的银行或投资机构；（5）银行或投资银行在根据实际情况，对销货方企业进行调查研究，根据客户（销货方企业）的资信状况以及保险公司核准的保险额度审批客户的融资额度；（6）销货方企业接受银行或投资机构提供的融资方案，与保险公司正式签订合同，与银行、保险公司签订《赔偿转让协议》，将应收账款保单权益转让给银行或投资机构。见图7－10。

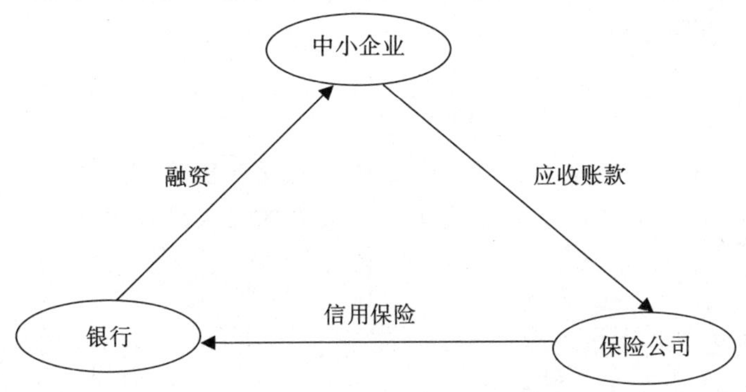

图7－10　应收账款信用保险业务流程

（三）应收账款信用保险模式预期效果

国际上通行的“应收账款＋信用保险”的融资模式盘活了企业的应收账款，帮助企业扩大了融资渠道，突破企业自有资金、固定资产等限制给企业发展带来的约束，真正做到融资量随业务发展而增长。同时应收账款信用保险将信用风险转嫁到保险公司，为企业打掉了坏账产生的土壤，把守住应收账款拖欠造成损失的门户。应收账款信用保险将应收账款信用保单作为抵押，运用信用保险的形式保证了应收账款回收失败损失的补偿，提高了企业的资信度，使企业成为银行认可的客户，增加了银行提供贷款的可能性。保险公司可以提供应收账款信用保单，保证销货方（融资人）的利益，当出现应收账款难以回收的损失时，对销货方（融资人）进行赔付，再由销货方（融资人）偿还银行的贷款，同时保证了银行和借款人的利益。应收账款信用保险的附加值就在于，既为销货方（融资人）提供了应收账款的保险，增加了融资渠道，也为银行贷款提供了风险保障，于是形成了银行、保险公司、借款中小企业三方共赢的局面。而且，应收账款信用保险，可以从源头上控制买方风险，将贷款前后，包括对买方的信用评价过程交由专业咨询和服务机构——保险公司，形成了成本低、效率高、手续简单、不用担保抵押、评审门槛低的独特优势；并且在这一过程中，企业的财务管理和经营效益得到了保证。

应收账款信用保险能够为中小企业创造更多的收益，相比其他融资产品而言，它可以规避财务风险，降低融资成本，帮助中小企业时时监控应收账款状况，并且将这部分资金充分运用，稳定资金流，维持经营管理，提高自身授信度，成为银行合格的借款者，实现融资。首先通过应收账款信用保险，解决了中小企业固定资产不足，抵押担保物缺乏的问题，很大程度地带动了中小企业的资金运作和供应链加速运转，同时较低的融资成本，也有力地推动了其经营效益；其次信用保险充分运用于应收账款，解决了中小企业授信度低的问题，通过保险公司的承保，合理控制了应收账款的风险，使中小企业更容易达到银行的客户标准。

任务四　基于供应链融资的营运资金管理模式设计

任务目标

1. 掌握基于供应链融资的营运资金管理模式设计思路；
2. 掌握典型的基于供应链融资的营运资金管理模式设计方案。

导入案例

得利斯畜牧科技有限公司现有合同养殖户220户，户均养猪200头。其供应链主要包括原料供应、生猪养殖、屠宰加工和销售四个节点。得利斯（潍坊）同路饲料有限公司是饲料供应商，向养殖户提供饲料供应；养殖户进行生猪饲养；得利斯畜牧科技有限公司是龙头企业，与农户签订回购协议，为农户提供猪仔，并通过合作社推广养殖技术；收货时，收购生猪进行屠宰、分割和深加工、包转，同时提供仓储、运输和营销服务；最终通过营销网络将肉类产品销售给城市商超、大卖场、代理商等，再由超市等分销零售商销售给最终消费者。

该供应链中养殖户的流动资金需求主要通过两个途径进行满足：一是包括龙头企业提供的仔猪、技术和饲料企业提供的补贴在内的供应链内部融资；二是由青岛银行平度支行提供的担保贷款。在担保贷款过程中涉及的主要主体有：作为资金供给方的青岛银行平度支行，作为资金需求方的养殖户，为农户贷款提供担保的青岛平和担保公司和为农户贷款提供反担保的得利斯畜牧科技有限公司。在此过程中，得利斯公司同意为农户提供反担保，与担保公司签订《反担保人担保合同》，声明对农户的贷款承担连带责任，当农户违约时，得利斯公司需代位清偿借款本金、利息、担保费、违约金等费用。得利斯负责考察缺少资金的养殖户的养殖水平、信用风险等条件，在确认其符合得利斯的扶植条件后，将其推荐给担保公司。之后，签订《客户审批表》（由担保公司提供），由销售经理、总经理签字后提交给担保公司。通过审批后，养殖户需由本人作为借款人办理手续，签订《委托担保合同》，声明同意平和担保公司以保证的方式对农户从青岛银行平度支行取得的贷款提供担保。

平和担保公司执行的青岛银行平度支行的月利率为0.5265%，养殖户除承担银行利率外还要交纳0.3%的担保费和10%的风险保证金。保证金部分可以现金支付或从贷款总额中扣除，在养殖户还款后返还，但这意味着养殖户只能使用贷款额度的90%；若农户违约，则由担保公司用来支付欠款。同时，养殖户与担保公司签订《棚舍抵押协议》，提供棚舍作为抵押，在养殖期间则以活物作为抵押，若养殖户无法按期归还贷款，则由担保公司对抵押物进行出售、租赁等。作为借款人的养殖户还需与担保公司签订《委托监管合同》，养殖户办理一张青岛银行平度支行贷款卡和一张农业银行卡，在贷款期间由担保公司进行监管。农户取得贷款后，不能提现，只能经由银行系统购买得利斯同路饲料有限公司的饲料；资金流向由担保公司和得利斯公司共同监管，以确保担保资金的安全。贷款期限分为三个月和六个月两种，如果养殖户不能如期还款，须向担保公司交纳贷款总额20%的违约金，并自行承担银行违约记录；担保公司代为偿付养殖户全部欠款并向得利斯追索。此外，如果客户较为集中，可由担保公司前往养殖户所在地统一办理手续，以节约养殖户来回路途的成本。所以，在担保贷款中，农户所承担的实际月利率为0.9183%；此外，农户还需给担保公司每吨全价料25元，作为对贷款人的约束。按每头肥猪耗用饲料260kg计算，公司或养殖户需要为此多支付6.5元/头。按贷款期限三个月、每头肥猪生长周期的后三个月耗料200kg（500元）计算，每头肥猪应付利息4.6元，两项合计11.1元/头。

案例思考：得利斯和平和担保公司在运用供应链金融时是如何实现风险控制的？供应链金融对得利斯及其供应商的营运资金管理产生了哪些影响？

任务解构

一、基于供应链融资的营运资金管理模式设计思路

供应链金融的实现以供应链中核心企业与其上下游中小企业稳定交易关系为基础，以核心企业的信用担保为依托，借助第三方金融机构的资金支持，解决中小企业融资困难，它是解决或缓解供应链资金在企业与供应商之间配置不均问题的有效途径。当供应商处于供应链核心地位时，企业可以利用供应链金融产品，借助供应商融资信用，拓展企业融资渠道，缓解营运资金筹资压力；当企业处于核心地位时，利用供应链金融产品，可以向供应商转移筹资信用，帮助供应商解决资金困境，不需要向供应商提供额外商业信用或直接资金支持，节约自身营运资金占用额。因此，无论企业是否处于供应链的核心地位，积极利用供应链金融的力量，都有利于自身营运资金管理绩效的提升。

企业在利用供应链金融提升企业营运资金管理绩效时，应注意以下两点。

第一，企业应注重培养与供应商之间稳定的交易关系。供应链金融的产生以企业与供应商之间的商业交易为基础，获得潜在商业利益是核心企业向中小企业转移融资信用的动力和根本原因，企业只有与供应商建立稳定的交易关系，才能确保供应链金融筹资方式的顺利实现。

第二，企业应利用供应链金融产品促成筹资信用由核心企业向中小企业传递，以实现融资信用在供应链中的优化配置，利用供应链金融，能够加强供应链中资金薄弱环节的资金支持，提升供应链各节点企业的共同融资能力，降低供应链资金断裂风险，促进企业与供应商之间合作关系的可持续发展，实现双方利益共赢，推进企业营运资金管理绩效的持续提升。

第三，企业应注重协调银行、物流公司等第三方企业之间的关系，实现供应链中资金的优化配置，供应链金融的实现不仅需要企业建立与供应商稳定的交易关系，还需要银行等金融机构的资金支持，需要物流公司的协调监管，企业应注重协调与供应链网络中各节点企业的关系，促成供应链金融的实现，以期提高营运资金管理绩效。

二、基于供应链融资的营运资金管理模式设计方案

供应链金融融资模式突破了传统的以企业偿债能力为考核主体的融资模式，将供应链企业之间的交易以及相关经营业务产生现金流的能力作为考核主体，并以核心企业信用为基础，结合融资企业的资信水平为其提供贷款。以企业采购交易为依托的常见供应链融资模式有：

（一）基于单次采购的融资模式

与传统的银行融资模式基于银行对企业的主体评级不同，供应链金融融资模式可以是支持基于单次交易及相关经营业务的融资。基于单次采购的供应链金融融资

模式，是围绕供应商与企业之间的交易开发的供应链金融产品，以两者中的核心企业信用为依托，以支持双方的单次交易以及相关经营活动为融资目标，以产品销售收入或相关经营收入直接偿还借款。在这种模式下，银行对融资项下的资产及其产生的收入有相当程度的控制权，借款人可以没有其他实质性资产，靠贸易活动产生的现金流偿付，银行结合借款人资信水平，重点考察业务本身自我清偿特征以及借款人组织该笔交易的能力，对该笔业务进行评级。

（二）1 + N 融资模式

"1 + N"融资模式由深圳发展银行提出，是广为业界使用的供应链产品系统集成模式，在商业银行和核心企业（即"1"）的统筹安排下，针对供应链不同片段的交易结构及其衍生的融资需求关键节点，选择性地对核心企业上下游的供应商和分销商（即"N"）提供授信。这种融资以提高整个供应链的融资便利性和降低融资综合成本为导向。在"1 + N"模式下，银行可以围绕核心企业为其多家供应商提供资金支持，降低企业采购资金压力，同时提高核心企业对主办银行的依赖，并创造对"1"开发的更多机会，实现多方共赢。

项目回顾

1. 供应链融资站在供应链全局的高度，跳出了单个企业的传统局限，通过优势互补，协调供应链资金流，降低供应链整体财务成本。供应链金融的实现以供应链中核心企业与其上下游中小企业稳定交易关系为基础，以核心企业的信用担保为依托，借助第三方金融机构的资金支持，解决中小企业融资困境，它是解决或缓解供应链资金在企业与供应商之间配置不均问题的有效途径。无论企业是否处于供应链的核心地位，积极利用供应链金融的力量，都有利于自身营运资金管理绩效的提升。

2. 本章介绍了几类典型的供应链融资模式，具体操作流程不尽相同，但基本原理却异曲同工。当供应商处于供应链核心地位时，企业可以利用供应链金融产品，借助供应商融资信用，拓展企业融资渠道，缓解营运资金筹资压力；当企业处于核心地位时，利用供应链金融产品，可以向供应商转移筹资信用，帮助供应商解决资金困境，不需要向供应商提供额外商业信用或直接资金支持，节约自身营运资金占用额。

专业技能训练

1. 江苏徐工工程机械租赁有限公司开展的基于信息化的工程机械供应链金融，以徐工集团主机制造企业为核心企业，包含上游供应商、下游经销商、用户在内的供应链各环节为服务对象；以融资租赁业务解决方案及信用销售风险控制整体解决方案为服务方式；开发满足核心企业需求的金融服务产品，配套提供如金融、资产运作、经营租赁等综合型支持服务；为制造企业、经销商、用户解决现金流并提供信用销售整体风险控制服务。徐工集团自办金融企业，由这个金融企业为供应链的其他环节开展按需定制的从在线供应链金融到业务经营的综合服务体系，强化了链主主导性的同时也强化了所在供应链的一致性以及整体的竞争力。

请思考：请搜集徐工集团供应链金融的相关背景资料，为其设计基于供应链金融的营运资金管理方案。

2. 苏宁在线供应链金融是苏宁上游供应商申请贷款的平台，是连接供应商和苏宁信贷核心系统的枢纽，苏宁在线供应链金融平台提供丰富的贷款产品，供应商可以通过系统，根据贷款金额、期限、还款方式等选择适合的贷款产品。作为传统零售商业企业的代表，苏宁在互联网化的道路上从不缺乏勇气与真诚。苏宁的轨迹对于传统企业转型与O2O具有非常重要的学习参考价值。不仅仅由于体量与规模、更因为苏宁对于创新的内在渴望，让苏宁对社会带来了更为积极和广泛的影响。

请思考：假设自己是苏宁云商的一家小型供应商，应如何运用苏宁在线供应链金融所提供的产品，进行融资？

3. 中国外运长航集团有限公司建设的中国外运长航集团金融物流信息化平台集成先进管理思想和技术手段，旨在通过对与金融物流有重要关联的物流、资金流、信息流等采集和集成，为供应链各方提供基础信息，满足各方信息交换、信息共享和互操作的需求，真正实现“三流合一”。本平台目前已经支持了分布在全国的近万个监管项目，涉及钢铁、煤炭、矿石、油品、粮食、棉花等十余个大类产品；与50家银行合作，协助银行贷款授信5 000多亿元；为超过上万家各行业客户提供了金融物流信息服务。电子商务行业迎来高速发展，物流行业在中国经济产业结构中的受关注程度也迎来了历史高峰，无论是2C或是2B，物流的信息化、智能化、互联网化程度很大程度影响着电子商务的整体发展水平，物流的进步带给社会经济的是基础性的重大影响。

请思考：物流企业在供应链金融中发挥了哪些作用？请以中国外运长航集团有限公司为例，总结物流行业所适用的供应链金融模式。

4. 中建材国际贸易有限公司建设的外贸电商公共服务平台——易单网依托中建材强大的供应链整合能力，聚合外贸上、中、下游资源，为国内生产企业提供全新的一站式出口渠道。优质的国内生产企业免费进驻平台，通过嫁接中建材的平台、资源、品牌和海外营销网络，带动中国企业产品走向世界。易单网“E点通在线融资”是中建材国际贸易有限公司与中国建设银行合作，使用银企直连方式进行电子信息交互，通过受让上游供应商为中建材国际贸易供货或者提供服务所产生的应收账款，为中建材国际贸易遍布全国的上游供应商提供“一点接入，全国共享”的全流程网络保理服务。作为中国传统行业之一，建材行业一直在找寻自己的传统行业转型道路，易单网“E点通在线融资”为传统建材行业开展供应链电子商务以及跨境电子商务开辟了一条崭新的道路。

请思考：请以中建材国际贸易有限公司为例，梳理传统行业搭建供应链融资平台的适用模式和具体方案。

教学设计与实践

1. 根据教学计划，针对任务一、任务二、任务三、任务四内容，进行教学设计，编写教案，制作多媒体课件等演示资源，合理组织教学过程，开展实践教学。

2. 根据项目各任务导入案例的思考要求，合理运用案例讨论方法与工具，开展讨论式教学实践。

3. 根据项目实训要求，结合教材及补充资料中的案例，组织学生分组进行基于供应链金融的营运资金管理方案设计。

附录 1

2011 年中国上市公司营运资金管理绩效排行榜

附录 1－1　2011 年中国上市公司营运资金管理绩效排行榜（按渠道）

中国企业营运资金管理研究中心

公司简称	股票代码	采购渠道营运资金周转期	生产渠道营运资金周转期	营销渠道营运资金周转期	经营活动营运资金周转期（按渠道）
农、林、牧、渔业 A					
登海种业	002041	22	－59	30	－8
ST 中农	600313	2	2	－2	2
新农开发	600359	46	－191	147	3
益生股份	002458	26	－1	8	33
星河生物	300143	－1	20	16	35
罗牛山	000735	12	123	－84	51
圣农发展	002299	16	6	30	53
海南橡胶	601118	0	－3	58	55
民和股份	002234	9	27	21	56
ST 香梨	600506	7	35	22	65
行业平均		57	31	71	159
采掘业 B					
国投新集	601918	－93	－20	－10	－123
盛达矿业	000603	－1	－5	－91	－96
恒源煤电	600971	－35	－89	59	－65
中国神华	601088	－22	－35	1	－56
金瑞矿业	600714	10	－35	－23	－48
杰瑞股份	002353	44	35	110	189
格林美	002340	138	16	111	265
恒泰艾普	300157	－1	－8	308	300
海默科技	300084	68	46	198	313
潜能恒信	300191	78	－1	337	413
行业平均		－15	－5	9	－11

续表

公司简称	股票代码	采购渠道营运资金周转期	生产渠道营运资金周转期	营销渠道营运资金周转期	经营活动营运资金周转期（按渠道）
制造业—食品、饮料 C0					
五粮液	000858	6	35	-113	-72
洋河股份	002304	-5	-8	-48	-61
承德露露	000848	-3	-6	-44	-53
青岛啤酒	600600	3	-46	-7	-50
伊利股份	600887	-16	-13	-10	-39
古越龙山	600059	-7	1	253	247
中粮屯河	600737	-12	44	224	256
沱牌舍得	600702	-84	316	47	280
华资实业	600191	241	45	93	380
金字火腿	002515	18	317	106	441
行业平均		7	3	4	14
制造业—纺织、服装、皮毛 C1					
德锦股份	002072	-111	-28	103	-36
维科精华	600152	-15	-11	15	-11
宏达高科	002144	-21	6	8	-7
凯诺科技	600398	-7	2	3	-3
申达股份	600626	-12	5	8	2
山东如意	002193	7	113	187	307
红豆股份	600400	-50	302	91	342
凯撒股份	002425	70	-2	275	343
天山纺织	000813	147	70	140	357
中银绒业	000982	145	20	204	369
行业平均		17	19	64	99
制造业—木材、家具 C2					
德尔家居	002631	-11	-15	-4	-30
索菲亚	002572	-7	-6	4	-9
浙江永强	002489	-62	21	104	63
大亚科技	000910	-28	7	100	79
金叶珠宝	000587	11	-15	97	94
兔宝宝	002043	23	28	57	108
升达林业	002259	-45	82	91	129
丰林木业	601996	-1	70	64	133
威华股份	002240	36	56	59	151
国栋建设	600321	84	-13	123	194
行业平均		-6	22	93	110

续表

公司简称	股票代码	采购渠道营运资金周转期	生产渠道营运资金周转期	营销渠道营运资金周转期	经营活动营运资金周转期（按渠道）
制造业—造纸、印刷 C3					
ST 宜纸	600793	-34	-146	-69	-249
美利纸业	000815	-28	-180	176	-32
东港股份	002117	-56	-13	49	-21
盛通股份	002599	-131	24	87	-20
ST 天宏	600419	10	-41	42	11
恒丰纸业	600356	18	-4	124	138
岳阳林纸	600963	59	-11	95	143
安妮股份	002235	20	22	110	151
凯恩股份	002012	17	19	119	155
高乐股份	002348	46	70	146	262
行业平均		-12	-5	105	88
制造业—石油、化学、塑料、塑胶 C4					
天润发展	002113	-184	-255	104	-334
ST 国通	600444	-1	-386	136	-250
*st 宝硕	600155	-11	-108	-3	-121
ST 联华	600617	-72	-140	97	-116
华塑控股	000509	-54	-146	91	-109
山东海龙	000677	-147	2	55	-90
*ST 太化	600281	-75	-68	55	-89
st 黑化	600179	-92	1	13	-77
河池化工	000953	-15	-53	-3	-71
ST 南化	600301	-64	-16	16	-64
行业平均		-10	0	49	40
制造业—电子 C5					
深赛格	000058	14	-60	-108	-154
京东方	000725	-58	-73	87	-44
华东科技	000727	-51	-95	121	-25
正海磁材	300224	-92	29	60	-2
中环股份	002129	29	-116	89	2
精伦电子	600355	-16	13	307	304
拓日新能	002218	9	102	205	316
欧比特	300053	54	0	262	316
东光微电	002504	6	38	325	369
大连控股	600747	129	318	140	586
行业平均		-41	-4	114	69

续表

公司简称	股票代码	采购渠道营运资金周转期	生产渠道营运资金周转期	营销渠道营运资金周转期	经营活动营运资金周转期（按渠道）
制造业—金属、非金属 C6					
四川金顶	600678	-237	-210	321	-126
荣华实业	600311	31	-121	-18	-108
ST 秦岭	600217	-31	-142	83	-90
南坡集团	000012	-44	-24	8	-60
江西水泥	000789	-48	1	5	-41
中钢吉炭	000928	30	170	138	338
大金重工	002487	94	34	268	396
西水股份	600291	233	176	6	415
鲁信创投	600783	107	124	240	470
ST 金谷源	000408	45	123	331	499
行业平均		-2	11	29	38
制造业—机械、设备、仪表 C7					
潍柴重机	000880	-178	-18	-4	-200
岳阳恒立	000622	-51	-362	230	-183
ST 二纺	600604	-19	-201	52	-168
陕鼓动力	601369	-138	4	-24	-158
中国重工	601989	-47	65	-126	-108
先河环保	300137	43	26	318	387
天立环保	300156	-48	304	154	411
长征电气	600112	174	79	163	416
智云股份	300097	35	153	240	428
银河科技	000806	17	154	264	435
行业平均		-54	15	64	24
制造业—医药、生物制品 C8					
ST 国药	600421	-179	-204	153	-230
东阿阿胶	000423	1	-38	11	-25
北海国发	600538	-7	-117	110	-14
太极集团	600129	-66	-14	77	-3
ST 金花	600080	-24	-12	37	2
沃华医药	002107	27	33	297	357
四环生物	000518	118	94	179	391
闽东电力	600993	-26	244	204	422
紫鑫药业	002118	94	126	203	422
中恒集团	600252	85	182	156	424
行业平均		-22	3	100	81

续表

公司简称	股票代码	采购渠道营运资金周转期	生产渠道营运资金周转期	营销渠道营运资金周转期	经营活动营运资金周转期（按渠道）
制造业—其他 C9					
比亚迪	002594	-85	1	73	-11
两面针	600249	-20	24	32	36
伟星股份	002003	-11	5	45	38
老凤祥	600612	-9	-1	49	39
帝龙新材	002247	-6	-9	54	40
潮宏基	002345	-4	6	267	269
中科英华	600110	73	32	170	275
坚瑞消防	600116	9	5	313	327
天津磁卡	600800	-72	147	288	364
山下湖	002173	48	284	360	692
行业平均		-39	5	82	48
电力、煤气及水的生产和供应业 D					
黔源电力	002039	-205	-116	-31	-352
江南水务	601199	-50	-22	-149	-221
哈投股份	600864	5	-10	192	-197
漳泽电力	000767	-163	-26	57	-132
红阳能源	600758	31	-110	-46	-126
武汉控股	600168	-359	254	288	184
首创股份	600008	61	140	-13	188
大连热电	600719	68	-2	141	206
深南电	000037	16	130	181	327
闽东电力	000993	-26	244	204	422
行业平均		-26	-15	39	-2
建筑业 E					
中工国际	002051	-69	26	-79	-122
中国铁建	601186	-96	22	13	-60
北方国际	000065	-176	29	86	-60
中国化学	601117	-28	15	-46	-60
上海建工	600170	-51	18	-21	-54
嘉寓股份	300117	-97	159	93	155
万邦达	300055	-209	179	193	163
东方园林	002310	-80	158	94	172
腾达建设	600512	-90	322	110	343
新疆城建	600545	-41	330	87	376
行业平均		-94	126	53	85

续表

公司简称	股票代码	采购渠道营运资金周转期	生产渠道营运资金周转期	营销渠道营运资金周转期	经营活动营运资金周转期（按渠道）
交通运输、仓储业 F					
富临运业	002357	38	-218	-126	-305
福建高速	600033	-226	-9	12	-223
楚天高速	600035	-57	-97	-64	-219
唐山港	601000	-156	-17	-9	-182
保税科技	600794	-62	-120	13	-168
中昌海运	600242	116	65	44	224
铁龙物流	600125	-4	235	13	245
龙江交通	601188	7	71	189	267
海特高新	002023	145	38	203	386
海南高速	000886	-58	270	255	467
行业平均		-32	-14	11	-35
信息技术业 G					
ST 博通	600455	-106	-429	-20	-555
中国联通	600050	-149	-15	-27	-191
太光电信	000555	-32	-164	17	-178
星美联合	000892	-15	-154	-9	-178
同花顺	300033	73	13	-210	-124
中创信测	600485	1	266	65	332
赛为智能	300044	-5	132	228	355
太公天成	600392	3	168	244	416
键桥通讯	002316	102	61	332	496
ST 沪科	600608	-27	469	226	668
行业平均		-83	-1	46	-38
批发和零售贸易 H					
海宁皮城	002344	-62	118	-254	-197
ST 海建	600515	-88	-38	-65	-191
武汉汉昌	600774	-74	-73	-12	-158
上海友谊	600827	-38	-22	-57	-117
鄂武商	000501	-40	-29	-44	-112
中国高科	600730	-4	167	25	187
国恒铁路	000594	160	-53	92	199
飞亚达	000026	-2	0	207	205
成城股份	600247	172	79	-7	244
广东明珠	600382	148	56	269	473
行业平均		-30	9	22	1

续表

公司简称	股票代码	采购渠道营运资金周转期	生产渠道营运资金周转期	营销渠道营运资金周转期	经营活动营运资金周转期（按渠道）
房地产业 J					
高新发展	000628	-91	-73	40	-124
海德股份	000567	261	-935	557	-117
世联地产	002285	6	-31	14	-11
绿景控股	000502	-25	140	-74	41
S＊ST 前锋	600733	-19	299	-237	42
银基发展	000511	-147	2 022	155	2 031
荣丰控股	000668	-129	2 055	583	2 509
宜华地产	000150	-114	2 908	19	2 813
泛海建设	000046	143	2 912	92	3 147
ST 中房	600890	-585	5 748	3	5 166
行业平均		-15	706	-155	536
社会服务业 K					
科学城	000975	-8	-318	-17	-342
电科院	300215	-123	-3	-52	-178
渤海租赁	000415	0	-123	-49	-172
中国国贸	600007	7	-147	10	-131
深零七	000007	-14	-92	-25	-131
国电清新	002573	-18	38	116	135
延华智能	002178	-54	116	108	169
维尔利	300190	-87	134	135	181
中电环保	300172	-4	26	169	191
巴安水务	300262	-110	80	328	298
行业平均		-14	5	25	16
传播与文化产业 L					
歌华有线	600037	-97	-31	-97	-224
广电网络	600831	-58	-24	-120	-203
中视传媒	600088	-192	69	-42	-166
天威视讯	002238	-55	-40	-26	-121
博瑞传播	600880	-12	-33	-41	-86
粤传媒	002181	-125	79	227	180
聚友网络	000693	-163	78	266	181
光线传媒	300251	104	7	114	226
华策影视	300133	158	-5	98	251
华谊兄弟	300027	42	56	167	264
行业平均		-45	-4	50	1

续表

公司简称	股票代码	采购渠道营运资金周转期	生产渠道营运资金周转期	营销渠道营运资金周转期	经营活动营运资金周转期（按渠道）
综合类 M					
世纪星源	000005	-108	-208	-337	-652
盛屯矿业	600711	46	-340	65	-229
工大高新	600701	-17	-107	-62	-186
大众公用	600635	-33	-10	-36	-79
创兴资源	600193	-14	-137	88	-62
同济科技	600846	-41	399	-96	263
中国宝安	000009	-33	218	139	325
中信国安	000839	101	91	144	336
综艺股份	600770	17	135	197	349
力合股份	000532	71	68	223	363
行业平均		-9	76	11	78

附录 1-2　2011 年中国上市公司营运资金管理绩效排行榜（按要素）

中国企业营运资金管理研究中心

公司简称	股票代码	存货周转期	应收账款周转期	应付账款周转期	经营活动营运资金周转期（按要素）
农、林、牧、渔业 A					
ST 中农	600313	9	7	4	11
益生股份	002458	23	13	20	17
星河生物	300143	34	16	27	23
开创国际	600097	77	3	54	26
民和股份	002234	50	10	19	40
ST 香梨	600506	29	16	3	42
圣农发展	002299	56	20	21	55
海南橡胶	601118	56	8	8	55
华英农业	002321	80	33	55	58
新五丰	600975	73	13	7	78
行业平均		148	28	26	150
采掘业 B					
国投新集	601918	43	8	117	-66
神火股份	000933	26	12	56	-18
平煤股份	601666	8	42	51	-1
中国石油	601857	29	11	40	-1
山东黄金	600547	5	0	6	-1
杰瑞股份	002353	100	106	29	178
格林美	002340	199	51	21	229
海默科技	300084	100	192	27	265
恒泰艾普	300157	4	326	4	327
潜能恒信	300191	1	357	1	357
行业平均		26	15	32	10

续表

公司简称	股票代码	存货周转期	应收账款周转期	应付账款周转期	经营活动营运资金周转期（按要素）
制造业—食品、饮料 C0					
伊利股份	600887	28	3	40	-9
西藏发展	000752	18	3	15	6
双汇发展	000895	15	2	9	8
金新农	002548	27	4	19	12
梅花生物	600873	51	15	55	12
莫高股份	600543	245	72	43	274
古越龙山	600059	359	33	84	308
沱牌舍得	600702	399	59	142	316
金字火腿	002515	411	43	16	437
ST 皇台	000995	431	225	104	552
行业平均		55	18	23	50
制造业—纺织、服装、皮毛 C1					
德锦股份	002072	118	40	160	-2
申达股份	600626	11	19	20	10
桐昆股份	601233	17	19	25	11
新华锦	600735	28	47	52	23
宏达高科	002144	39	53	68	25
瑞贝卡	600439	241	47	17	270
三毛派神	000779	260	103	54	309
天山纺织	000813	283	73	27	329
中银绒业	000982	322	83	59	345
红豆股份	600400	644	64	98	610
行业平均		85	42	38	90
制造业—木材、家具 C2					
德尔家居	002631	42	11	48	5
索菲亚	002572	18	12	21	10
浙江永强	002489	76	70	106	40
大亚科技	000910	106	58	79	84
升达林业	002259	183	38	133	88
兔宝宝	002043	120	22	34	109
金叶珠宝	000587	95	28	2	121
丰林木业	601996	131	52	44	140
威华股份	002240	133	36	28	140
科冕木业	002354	138	99	69	169
行业平均		108	56	61	103

续表

公司简称	股票代码	存货周转期	应收账款周转期	应付账款周转期	经营活动营运资金周转期（按要素）
制造业—造纸、印刷 C3					
盛通股份	002599	54	88	164	-21
美盈森	002303	45	98	140	3
东港股份	002117	42	40	77	5
银鸽投资	600069	54	55	92	17
齐心文具	002301	58	50	82	26
冠豪高新	600433	106	84	58	133
岳阳林纸	600963	183	81	123	140
凯恩股份	002012	113	92	45	160
高乐股份	002348	60	132	6	187
美利纸业	000815	313	105	210	208
平均值		79	81	74	86
制造业—石油、化学、塑料、塑胶 C4					
丹化科技	600844	38	26	189	-125
ST金化	600722	42	54	209	-114
山东海龙	000677	75	38	196	-83
亚星化学	600319	52	61	191	-78
扬农化工	600486	30	60	143	-53
山西焦化	600740	20	85	155	-51
ST南化	600301	28	25	103	-49
st黑化	600179	35	50	119	-34
远兴能源	000683	12	24	70	-34
*ST太化	600281	58	57	145	-31
行业平均		48	41	48	40
制造业—电子 C5					
海润光伏	600401	50	53	126	-23
通富微电	002156	47	61	124	-15
*ST福日	600203	6	23	30	0
长电科技	600584	45	48	91	3
科力远	600478	36	39	64	12
东光微电	002504	112	273	79	306
旭光股份	600353	193	208	89	312
英飞拓	002528	177	166	28	315
精伦电子	600355	251	221	130	342
大连控股	600747	286	122	54	355
行业平均		61	91	72	81

续表

公司简称	股票代码	存货周转期	应收账款周转期	应付账款周转期	经营活动营运资金周转期（按要素）
制造业—金属、非金属 C6					
中孚实业	600595	41	22	138	-75
洛阳玻璃	600876	93	59	192	-39
江西水泥	000789	34	12	80	-33
云煤能源	600792	18	33	77	-27
ST 珠峰	600338	50	5	80	-25
棱光实业	600629	89	304	85	308
鲁信创投	600783	169	170	30	309
ST 金谷源	000408	0	341	19	322
大金重工	002487	98	264	33	329
中钢吉炭	000928	251	113	29	335
行业平均		61	29	45	45
制造业—机械、设备、仪表 C7					
潍柴重机	000880	29	2	195	-165
江淮动力	000816	67	57	168	-44
江淮汽车	600418	21	20	73	-32
一汽夏利	000927	31	47	109	-31
金龙汽车	600686	42	82	153	-29
先河环保	300137	102	315	45	372
时代科技	000611	308	99	31	376
南通科技	600862	445	63	131	377
天立环保	300156	340	205	90	456
智云股份	300097	234	323	52	505
行业平均		71	84	91	64
制造业—医药、生物制品 C8					
太极集团	600129	70	43	109	4
普洛股份	000739	69	57	107	19
ST 金花	600080	33	32	41	24
誉衡药业	002437	41	8	17	33
东阿阿胶	000423	33	20	20	33
沃华医药	002107	49	282	9	322
东盛科技	600771	146	308	131	324
鼎立股份	600614	369	49	92	326
中恒集团	600252	365	45	52	358
闽东电力	600993	472	47	47	472
行业平均		-22	64	78	50

续表

公司简称	股票代码	存货周转期	应收账款周转期	应付账款周转期	经营活动营运资金周转期（按要素）
制造业—其他 C9					
中科英华	002594	50	68	104	14
伟星股份	002610	44	43	59	28
柳州两面针	002549	11	63	44	30
老凤祥	002247	53	45	54	43
新海股份	600612	66	5	20	52
有研硅股	600086	255	8	22	241
康耐特	002345	276	15	26	264
潮宏基	300016	38	322	86	275
SY 磁卡	600800	173	451	139	485
山下湖	002173	587	125	22	690
行业平均		76	50	67	193
电力、煤气及水的生产和供应业 D					
黔源电力	002039	1	50	206	-156
江南水务	601199	19	45	199	-135
哈投股份	600864	15	49	186	-122
漳泽电力	000767	9	28	125	-88
红阳能源	600758	8	41	128	-79
武汉控股	600168	205	71	92	184
首创股份	600008	205	109	24	290
大连热电	600719	390	15	35	370
深南电	000037	578	163	359	381
闽东电力	000993	472	47	47	472
行业平均		24	40	55	9
建筑业 E					
北方国际	000065	40	107	191	-45
中国铁建	601186	53	46	131	-32
中国海诚	002116	11	28	35	3
中国化学	601117	38	46	73	10
延长化建	600248	40	102	131	11
科达股份	600986	200	182	190	192
宏润建设	002062	335	32	122	245
深天健	000090	385	32	48	369
新疆城建	600545	407	84	70	421
腾达建设	600512	568	149	109	609
行业平均		208	81	110	178

续表

公司简称	股票代码	存货周转期	应收账款周转期	应付账款周转期	经营活动营运资金周转期（按要素）
交通运输、仓储业 F					
福建高速	600033	0	30	310	-279
楚天高速	600035	0	1	231	-230
唐山港	601000	7	16	169	-146
赣粤高速	600269	11	28	175	-136
深高速	600548	0	35	113	-78
龙江交通	601188	219	18	14	222
重庆路桥	600106	208	93	66	235
铁龙物流	600125	243	19	21	241
海特高新	002023	158	198	28	327
海南高速	000886	477	159	84	551
行业平均		15	25	51	-11
信息技术业 G					
中国联通	600050	7	25	156	-123
ST 博通	600455	42	51	143	-49
ST 波导	600130	38	19	81	-24
星美联合	000892	—	—	15	-15
中国卫星	600118	51	94	157	-13
新 大 陆	000997	347	92	107	332
远望谷	002161	119	273	51	341
键桥通讯	002316	94	343	86	351
数源科技	000909	471	34	134	372
中创信测	600485	314	224	72	467
行业平均		39	61	102	-2
批发和零售贸易 H					
华联股份	000882	—	8	162	-154
武汉汉昌	600774	6	2	107	-99
庞大集团	601258	53	7	143	-82
广百股份	002187	11	7	93	-75
南宁百货	600712	17	1	86	-68
中国高科	600730	196	24	42	178
ST 海鸟	600634	167	40	13	194
昆百大	000560	277	5	86	196
飞亚达	000026	194	38	24	207
广东明珠	600382	51	302	32	321
行业平均		46	14	47	13

续表

公司简称	股票代码	存货周转期	应收账款周转期	应付账款周转期	经营活动营运资金周转期（按要素）
房地产业 J					
世联地产	002285	0	36	4	31
广汇股份	600256	48	60	57	50
高新发展	000628	121	54	102	73
正和股份	600759	189	17	82	124
浙江东日	600113	177	0	13	164
中江地产	600053	2 165	24	34	2 155
ST 中房	600890	3 041	45	649	2 437
荣丰控股	000668	2 899	67	134	2 832
泛海建设	000046	3 414	23	133	3 304
宜华地产	000150	3 661	16	208	3 469
行业平均		914	12	75	851
社会服务业 K					
电科院	300215	0	2	124	-122
飞马国际	002210	18	77	159	-64
锦江股份	600754	4	6	59	-49
宋城股份	300144	0	3	37	-34
丽江旅游	002033	3	4	33	-26
三特索道	002159	175	4	1	178
南京中北	000421	214	17	47	184
中电环保	300172	66	253	127	192
创业环保	600874	14	257	5	266
巴安水务	300262	70	347	133	284
行业平均		36	38	39	35
传播与文化产业 L					
中视传媒	600088	66	11	198	-121
歌华有线	600037	26	2	127	-99
广电网络	600831	17	6	82	-58
天威视讯	002238	3	11	62	-47
皖新传媒	601801	41	40	105	-25
光线传媒	300251	42	110	14	138
电广传媒	000917	215	28	101	142
华策影视	300133	96	85	15	166
聚友网络	000693	142	241	170	213
华谊兄弟	300027	157	182	90	249
行业平均		65	40	75	31

续表

公司简称	股票代码	存货周转期	应收账款周转期	应付账款周转期	经营活动营运资金周转期（按要素）
			综合类 M		
悦达投资	600805	51	114	17	-15
珠海港	000507	659	7	30	-14
申华控股	600653	181	147	39	1
大港股份	002077	204	145	57	4
工大高新	600701	289	101	113	5
同达创业	600647	45	83	53	393
中国宝安	000009	76	15	27	409
黑牡丹	600510	160	27	120	431
同济科技	600846	135	154	67	517
嘉宝集团	600622	60	17	32	636
平均值		136	30	54	112

附录 1-3　2011 年度中国上市公司分地区营运资金管理绩效排行榜（按渠道）

中国企业营运资金管理研究中心

公司简称	股票代码	采购渠道营运资金周转期	生产渠道营运资金周转期	营销渠道营运资金周转期	经营活动营运资金周转期（按渠道）
			东部地区		
世纪星源	000005	-108	-208	-337	-652
科 学 城	000975	-8	-318	-17	-342
盛屯矿业	600711	46	-340	65	-229
歌华有线	600037	-97	-31	-97	-224
福建高速	600033	-226	-9	12	-223
荣丰控股	000668	-129	2 055	583	2 509
宜华地产	000150	-114	2 908	19	2 813
泛海建设	000046	143	2 912	92	3 147
ST 中房	600890	-585	5 748	3	5 166
ST 博元	600656	-2 870	-97 215	114 279	14 194
地区平均		-27	25	22	20
			中部地区		
天润发展	002113	-184	-255	104	-334
ST 国通	600444	-1	-386	136	-250
ST 国药	600421	-179	-204	153	-230
楚天高速	600035	-57	-97	-64	-219
哈投股份	600864	5	-10	-192	-197
中江地产	600053	91	852	351	1 294
长春经开	600215	-157	1 309	-80	1 072
南国置业	002305	164	636	198	997
苏宁环球	000718	-108	1 048	-245	694
福星股份	000926	314	509	-153	670
地区平均		-20	11	41	32

续表

公司简称	股票代码	采购渠道营运资金周转期	生产渠道营运资金周转期	营销渠道营运资金周转期	经营活动营运资金周转期（按渠道）
西部地区					
ST博通	600455	-106	-429	-20	-555
黔源电力	002039	-205	-116	-31	-352
富临运业	002357	38	-218	-126	-305
ST宜纸	600793	-34	-146	-69	-249
广电网络	600831	-58	-24	-120	-203
阳光股份	000608	-160	764	-81	523
格力地产	600185	-81	964	-268	615
重庆实业	000736	-25	952	-58	869
名流置业	000667	182	940	-67	1 056
st明科	600091	-1 886	2 894	562	1 571
地区平均		-20	31	36	48
全国总体					
世纪星源	000005	-108	-208	-337	-652
ST博通	600455	-106	-429	-20	-555
黔源电力	002039	-205	-116	-31	-352
天润发展	002113	-184	-255	104	-334
富临运业	002357	38	-218	-126	-305
荣丰控股	000668	-129	2 055	583	2 509
宜华地产	000150	-114	2 908	19	2 813
泛海建设	000046	143	2 912	92	3 147
ST中房	600890	-585	5 748	3	5 166
ST博元	600656	-2 870	-97 215	114 279	14 194
行业平均		-26	24	26	23

附录1-4　2011年度中国上市公司分地区营运资金管理绩效排行榜（按要素）

中国企业营运资金管理研究中心

公司简称	股票代码	存货周转期	应收账款周转期	应付账款周转期	经营活动营运资金周转期（按要素）
东部地区					
福建高速	600033	0	30	310	-279
潍柴重机	000880	29	2	195	-165
华联股份	000882	0	8	162	-154
唐山港	601000	7	16	169	-146
丹化科技	600844	38	26	189	-125
ST中房	600890	3 041	45	649	2 437
荣丰控股	000668	2 899	67	134	2 832
泛海建设	000046	3 414	23	133	3 304
宜华地产	000150	3 661	16	208	3 469
ST博元	600656	0	116 983	2 976	114 007
地区平均		71	35	56	50

续表

公司简称	股票代码	存货周转期	应收账款周转期	应付账款周转期	经营活动营运资金周转期（按要素）
中部地区					
楚天高速	600035	0	1	231	-230
赣粤高速	600269	11	28	175	-136
漳泽电力	000767	19	45	199	-135
吉电股份	000875	15	49	186	-122
武汉汉昌	600774	6	2	107	-99
中江地产	600053	2 165	24	34	2 155
长春经开	600215	2 117	152	216	2 054
顺发恒业	000631	1 505	3	96	1 412
中茵股份	600745	1 387	150	268	1 268
苏宁环球	000718	1 390	8	150	1 247
地区平均		61	43	56	48
西部地区					
黔源电力	002039	1	50	206	-156
涪陵电力	600452	4	9	90	-76
四川成渝	601107	2	5	74	-68
南宁百货	600712	17	1	86	-68
广电网络	600831	17	6	82	-58
中天城投	000540	1 042	24	259	808
名流置业	000667	1 049	29	107	971
重庆实业	000736	1 145	2	27	1 120
格力地产	600185	2 074	5	104	1 976
st 明科	600091	24 417	688	2 015	23 090
地区平均		94	54	65	83
全国总体					
福建高速	600033	0	30	310	-279
楚天高速	600035	0	1	231	-230
潍柴重机	000880	29	2	195	-165
黔源电力	002039	1	50	206	-156
华联股份	000882	0	8	162	-154
荣丰控股	000668	2 899	67	134	2 832
泛海建设	000046	3 414	23	133	3 304
宜华地产	000150	3 661	16	208	3 469
st 明科	600091	24 417	688	2 015	23 090
ST 博元	600656	0	116 983	2 976	114 007
地区平均		72	38	57	52

附录 2

2012 年中国上市公司营运资金管理绩效排行榜

附录 2－1　2012 年中国上市公司营运资金管理绩效排行榜（按渠道）

中国企业营运资金管理研究中心

公司简称	股票代码	采购渠道营运资金周转期	生产渠道营运资金周转期	营销渠道营运资金周转期	经营活动营运资金周转期（按渠道）
农、林、牧、渔业 A					
新农开发	600359	11	－273	225	－38
登海种业	002041	14	－55	47	6
圣农发展	002299	14	10	－9	15
益生股份	002458	13	1	13	26
星河生物	300143	－6	21	24	39
香梨股份	600506	25	121	201	347
永安实业	000663	17	387	44	447
中福实业	000592	52	295	109	455
ST 景谷	600265	－21	542	63	583
福建金森	002679	187	525	13	725
行业平均		13	33	76	123
采矿业 B					
潞安环能	601699	－144	－34	107	－71
恒源煤电	600971	－34	－89	65	－58
平煤股份	601666	－51	－25	27	－48
靖远煤电	000552	－31	－56	43	－44
中国神华	601088	－23	－32	18	－38
露天煤业	002128	－1	－7	74	66
西部矿业	601168	16	17	44	77
辰州矿业	002155	16	26	45	87
金钼股份	601958	5	9	82	95
西藏矿业	000762	59	－2	197	255
行业平均		－17	－4	14	－8

续表

公司简称	股票代码	采购渠道营运资金周转期	生产渠道营运资金周转期	营销渠道营运资金周转期	经营活动营运资金周转期（按渠道）
制造业—食品、饮料（C13—C16）					
五粮液	000858	2	22	-84	-60
承德露露	000848	-11	-6	-42	-59
洋河股份	002304	-6	-8	-39	-53
青岛啤酒	600600	-1	-47	-1	-49
伊利股份	600887	-16	-15	-10	-41
沱牌舍得	600702	-15	227	36	248
大江股份	600695	7	-33	295	269
华资实业	600191	176	42	86	303
朗源股份	300175	170	30	114	314
国投中鲁	600962	-4	-4	325	318
行业平均		5	5	5	15
制造业—纺织、服装、皮毛（C17—C19）					
常山股份	000158	70	6	-1	76
鲁 泰 A	000726	29	6	53	89
三毛派神	000779	5	-15	228	218
金宇车城	000803	6	152	8	166
华润锦华	000810	19	-20	90	89
九牧王	601566	-33	-11	142	98
鹿港科技	601599	-5	8	104	107
中纺投资	600061	-35	1	77	43
奥康国际	603001	-80	-5	150	65
四海股份	000611	-13	53	245	285
行业平均		6		12	83
制造业—木材、家具（C20—C21）					
索菲亚	002572	4	-13	7	-2
德尔家居	002631	14	-27	13	-1
升达林业	002259	-152	118	78	44
喜临门	603008	-39	13	91	66
大亚科技	000910	-27	8	95	76
国栋建设	600321	28	-5	144	167
吉林森工	600189	19	-33	181	167
丰林集团	601996	4	94	88	186
宜华木业	600978	13	56	137	206
科冕木业	002354	97	104	153	354
行业平均		-14	20	101	107

续表

公司简称	股票代码	采购渠道营运资金周转期	生产渠道营运资金周转期	营销渠道营运资金周转期	经营活动营运资金周转期（按渠道）
制造业—造纸、印刷（C22—C24）					
晨鸣纸业	000488	-23	5	173	154
陕西金叶	000812	0	65	19	84
*ST美利	000815	-55	-178	95	-138
贵糖股份	000833	8	-8	71	72
凯恩股份	002012	11	24	152	187
山鹰纸业	600567	-29	-3	101	68
界龙实业	600836	-47	362	-196	118
岳阳林纸	600963	-49	117	83	151
博汇纸业	600966	-1	-2	146	143
东风股份	601515	-34	2	145	112
行业平均		-23	14	111	103
制造业—石油、化学、塑料、塑胶（C25、C26、C28、C29）					
黄海股份	600579	-255	-355	325	-284
S*S华塑	000509	-107	-226	99	-233
*ST海龙	000677	-243	-100	125	-218
山西焦化	600740	-269	-4	100	-173
南化股份	600301	-122	-60	21	-161
安诺其	300067	12	12	269	293
东方锆业	002167	96	24	176	296
三聚环保	300072	43	13	252	309
大东南	002263	103	33	178	314
天晟新材	300169	37	5	274	315
行业平均		-12	-1	56	43
制造业—医药制造业C27					
四环药业	000605	12	-271	60	-198
北海国发	600538	-5	-159	124	-40
普洛药业	000739	-99	3	88	-8
太极集团	600129	-71	-15	82	-3
丽珠集团	000513	3	-39	39	3
太安堂	002433	188	-11	143	320
华兰生物	002007	74	3	251	329
双成药业	002693	75	6	252	333
四环生物	000518	97	95	181	374
信邦制药	002390	74	94	212	380
行业平均		-24	0	103	79

续表

公司简称	股票代码	采购渠道营运资金周转期	生产渠道营运资金周转期	营销渠道营运资金周转期	经营活动营运资金周转期（按渠道）
制造业—金属、非金属（C30—C33）					
西水股份	600291	-1	-136	-2	-138
*ST 锌业	000751	-66	-55	25	-96
洛阳玻璃	600876	-244	22	156	-67
中孚实业	600595	-114	27	29	-58
秦岭水泥	600217	-69	-73	91	-51
巨龙管业	002619	26	3	320	349
红宇新材	300345	44	5	320	370
中钢吉炭	000928	18	218	161	396
大金重工	002487	54	28	348	431
新大新材	300080	-64	192	318	445
行业平均		-18	42	11	36
制造业—机械、设备、仪表（C34、C35、C36、C37、C38、C40）					
潍柴重机	000880	-202	-15	4	-213
长安汽车	000625	-155	-18	71	-101
浙江美大	002677	-19	-22	-58	-99
一汽夏利	000927	-111	-27	64	-74
广船国际	600685	-61	64	-75	-71
科远股份	002380	28	49	367	444
二重重装	601268	-232	330	388	486
软控股份	002073	-33	169	395	531
*ST 天一	000908	-31	176	391	536
天业通联	002459	-123	358	368	603
行业平均		-61	15	81	34
制造业—计算机、通信和其他电子设备制造业 C39					
ST 华赛	000068	-7	-332	-1	-340
博信股份	600083	0	-311	-5	-316
日出东方	603366	5	-11	-45	-51
华东科技	000727	-41	-110	114	-37
海润光伏	600401	-195	-5	196	-4
闽福发 A	000547	-92	221	228	357
宝石 A	000413	220	-5	144	359
海兰信	300065	52	19	294	365
欧比特	300053	76	-9	328	395
福星晓程	300139	40	89	287	416
行业平均		-48	-5	121	68

续表

公司简称	股票代码	采购渠道营运资金周转期	生产渠道营运资金周转期	营销渠道营运资金周转期	经营活动营运资金周转期（按渠道）
制造业—其他制造业（C41—C43）					
梅花伞	002174	-50	-4	49	-6
爱康科技	002610	-123	22	115	14
伟星股份	002003	-15	5	33	23
帝龙新材	002247	-20	-10	61	31
两面针	600249	-33	25	45	37
巨力索具	002342	48	34	174	255
先锋新材	300163	28	88	150	266
潮宏基	002345	1	0	312	313
格林美	002340	140	53	122	314
坚瑞消防	300116	56	10	279	344
行业平均		-2	14	82	93
电力、热力、燃气及水生产和供应业D					
中山公用	000685	-24	-50	-275	-348
江南水务	601199	-2	-6	-275	-283
哈投股份	600864	-45	-11	-185	-241
长江电力	600900	2	12	-164	-150
黔源电力	002039	-88	-50	3	-135
天富热电	600509	27	102	29	158
武汉控股	600168	-347	246	280	179
大连热电	600719	59	-1	137	196
国中水务	600187	137	11	106	254
首创股份	600008	53	255	25	332
行业平均		-26	-14	13	-27
建筑业E					
万鸿集团	600681	-11	-299	-4	-313
浦东建设	600284	-205	164	-166	-207
中工国际	002051	-82	50	-128	-160
北方国际	000065	-224	72	60	-92
中国化学	601117	-11	25	-66	-51
蒙草抗旱	300355	-156	36	359	239
腾达建设	600512	-75	375	-13	287
巴安水务	300262	-45	187	147	288
深天健	000090	-31	321	19	309
新疆城建	600545	-55	428	30	403
行业平均		-79	97	10	28

续表

公司简称	股票代码	采购渠道营运资金周转期	生产渠道营运资金周转期	营销渠道营运资金周转期	经营活动营运资金周转期（按渠道）
批发和零售业 F					
＊ST 铜城	000672	-3	-204	-100	-307
秋林集团	600891	-86	-98	31	-153
汉商集团	600774	-60	-61	-12	-133
开元投资	000516	-50	-10	-68	-129
友谊股份	600827	-37	-20	-63	-120
百圆裤业	002640	49	-4	157	202
飞亚达	000026	1	-1	231	231
国际实业	000159	3	38	217	258
国恒铁路	000594	277	-117	141	301
成城股份	600247	243	230	-15	458
行业平均		-32	11	24	3
交通运输、仓储和邮政业 G					
赣粤高速	600269	-106	-64	-241	-411
楚天高速	600035	-81	-144	-166	-391
福建高速	600033	-338	-11	36	-312
福临运业	002357	34	-199	-128	-293
中原高速	600020	-242	23	-24	-243
保税科技	600794	-37	-204	6	-234
四川成渝	601107	-81	-8	-102	-191
粤高速	000429	-111	-63	-4	-178
大众交通	600611	32	9	-195	-154
东莞控股	000828	0	-97	-48	-145
行业平均		-33	-16	14	-35
信息传输、软件和信息技术服务业 I					
交大博通	600455	-114	-342	-53	-510
S＊ST 聚友	000693	-248	-275	38	-486
中国联通	600050	-185	-11	-27	-223
生 意 宝	002095	1	-12	-135	-146
天威视讯	002238	-47	-48	-31	-126
同花顺	300033	67	13	-197	-117
焦点科技	002315	-4	-6	-105	-115
曲江文旅	600706	-77	-62	31	-109
二六三	002467	5	-37	-74	-106
三五互联	300051	-18	-48	4	-62
行业平均		-30	16	108	94

续表

公司简称	股票代码	采购渠道营运资金周转期	生产渠道营运资金周转期	营销渠道营运资金周转期	经营活动营运资金周转期（按渠道）
房地产业 K					
世纪星源	000005	-101	-62	-420	-583
华联股份	000882	-60	-99	-372	-532
高新发展	000628	-122	-83	50	-155
中国国贸	600007	5	-130	15	-110
电子城	600658	-38	163	-146	-22
名流置业	000667	120	1 333	-56	1 398
万业企业	600641	-37	1 286	192	1 441
绿景控股	000502	-371	372	1 461	1 462
中江地产	600053	99	803	574	1 475
泛海建设	000046	62	1 518	120	1 700
行业平均		-33	685	-200	451
社会服务业（H、L、M、N、O、Q）					
天伦置业	000711	-4	-151	-87	-243
海宁皮城	002344	-74	74	-204	-204
电科院	300215	-140	-4	-24	-168
华天酒店	000428	-84	-1	-54	-138
农产品	000061	34	-5	-165	-136
华侨城 A	000069	-65	307	-12	230
云南旅游	002059	-56	344	-43	244
国电清新	002573	30	54	183	267
维尔利	300190	-78	145	210	277
北京旅游	000802	46	-15	383	414
行业平均		-29	57	15	44
传播与文化产业（P、R）					
歌华有线	600037	-70	-17	-118	-205
中视传媒	600088	-78	-31	-80	-189
中文传媒	600373	-47	-56	-72	-176
时代出版	600551	-92	-29	-43	-165
浙报传媒	600633	-187	27	12	-147
天舟文化	300148	35	78	129	241
光线传媒	300251	90	-15	185	259
华录百纳	300291	106	27	160	293
新文化	300336	-14	155	162	303
新华传媒	600825	74	58	175	307
行业平均		-49	-3	58	6

续表

公司简称	股票代码	采购渠道营运资金周转期	生产渠道营运资金周转期	营销渠道营运资金周转期	经营活动营运资金周转期（按渠道）
综合类 S					
中航投资	600705	3	153	-536	-380
创兴能源	600193	-50	-311	54	-306
工大高新	600701	-20	-223	-22	-265
小商品城	600415	-54	403	-539	-189
大众公用	600635	-56	-11	-86	-154
嘉宝集团	600622	-1	171	59	229
力合股份	000532	11	1	294	306
同济科技	600846	-63	367	15	319
中国宝安	000009	-64	252	211	399
黑牡丹	600510	-15	305	271	561
行业平均		-15	96	8	89

附录 2-2　2012 年中国上市公司营运资金管理绩效排行榜（按要素）

中国企业营运资金管理研究中心

公司简称	股票代码	存货周转期	应收账款周转期	应付账款周转期	经营活动营运资金周转期（按要素）
农、林、牧、渔业 A					
开创国际	600097	65	7	59	14
益生股份	002458	36	16	36	15
星河生物	300143	37	26	46	18
民和股份	002234	66	11	25	52
圣农发展	002299	59	18	24	53
中福实业	000592	349	75	10	414
ST 大地	002200	453	213	225	441
永安实业	000663	482	36	36	483
福建金森	002679	567	12	60	519
ST 景谷	600265	920	61	129	852
行业平均		150	36	31	155
采矿业 B					
山东黄金	600547	7	0	9	-1
平煤股份	601666	12	45	58	-1
中国石油	601857	33	12	42	2
潞安环能	601699	13	147	154	6
中国神华	601088	22	24	39	7
平庄能源	000780	15	98	34	78
盘江股份	600395	12	131	65	78
金钼股份	601958	58	46	17	88
西部资源	600139	31	80	8	103
西藏矿业	000762	143	137	45	235
行业平均		29	15	35	11

续表

公司简称	股票代码	存货周转期	应收账款周转期	应付账款周转期	经营活动营运资金周转期（按要素）
制造业—食品、饮料（C13—C16）					
五粮液	000858	2	22	-84	-60
承德露露	000848	-11	-6	-42	-59
洋河股份	002304	-6	-8	-39	-53
青岛啤酒	600600	-1	-47	-1	-49
伊利股份	600887	-16	-15	-10	-41
沱牌舍得	600702	-15	227	36	248
大江股份	600695	7	-33	295	269
华资实业	600191	176	42	86	303
朗源股份	300175	170	30	114	314
国投中鲁	600962	-4	-4	325	318
行业平均		5	5	5	15
制造业—纺织、服装、皮毛（C17—C19）					
常山股份	000158	78	9	21	66
鲁 泰 A	000726	105	24	19	110
三毛派神	000779	250	91	48	293
金宇车城	000803	201	36	38	200
华润锦华	000810	74	62	17	119
九牧王	601566	98	54	66	86
鹿港科技	601599	103	40	57	86
中纺投资	600061	70	33	48	55
奥康国际	603001	53	111	104	60
四海股份	000611	404	21	16	409
行业平均		91	48	47	92
制造业—木材、家具（C20—C21）					
索菲亚	002572	20	14	26	8
德尔家居	002631	55	16	47	23
升达林业	002259	215	53	235	33
浙江永强	002489	87	88	110	65
喜临门	603008	51	86	65	72
美克股份	600337	140	27	33	134
国栋建设	600321	157	48	32	173
丰林集团	601996	142	72	40	174
宜华木业	600978	140	103	68	174
科冕木业	002354	184	125	96	213
行业平均		112	60	69	102

续表

公司简称	股票代码	存货周转期	应收账款周转期	应付账款周转期	经营活动营运资金周转期（按要素）
制造业—造纸、印刷（C22—C24）					
晨鸣纸业	000488	92	103	90	105
陕西金叶	000812	132	58	68	122
*ST 美利	000815	211	73	147	137
贵糖股份	000833	146	14	51	109
凯恩股份	002012	138	116	56	198
山鹰纸业	600567	45	116	63	98
界龙实业	600836	499	71	70	500
岳阳林纸	600963	225	98	115	208
博汇纸业	600966	76	101	39	138
东风股份	601515	86	96	69	113
行业平均		93	85	74	104
制造业—石油、化学、塑料、塑胶（C25、C26、C28、C29）					
山西焦化	600740	28	100	293	-165
*ST 海龙	000677	154	78	339	-107
南化股份	600301	36	37	164	-91
亚星化学	600319	61	69	208	-78
ST 金化	600722	44	53	154	-57
天晟新材	300169	201	154	66	288
三聚环保	300072	80	280	48	313
南京化纤	600889	362	14	60	316
友利控股	000584	305	72	54	323
大元股份	600146	544	147	78	613
行业平均		51	48	55	45
制造业—医药制造业 C27					
普洛药业	000739	51	68	117	2
海思科	002653	14	4	8	9
太极集团	600129	75	49	108	15
广济药业	000952	181	55	214	21
永安药业	002365	14	53	40	27
信邦制药	002390	131	193	34	290
贵州百灵	002424	168	159	32	295
永生投资	600613	28	297	13	312
沃森生物	300142	91	283	57	316
太安堂	002433	231	121	23	329
行业平均		64	78	52	90

续表

公司简称	股票代码	存货周转期	应收账款周转期	应付账款周转期	经营活动营运资金周转期（按要素）
制造业—金属、非金属（C30—C33）					
中孚实业	600595	49	28	196	-119
洛阳玻璃	600876	152	96	321	-73
江西水泥	000789	45	25	88	-18
神火股份	000933	31	21	69	-17
河北钢铁	000709	75	32	123	-17
青龙管业	002457	139	260	39	359
红宇新材	300345	80	315	17	377
新大新材	300080	263	264	141	386
中钢吉炭	000928	305	125	44	387
大金重工	002487	112	331	45	399
行业平均		68	37	53	52
制造业—机械、设备、仪表（C34、C35、C36、C37、C38、C40）					
潍柴重机	000880	42	5	222	-175
一汽夏利	000927	40	38	133	-54
江淮动力	000816	64	54	171	-53
安凯客车	000868	37	83	168	-47
江淮汽车	600418	16	27	90	-46
精功科技	002006	322	356	228	449
智云股份	300097	255	241	36	459
软控股份	002073	228	525	179	574
二重重装	601268	499	454	369	584
天业通联	002459	484	480	345	618
行业平均		76	98	98	76
制造业—计算机、通信和其他电子设备制造业 C39					
海润光伏	600401	59	150	257	-48
博信股份	600083	0	0	0	0
紫光股份	000938	23	31	48	6
日出东方	603366	21	8	22	7
福日电子	600203	6	22	21	7
奥维通信	002231	122	290	106	306
旭光股份	600353	174	226	87	313
欧比特	300053	104	244	15	333
永贵电器	300351	134	282	77	339
福星晓程	300139	206	218	67	357
行业平均		60	97	75	82

续表

公司简称	股票代码	存货周转期	应收账款周转期	应付账款周转期	经营活动营运资金周转期（按要素）
制造业—其他制造业（C41—C43）					
爱康科技	002610	60	74	154	-21
梅花伞	002174	43	31	60	14
中科英华	600110	98	123	180	41
帝龙新材	002247	54	49	60	43
两面针	600249	77	53	82	49
康耐特	300061	167	82	32	218
坚瑞消防	300116	32	277	76	233
东方金钰	600086	249	3	14	238
格林美	002340	223	64	27	260
潮宏基	002345	316	17	22	311
行业平均		105	31	34	102
电力、热力、燃气及水生产和供应业 D					
吉电股份	000875	14	56	159	-89
漳泽电力	000767	21	49	154	-84
黔源电力	002039	0	15	88	-73
南海发展	600323	9	26	106	-71
哈投股份	600864	45	23	135	-67
闽东电力	000993	199	22	10	210
东方市场	000301	213	92	55	251
首创股份	600008	324	105	101	329
钱江水利	600283	394	15	28	381
武汉控股	600168	629	169	349	449
行业平均		24	43	53	14
建筑业 E					
北方国际	000065	87	175	295	-34
成都路桥	002628	55	39	93	1
中国化学	601117	47	48	79	16
中工国际	002051	57	90	128	20
四川路桥	600039	122	15	112	26
巴安水务	300262	182	163	87	258
宏润建设	002062	345	30	117	258
深天健	000090	473	38	71	440
新疆城建	600545	471	113	81	503
腾达建设	600512	605	127	86	646
行业平均		126	67	113	80

续表

公司简称	股票代码	存货周转期	应收账款周转期	应付账款周转期	经营活动营运资金周转期（按要素）
批发和零售业 F					
津劝业	600821	22	17	135	-96
汉商集团	600774	7	2	104	-95
庞大集团	601258	67	8	164	-88
广百股份	002187	11	8	106	-87
零七股份	000007	22	38	132	-72
百圆裤业	002640	70	111	28	154
力源信息	300184	170	43	41	172
南京中商	600280	233	0	47	187
飞亚达	000026	213	38	24	227
国际实业	000159	219	51	32	237
行业平均		49	16	49	16
交通运输、仓储和邮政业 G					
福建高速	600033	1	50	339	-288
楚天高速	600035	0	1	257	-256
中原高速	600020	70	8	264	-186
粤高速	000429	0	6	142	-136
赣粤高速	600269	15	34	182	-133
唐山港	601000	13	18	145	-114
中昌海运	600242	24	95	221	-102
四川成渝	601107	3	8	105	-94
海南航空	600221	1	27	120	-92
安徽皖通	600012	1	0	81	-80
行业平均		25	37	58	5
信息传输、软件和信息技术服务业 I					
中国联通	600050	8	24	191	-159
交大博通	600455	11	43	119	-65
曲江文旅	600706	15	34	100	-50
天威视讯	002238	2	12	52	-38
星美联合	000892	0	0	22	-22
波导	600130	23	8	41	-10
华虹计通	300330	35	174	217	-8
焦点科技	002315	1	2	8	-6
鹏博士	600804	20	75	92	3
乐视网	300104	5	88	87	6
行业平均		59	121	58	122

续表

公司简称	股票代码	存货周转期	应收账款周转期	应付账款周转期	经营活动营运资金周转期（按要素）
房地产业 K					
华联股份	000882	0	15	147	-132
中国国贸	600007	6	30	3	32
广汇能源	600256	35	85	88	33
世联地产	002285	0	62	2	59
高新发展	000628	139	59	130	68
国兴地产	000838	1 633	11	32	1 612
中华企业	600675	1 795	7	135	1 667
泛海建设	000046	1 795	25	77	1 743
格力地产	600185	2 189	4	98	2 095
中江地产	600053	2 806	15	20	2 801
行业平均		872	15	101	786
社会服务业（H、L、M、N、O、Q）					
电科院	300215	0	3	141	-138
飞马国际	002210	7	38	111	-66
宋城股份	300144	1	3	66	-62
锦江股份	600754	4	7	56	-44
天壕节能	300332	5	87	134	-42
维尔利	300190	155	243	130	268
创业环保	600874	19	293	4	308
云南旅游	002059	378	11	65	324
深圳华强	000062	389	4	34	359
华侨城 A	000069	540	7	89	458
行业平均		119	43	57	105
传播与文化产业（P、R）					
中视传媒	600088	53	44	197	-101
吉视传媒	601929	21	15	135	-100
歌华有线	600037	21	5	97	-72
广电网络	600831	15	7	93	-72
湖北广电	000665	42	3	96	-51
光线传媒	300251	47	163	25	185
华策影视	300133	104	130	31	203
华谊兄弟	300027	162	195	89	266
华录百纳	300291	170	174	0	344
新文化	300336	225	203	47	381
行业平均		60	45	82	23

续表

公司简称	股票代码	存货周转期	应收账款周转期	应付账款周转期	经营活动营运资金周转期（按要素）
综合类 S					
中航投资	600705	2	12	54	-41
大众公用	600635	31	29	62	-2
工大高新	600701	18	14	31	0
创兴能源	600193	35	42	74	3
盛屯矿业	600711	3	21	21	3
黑牡丹	600510	427	75	50	452
中国宝安	000009	501	76	111	466
小商品城	600415	524	8	60	473
同济科技	600846	641	30	80	591
嘉宝集团	600622	685	6	45	645
平均值		154	30	54	130

附录 2-3　2012 年度中国上市公司分地区营运资金管理绩效排行榜（按渠道）

中国企业营运资金管理研究中心

公司简称	股票代码	采购渠道营运资金周转期	生产渠道营运资金周转期	营销渠道营运资金周转期	经营活动营运资金周转期（按渠道）
东部地区					
世纪星源	000005	-101	-62	-420	-583
华联股份	000882	-60	-99	-372	-532
中山公用	000685	-24	-50	-275	-348
ST 华赛	000068	-7	-332	-1	-340
博信股份	600083	0	-311	-5	-316
华业地产	600240	-109	1 374	-11	1 255
银基发展	000511	-88	1 166	211	1 289
万业企业	600641	-37	1 286	192	1 441
绿景控股	000502	-371	372	1 461	1 462
泛海建设	000046	62	1 518	120	1 700
地区平均		-37	38	20	21
中部地区					
赣粤高速	600269	-106	-64	-241	-411
楚天高速	600035	-81	-144	-166	-391
中航投资	600705	3	153	-536	-380
万鸿集团	600681	-11	-299	-4	-313
工大高新	600701	-20	-223	-22	-265
南国置业	002305	174	333	108	615
苏宁环球	000718	-93	995	-278	624
福星股份	000926	308	497	-164	640
嘉凯城	000918	-57	623	95	661
中江地产	600053	99	803	574	1 475
地区平均		-30	13	52	35

续表

公司简称	股票代码	采购渠道营运资金周转期	生产渠道营运资金周转期	营销渠道营运资金周转期	经营活动营运资金周转期（按渠道）
			西部地区		
交大博通	600455	-114	-342	-53	-510
S＊ST聚友	000693	-248	-275	38	-486
＊ST铜城	000672	-3	-204	-100	-307
福临运业	002357	34	-199	-128	-293
S＊ST华塑	000509	-107	-226	99	-233
银亿股份	000981	-71	905	-214	620
中房地产	000736	-41	693	23	674
阳光股份	000608	-258	1 254	-213	784
渝开发	000514	-4	1 251	-25	1 222
名流置业	000667	120	1 333	-56	1 398
地区平均		-28	32	46	49
			全国总体		
世纪星源	000005	-101	-62	-420	-583
华联股份	000882	-60	-99	-372	-532
交大博通	600455	-114	-342	-53	-510
S＊ST聚友	000693	-248	-275	38	-486
赣粤高速	600269	-106	-64	-241	-411
名流置业	000667	120	1 333	-56	1 398
万业企业	600641	-37	1 286	192	1 441
绿景控股	000502	-371	372	1 461	1 462
中江地产	600053	99	803	574	1 475
泛海建设	000046	62	1 518	120	1 700
平均值		-35	34	27	26

附录2-4 2012年度中国上市公司分地区营运资金管理绩效排行榜（按要素）

中国企业营运资金管理研究中心

公司简称	股票代码	存货周转期	应收账款周转期	应付账款周转期	经营活动营运资金周转期（按要素）
			东部地区		
福建高速	600033	1	50	339	-288
潍柴重机	000880	42	5	222	-175
中国联通	600050	8	24	191	-159
电科院	300215	0	3	141	-138
粤高速	000429	0	6	142	-136
绿景控股	000502	2 028	15	450	1 593
国兴地产	000838	1 633	11	32	1 612
中华企业	600675	1 795	7	135	1 667
泛海建设	000046	1 795	25	77	1 743
格力地产	600185	2 189	4	98	2 095
地区平均		82	41	63	59

续表

公司简称	股票代码	存货周转期	应收账款周转期	应付账款周转期	经营活动营运资金周转期（按要素）
中部地区					
楚天高速	600035	0	1	257	-256
中原高速	600020	70	8	264	-186
山西焦化	600740	28	100	293	-165
赣粤高速	600269	15	34	182	-133
中孚实业	600595	49	28	196	-119
嘉凯城	000918	903	41	115	829
华远地产	600743	883	0	44	840
顺发恒业	000631	1 253	2	110	1 146
苏宁环球	000718	1 307	10	127	1 190
中江地产	600053	2 806	15	20	2 801
地区平均		66	83	114	35
西部地区					
四川成渝	601107	3	8	105	-94
南化股份	600301	36	37	164	-91
黔源电力	002039	0	15	88	-73
广电网络	600831	15	7	93	-72
南宁百货	600712	19	1	88	-68
银亿股份	000981	1 263	6	138	1 131
中天城投	000540	1 505	11	357	1 159
阳光股份	000608	1 581	7	381	1 207
名流置业	000667	1 517	22	146	1 392
渝开发	000514	1 389	130	68	1 451
地区平均		98	60	74	84
全国总体					
福建高速	600033	1	50	339	-288
楚天高速	600035	0	1	257	-256
中原高速	600020	70	8	264	-186
潍柴重机	000880	42	5	222	-175
山西焦化	600740	28	100	293	-165
国兴地产	000838	1 633	11	32	1 612
中华企业	600675	1 795	7	135	1 667
泛海建设	000046	1 795	25	77	1 743
格力地产	600185	2 189	4	98	2 095
中江地产	600053	2 806	15	20	2 801
平均值		81	43	64	61

附录 3

2013 年中国上市公司营运资金管理绩效排行榜

附录 3－1　2013 年中国上市公司营运资金管理绩效排行榜（按渠道）

中国企业营运资金管理研究中心

公司简称	股票代码	采购渠道营运资金周转期	生产渠道营运资金周转期	营销渠道营运资金周转期	经营活动营运资金周转期（按渠道）
农、林、牧、渔业 A					
新农开发	600359	11	－273	225	－38
登海种业	002041	14	－55	47	6
圣农发展	002299	14	10	－9	15
益生股份	002458	13	1	13	26
星河生物	300143	－6	21	24	39
香梨股份	600506	25	121	201	347
永安实业	000663	17	387	44	447
中福实业	000592	52	295	109	455
ST 景谷	600265	－21	542	63	583
福建金森	002679	187	525	13	725
行业平均		13	33	76	123
采矿业 B					
创兴资源	600193	－96	－300	－1	－397
国投新集	601918	－120	－15	－30	－165
兴业矿业	000426	－78	7	－37	－108
攀钢钒钛	000629	－34	－89	43	－81
潞安环能	601699	－182	－33	136	－79
西藏矿业	000762	42	9	199	250
恒泰艾普	300157	－23	－80	354	251
仁智油服	002629	－62	－6	324	255
洛阳钼业	603993	30	－7	254	277
海默科技	300084	89	24	238	351
行业平均		－22	－5	18	－8

续表

公司简称	股票代码	采购渠道营运资金周转期	生产渠道营运资金周转期	营销渠道营运资金周转期	经营活动营运资金周转期（按渠道）
制造业—食品、饮料（C13—C16）					
青岛啤酒	600600	-10	-50	1	-59
承德露露	000848	-4	-5	-39	-48
梅花集团	600873	-7	-10	-26	-44
洋河股份	002304	-34	36	-34	-33
伊利股份	600887	-18	-14	2	-30
朗源股份	300175	163	11	103	277
大江股份	600695	-13	-22	313	278
华资实业	600191	168	68	51	287
莫高股份	600543	15	79	195	289
沱牌舍得	600702	-20	351	17	348
行业平均		3	8	11	22
制造业—纺织、服装、皮毛（C17—C19）					
中冠	000018	-25	-316	107	-235
美尔雅	600107	15	139	-255	-101
凯诺科技	600398	-12	-12	-56	-80
德棉股份	002072	-89	-21	70	-40
美欣达	002034	-72	2	47	-22
大杨创世	600233	19	-1	295	313
百隆东方	601339	80	11	263	353
山东如意	002193	39	84	252	376
瑞贝卡	600439	168	131	106	404
中银绒业	000982	209	30	194	434
行业平均		2	10	91	103
制造业—木材、家具（C20—C21）					
梅花伞（更为游族网络）	002174	-66	-7	38	-35
升达林业	002259	-215	122	73	-20
索菲亚	002572	13	-14	1	0
喜临门	603008	-44	14	100	70
大亚科技	000910	-18	8	94	84
宣华木业	600978	8	49	101	159
德尔家居	002631	-17	-12	217	188
丰林集团	601996	9	82	120	211
吉林森工	600189	85	-23	210	271
科冕木业	002354	67	87	135	289
行业平均		-16	18	106	107

续表

公司简称	股票代码	采购渠道营运资金周转期	生产渠道营运资金周转期	营销渠道营运资金周转期	经营活动营运资金周转期（按渠道）
制造业—造纸、印刷（C22—C24）					
银鸽投资	600069	-136	-25	101	-60
互动娱乐	300043	-23	0	18	-5
盛通股份	002599	-141	32	124	15
石岘纸业	600462	-92	-14	129	23
齐心文具	002301	-71	2	95	26
恒丰纸业	600356	45	-3	156	198
金城股份	000820	43	-67	230	205
高乐股份	002348	39	16	182	237
广东甘化	000576	0	86	152	238
冠豪高新	600433	50	51	139	240
行业平均		-22	23	112	113
制造业—石油、化学、塑料、塑胶（C25、C26、C28、C29）					
华塑控股	000509	-120	-287	78	-329
南化股份	600301	-122	-166	43	-244
吉林化纤	000420	-240	-66	103	-202
百花村	600721	-21	-209	69	-162
煤气化	000968	-211	-56	107	-159
恒天天鹅	000687	-4	-19	301	278
大东南	002263	49	22	223	293
大元股份	600146	208	58	41	305
天晟新材	300169	12	2	322	335
广东榕泰	600589	98	46	201	344
行业平均		-19	-3	62	40
制造业—医药制造业 C27					
渤海水业	000605	1	-360	62	-296
广济药业	000952	-185	-54	161	-78
*ST 金泰	600385	20	-83	25	-38
太极集团	600129	-93	-13	79	-27
北大医药	000788	-106	-34	145	6
贵州百灵	002424	5	43	312	361
信邦制药	002390	62	121	218	401
益盛药业	002566	112	26	289	428
四环生物	000518	130	21	285	436
沃森生物	300142	89	17	344	450
行业平均		1	8	119	127

续表

公司简称	股票代码	采购渠道营运资金周转期	生产渠道营运资金周转期	营销渠道营运资金周转期	经营活动营运资金周转期（按渠道）
制造业—金属、非金属（C30—C33）					
西水创业	600291	-1	-3	-307	-311
中孚实业	600595	-194	23	14	-157
抚顺特钢	600399	-239	23	123	-93
重钢股份	601005	-109	26	-3	-86
西宁特钢	600117	-63	-21	8	-76
包钢稀土	600111	-1	16	315	330
宝钛股份	600456	-28	173	195	340
中钢吉炭	000928	3	202	176	381
东方铁塔	002545	38	26	339	403
ST 狮头	600539	171	88	344	603
行业平均		-25	15	103	93
制造业—机械、设备、仪表（C34、C35、C36、C37、C38、C40）					
潍柴重机	000880	-165	-8	6	-167
中国嘉陵	600877	-246	-14	121	-139
广船国际	600685	-31	88	-155	-98
一汽夏利	000927	-140	-34	81	-93
上海机电	600835	12	12	-107	-83
松德股份	300173	30	133	312	475
天马股份	002122	-46	222	327	502
海源机械	002529	55	160	304	519
华昌达	300278	34	189	312	535
松辽汽车	600715	-67	255	416	604
行业平均		-65	12	89	36
制造业—计算机、通信和其他电子设备制造业 C39					
ST 华赛	000068	-7	-332	-1	-340
博信股份	600083	0	-311	-5	-316
日出东方	603366	5	-11	-45	-51
华东科技	000727	-41	-110	114	-37
海润光伏	600401	-195	-5	196	-4
闽福发 A	000547	-92	221	228	357
宝石 A	000413	220	-5	144	359
海兰信	300065	52	19	294	365
欧比特	300053	76	-9	328	395
福星晓程	300139	40	89	287	416
行业平均		-48	-5	121	68

续表

公司简称	股票代码	采购渠道营运资金周转期	生产渠道营运资金周转期	营销渠道营运资金周转期	经营活动营运资金周转期（按渠道）
制造业—其他制造业（C41—C43）					
老凤祥	600612	-7	12	28	33
金叶珠宝	000587	18	-3	32	47
新海股份	002120	-11	-1	77	65
刚泰控股	600687	6	-4	66	67
帝龙新材	002247	-28	-9	127	91
格林美	002340	82	32	79	193
康耐特	300061	5	29	182	216
坚瑞消防	300116	-9	3	245	238
潮宏基	002345	-4	-1	283	279
先锋新材	300163	56	76	174	306
行业平均		6	13	58	77
电力、热力、燃气及水生产和供应业 D					
东方热电	000958	-23	-251	15	-259
哈投股份	600864	-100	-12	-136	-248
黔源电力	002039	-161	-91	31	-221
瀚蓝环境	600323	-41	-161	11	-191
红阳能源	600758	-17	-97	-48	-162
迪森股份	300335	16	-6	143	152
安彩高科	600207	11	9	136	156
创业环保	600874	23	-96	237	164
首创股份	600008	44	232	40	316
国中水务	600187	184	1	152	338
行业平均		-28	-9	23	-14
建筑业 E					
万鸿集团	600681	-9	-328	-6	-343
浦东建设	600284	-147	100	-126	-173
中工国际	002051	-154	19	-34	-169
罗顿发展	600209	-132	-46	53	-124
高新发展	000628	-102	-70	52	-120
新疆城建	600545	-45	255	42	253
东方园林	002310	-189	23	420	254
腾达建设	600512	-56	388	-53	280
中泰桥梁	002659	-95	252	149	307
空港股份	600463	-151	324	185	358
行业平均		-83	56	58	31

续表

公司简称	股票代码	采购渠道营运资金周转期	生产渠道营运资金周转期	营销渠道营运资金周转期	经营活动营运资金周转期（按渠道）
批发和零售业 F					
秋林集团	600891	-76	-109	3	-182
津劝业	600821	-143	-28	18	-154
开元投资	000516	-45	-10	-93	-148
海岛建设	600515	-73	-54	-13	-140
西安民生	000564	-57	-25	-55	-137
博元投资	600656	159	-216	277	220
飞亚达 A	000026	106	-2	144	248
国际实业	000159	135	75	127	337
百圆裤业	002640	136	-3	236	370
金谷源	000408	99	27	362	488
行业平均		-17	10	16	9
交通运输、仓储和邮政业 G					
楚天高速	600035	-43	-203	-253	-499
锦州港	600190	-351	-39	-1	-390
现代投资	000900	-45	-326	-15	-385
富临运业	002357	19	-191	-79	-251
中原高速	600020	-264	70	-37	-231
中信海直	000099	22	41	111	174
铁龙物流	600125	19	111	45	175
华鹏飞	300350	2	26	198	225
天津海运	600751	-99	175	183	259
招商轮船	601872	-2	298	40	336
行业平均		-33	-18	28	-23
信息传输、软件和信息技术服务业 I					
广电网络	600831	-94	-13	-117	-224
同花顺	300033	0	-15	-205	-220
东方财富	300059	-20	150	-338	-208
中国联通	600050	-107	-8	-78	-194
鹏博士	600804	-37	-10	-140	-187
迪威视讯	300167	-16	40	331	355
远东股份	000681	-3	22	344	363
中信国安	000839	83	75	210	368
湘邮科技	600476	-25	191	232	398
键桥通讯	002316	53	37	344	434
行业平均		-86	-1	-26	-113

续表

公司简称	股票代码	采购渠道营运资金周转期	生产渠道营运资金周转期	营销渠道营运资金周转期	经营活动营运资金周转期（按渠道）
房地产业 K					
世纪星源	000005	-300	-157	-1456	-1913
武昌鱼	600275	-102	322	-928	-707
华联股份	000882	-143	-124	-168	-435
天伦置业	000711	-6	-217	-46	-269
天润控股	002113	-215	-18	45	-188
泛海建设	000046	40	1 438	96	1 574
多伦股份	600696	304	1 573	-172	1 705
中弘股份	000979	344	1 213	222	1 779
华联控股	000036	-300	1 731	895	2 325
海德股份	000567	-21	1 178	1 768	2 925
行业平均		-48	669	-178	443
社会服务业（H、L、M、N、O、Q）					
渤海租赁	000415	-44	-169	17	-196
海宁皮城	002344	-69	76	-170	-163
曲江文旅	600593	-100	-48	38	-111
电科院	300215	-119	-2	14	-107
华天酒店	000428	-112	65	-59	-106
上海佳豪	300008	-9	25	159	175
桂林旅游	000978	47	100	40	187
云南旅游	002059	-17	193	13	190
零七股份	000007	64	93	47	205
凯美特气	002549	-105	10	356	261
行业平均		-33	40	0	8
传播与文化产业（P、R）					
当代东方	000673	-113	-313	-251	-677
华数传媒	000156	-102	-21	-65	-188
湖北广电	000665	-45	-48	-75	-168
博瑞传媒	600880	-17	-37	17	-37
中南传媒	601098	-81	-18	70	-29
新文化	300336	-16	-4	265	245
美盛文化	002699	-8	25	252	269
光线传媒	300251	95	-4	194	285
华策影视	300133	85	18	244	347
华录百纳	300291	107	116	298	521
行业平均		-44	-1	85	40

续表

公司简称	股票代码	采购渠道营运资金周转期	生产渠道营运资金周转期	营销渠道营运资金周转期	经营活动营运资金周转期（按渠道）
综合类 S					
博通股份	600455	-107	-395	-59	-561
工大高新	600701	-20	-260	-3	-283
广汇能源	600256	-141	-29	-5	-175
联华合纤	600617	-20	-38	-8	-66
ST 宏盛	600817	12	-44	-14	-46
力合股份	000532	9	-15	355	349
中国宝安	000009	-82	279	195	392
大洲兴业	600603	148	502	13	663
廊坊发展	600149	-27	432	388	793
海泰发展	600082	-116	502	430	816
行业平均		-46	76	67	97

附录 3－2　2013 年中国上市公司营运资金管理绩效排行榜（按要素）

中国企业营运资金管理研究中心

公司简称	股票代码	存货周转期	应收账款周转期	应付账款周转期	经营活动营运资金周转期（按要素）
农、林、牧、渔业 A					
开创国际	600097	65	7	59	14
益生股份	002458	36	16	36	15
星河生物	300143	37	26	46	18
民和股份	002234	66	11	25	52
圣农发展	002299	59	18	24	53
中福实业	000592	349	75	10	414
ST 大地	002200	453	213	225	441
永安实业	000663	482	36	36	483
福建金森	002679	567	12	60	519
ST 景谷	600265	920	61	129	852
行业平均		150	36	31	155
采矿业 B					
国投新集	601918	38	41	150	-70
创兴资源	600193	59	37	111	-15
潞安环能	601699	18	163	194	-13
盛屯矿业	600711	4	17	28	-7
山东黄金	600547	7	0	13	-5
西藏矿业	000762	114	132	31	215
广晟有色	600259	268	32	53	246
仁智油服	002629	39	349	95	292
海默科技	300084	112	217	30	299
恒泰艾普	300157	20	372	46	346
行业平均		30	18	38	10

续表

公司简称	股票代码	存货周转期	应收账款周转期	应付账款周转期	经营活动营运资金周转期（按要素）
制造业—食品、饮料（C13—C16）					
恒顺醋业	600305	144	29	194	-21
西藏发展	000752	20	0	30	-10
伊利股份	600887	25	4	37	-8
青岛啤酒	600600	31	5	31	5
梅花集团	600873	60	24	76	8
莫高股份	600543	205	98	38	264
深深宝 A	000019	217	104	31	289
酒鬼酒	000799	366	8	44	330
古越龙山	600059	390	36	95	330
沱牌舍得	600702	472	59	82	450
行业平均		64	17	26	55
制造业—纺织、服装、皮毛（C17—C19）					
德棉股份	002072	79	38	136	-20
华纺股份	600448	72	17	75	14
美欣达	002034	63	46	88	21
霞客环保	002015	128	21	123	27
江苏三友	002044	34	41	42	34
山东如意	002193	306	171	178	300
星期六	002291	229	140	58	311
三毛派神	000779	259	115	55	319
中银绒业	000982	326	103	47	382
瑞贝卡	600439	355	52	20	386
行业平均		96	46	44	99
制造业—木材、家具（C20—C21）					
梅花伞（更为游族网络）	002174	34	24	79	-21
升达林业	002259	225	51	283	-7
德尔家居	002631	67	5	59	13
索菲亚	002572	22	11	20	14
浙江永强	002489	81	79	134	27
国栋建设	600321	125	40	26	139
美克股份	600337	151	24	35	141
宣华木业	600978	121	88	57	152
丰林集团	601996	158	80	50	188
科冕木业	002354	200	96	83	213
行业平均		105	54	64	95

续表

公司简称	股票代码	存货周转期	应收账款周转期	应付账款周转期	经营活动营运资金周转期（按要素）
制造业—造纸、印刷（C22—C24）					
银鸽投资	600069	48	51	177	-77
互动娱乐	300043	35	14	52	-4
东港股份	002117	48	41	78	11
盛通股份	002599	84	105	172	17
鸿博股份	002229	52	73	106	20
高乐股份	002348	80	123	6	197
凯恩股份	002012	120	131	53	199
岳阳林纸	600963	245	104	110	239
金城股份	000820	93	280	81	292
界龙实业	600836	370	49	69	350
行业平均		89	89	70	109
制造业—石油、化学、塑料、塑胶（C25、C26、C28、C29）					
山西焦化	600740	31	62	241	-148
吉林化纤	000420	117	46	283	-120
河池化工	000953	117	34	263	-112
远兴能源	000683	15	36	147	-96
黑化股份	600179	42	97	231	-92
上海新阳	300236	54	321	93	282
天齐锂业	002466	244	97	49	292
广东榕泰	600589	145	168	18	295
三聚环保	300072	92	270	53	309
天晟新材	300169	204	198	80	322
行业平均		48	49	55	42
制造业—医药制造业 C27					
广济药业	000952	133	51	236	-52
海思科	002653	18	6	16	8
太极集团	600129	76	57	123	9
永安药业	002365	16	44	44	16
普洛药业	000739	53	70	105	18
佛慈制药	002644	170	195	36	328
金宇集团	600201	295	92	50	336
益盛药业	002566	188	167	11	345
贵州百灵	002424	179	199	32	345
沃森生物	300142	180	370	88	462
行业平均		80	99	43	136

续表

公司简称	股票代码	存货周转期	应收账款周转期	应付账款周转期	经营活动营运资金周转期（按要素）
制造业—金属、非金属（C30—C33）					
中孚实业	600595	49	27	247	-171
三峡新材	600293	45	91	231	-96
抚顺特钢	600399	161	108	338	-69
重钢股份公司	601005	170	31	250	-50
上峰水泥	000672	33	42	113	-37
五矿稀土	000831	165	164	0	329
宝钛股份	600456	290	111	71	330
ST 狮头	600539	206	404	279	331
中钢吉炭	000928	295	135	48	382
光华控股	000546	563	10	73	501
行业平均		86	84	73	97
制造业—机械、设备、仪表（C34、C35、C36、C37、C38、C40）					
潍柴重机	000880	62	6	201	-133
中国嘉陵	600877	53	129	276	-94
安凯客车	000868	43	111	225	-70
一汽夏利	000927	50	47	163	-66
江淮汽车	600418	13	30	107	-64
海源机械	002529	383	193	84	492
松德股份	300173	339	255	86	507
中际装备	300308	289	310	85	514
天马股份	002122	392	250	115	528
华昌达	300278	314	393	172	535
行业平均		69	103	98	74
制造业—计算机、通信和其他电子设备制造业 C39					
海润光伏	600401	59	150	257	-48
博信股份	600083	0	0	0	0
紫光股份	000938	23	31	48	6
日出东方	603366	21	8	22	7
福日电子	600203	6	22	21	7
奥维通信	002231	122	290	106	306
旭光股份	600353	174	226	87	313
欧比特	300053	104	244	15	333
永贵电器	300351	134	282	77	339
福星晓程	300139	206	218	67	357
行业平均		60	97	75	82

续表

公司简称	股票代码	存货周转期	应收账款周转期	应付账款周转期	经营活动营运资金周转期（按要素）
制造业—其他制造业（C41—C43）					
帝龙新材	002247	52	49	65	37
老凤祥	600612	56	3	17	42
金叶珠宝	000587	46	12	1	56
新海股份	002120	50	60	30	80
明牌珠宝	002574	93	24	2	115
坚瑞消防	300116	32	258	86	204
康耐特	300061	162	89	36	215
东方金钰	600086	255	0	13	243
先锋新材	300163	165	103	24	244
潮宏基	002345	251	15	18	247
行业平均		89	16	15	90
电力、热力、燃气及水生产和供应业D					
黔源电力	002039	0.1	29	161	-132
吉电股份	000875	8	59	163	-96
哈投股份	600864	47	24	164	-93
瀚蓝环境	600323	14	24	98	-59
金山股份	600396	15	40	92	-38
中原环保	000544	6	266	76	196
闽东电力	000993	207	24	26	204
首创股份	600008	276	112	82	306
创业环保	600874	15	377	4	388
钱江水利	600283	444	13	26	431
行业平均		37	57	57	37
建筑业E					
北方国际	000065	69	99	202	-35
中工国际	002051	84	112	204	-9
成都路桥	002628	65	62	133	-5
浦东建设	600284	101	75	154	22
中国化学	601117	62	53	86	30
深天健	000090	352	27	67	312
新疆城建	600545	260	143	69	334
同济科技	600846	400	19	51	368
空港股份	600463	539	66	155	450
腾达建设	600512	573	90	59	603
行业平均		131	68	115	84

续表

公司简称	股票代码	存货周转期	应收账款周转期	应付账款周转期	经营活动营运资金周转期（按要素）
批发和零售业 F					
津劝业	600821	15	15	160	-130
庞大集团	601258	61	9	169	-99
汉商集团	600774	6	3	97	-89
广百股份	002187	12	5	104	-86
通程控股	000419	30	2	103	-71
百圆裤业	002640	102	209	62	249
博元投资	600656	11	287	41	257
国际实业	000159	250	57	21	286
正和股份	600759	454	25	154	325
金谷源	000408	131	304	96	339
行业平均		52	50	90	11
交通运输、仓储和邮政业 G					
富临运业	002357	0	5	0	5
吉林高速	601518	0	1	11	12
东莞控股	000828	0	12	0	12
欧浦钢网	002711	12	4	1	18
申通地铁	600834	0	2	18	20
楚天高速	600035	0	6	240	247
福建高速	600033	1	73	257	332
天津海运	600751	4	244	112	359
锦州港	600190	8	33	362	403
中原高速	600020	136	12	302	450
行业平均		20	41	56	117
信息传输、软件和信息技术服务业 I					
吉视传媒	601929	27	24	145	-94
广电网络	600831	14	10	115	-91
中国联通	600050	7	23	118	-89
天威视讯	002238	1	12	42	-29
歌华有线	600037	18	9	50	-22
银之杰	300085	41	286	22	304
北信源	300352	8	347	15	340
迪威视讯	300167	105	322	85	342
键桥通讯	002316	145	337	138	344
东方通	300379	0	370	4	365
行业平均		21	48	101	-31

续表

公司简称	股票代码	存货周转期	应收账款周转期	应付账款周转期	经营活动营运资金周转期（按要素）
房地产业K					
华联股份	000882	0	36	199	-162
天润控股	002113	71	120	296	-106
中房股份	600890	19	9	108	-80
天伦置业	000711	3	4	18	-11
中国国贸	600007	5	28	3	30
格力地产	600185	1 922	1	143	1 779
海德股份	000567	1 983	67	33	2 018
新黄浦	600638	2 257	15	130	2 142
多伦股份	600696	2 248	120	106	2 262
华联控股	000036	3 222	11	321	2 912
行业平均		859	16	111	763
社会服务业（H、L、M、N、O、Q）					
电科院	300215	0	5	130	-124
宋城演艺	300144	1	3	85	-82
零七股份	000007	31	83	192	-78
飞马国际	002210	1	20	75	-55
曲江文旅	600593	14	50	112	-48
苏交科	300284	4	345	107	241
云南旅游	002059	271	19	47	243
深圳华强	000062	319	3	53	269
易世达	300125	213	222	164	271
华侨城A	000069	519	7	117	410
行业平均		97	38	57	78
传播与文化产业（P、R）					
华数传媒	000156	9	61	113	-43
中南传媒	601098	57	30	88	-1
湖北广电	000665	38	5	89	-46
浙报传媒	600633	7	40	41	6
博瑞传媒	600880	10	48	36	22
长江传媒	600757	93	58	89	62
华策影视	300133	153	184	45	292
华谊兄弟	300027	114	209	89	234
时代传媒	600551	77	98	94	81
凤凰传媒	601928	102	18	87	33
行业平均		62	56	78	40

续表

公司简称	股票代码	存货周转期	应收账款周转期	应付账款周转期	经营活动营运资金周转期（按要素）
综合类 S					
广汇能源	600256	39	67	160	-54
博通股份	600455	16	55	111	-40
联华合纤	600617	2	17	28	-9
工大高新	600701	19	16	32	3
ST 宏盛	600817	0	20	0	20
鲁信创投	600783	183	193	42	334
廊坊发展	600149	234	140	28	346
中国宝安	000009	489	92	105	476
凯乐科技	600260	463	92	73	482
海泰发展	600082	992	3	117	878
行业平均		182	46	74	154

附录 3-3　2013 年度中国上市公司分地区营运资金管理绩效排行榜（按渠道）

中国企业营运资金管理研究中心

公司简称	股票代码	采购渠道营运资金周转期	生产渠道营运资金周转期	营销渠道营运资金周转期.	经营活动营运资金周转期（按渠道）
东部地区					
世纪星源	000005	-299.68	-156.86	-1 456.22	-1 912.76
华联股份	000882	-143.43	-123.92	-167.81	-435.16
锦州港	600190	-350.73	-38.59	-1.16	-390.48
渤海水业	000605	1.21	-359.93	62.48	-296.24
中冠	000018	-24.89	-316.41	106.70	-234.60
新黄浦	600638	-74.32	1 659.18	-116.07	1 468.79
泛海建设	000046	39.79	1 438.28	95.78	1 573.85
多伦股份	600696	304.10	1 572.87	-172.12	1 704.85
华联控股	000036	-300.45	1 731.12	894.54	2 325.21
海德股份	000567	-20.71	1 177.66	1 768.46	2 925.41
地区平均		-31.35	56.35	107.98	132.98
中部地区					
武昌鱼	600275	-101.96	322.24	-927.61	-707.33
当代东方	000673	-112.85	-313.19	-250.31	-676.34
现代投资	000900	-44.66	-325.86	-14.75	-385.28
万鸿集团	600681	-8.69	-328.00	-6.03	-342.72
工大高新	600701	-20.10	-260.02	-3.09	-283.21
ST 狮头	600539	170.98	88.02	344.02	603.02
中江地产	600053	21.72	435.82	235.07	692.60
长春经开	600215	-151.22	1 061.90	87.29	997.97
南国置业	002305	176.79	627.84	227.45	1 032.08
中弘股份	000979	343.82	1 212.74	222.31	1 778.86
地区平均		-27.80	28.20	96.85	97.25

续表

公司简称	股票代码	采购渠道营运资金周转期	生产渠道营运资金周转期	营销渠道营运资金周转期.	经营活动营运资金周转期（按渠道）
西部地区					
博通股份	600455	-107	-395	-59	-561
楚天高速	600035	-43	-203	-253	-499
创兴资源	600193	-96	-300	-1	-397
华塑控股	000509	-119	-287	77	-329
西水创业	600291	-1	-3	-307	-311
渝开发	000514	-39	805	24	789
中房地产	000736	46	836	-44	838
阳光股份	000608	-154	1 345	-330	860
美好集团	000667	-20	885	28	893
云南城投	600239	-209	839	831	1 461
地区平均		-29	34	91	94
全国总体					
中福实业	000592	36	260	95	392
永安林业	000663	9	402	19	430
丰乐种业	000713	-10	11	136	136
罗牛山	000735	12	58	1	71
中水渔业	000798	18	91	264	373
隆平高科	000998	-38	63	147	172
登海种业	002041	5	-27	84	63
獐子岛	002069	5	284	-24	265
东方海洋	002086	16	312	97	426
*ST民和	002234	-14	42	41	68
平均值		-38	333	31	327

附录3－4　2013年度中国上市公司分地区营运资金管理绩效排行榜（按要素）

中国企业营运资金管理研究中心

公司简称	股票代码	存货周转期	应收账款周转期	应付账款周转期	经营活动营运资金周转期（按要素）
东部地区					
锦州港	600190	8.39	33.08	361.96	-320.50
华联股份	000882	0.00	36.35	198.81	-162.46
粤高速A	000429	0.00	6.80	143.11	-136.31
潍柴重机	000880	62.09	5.87	201.17	-133.22
津劝业	600821	15.18	14.80	159.83	-129.85
格力地产	600185	1 921.82	1.02	143.47	1 779.37
海德股份	000567	1 983.28	67.36	32.63	2 018.01
新黄浦	600638	2 257.23	14.70	129.55	2 142.38
多伦股份	600696	2 247.78	119.83	105.58	2 262.03
华联控股	000036	3 222.29	10.79	321.12	2 911.97
地区平均		134.38	96.75	70.27	160.86

续表

公司简称	股票代码	存货周转期	应收账款周转期	应付账款周转期	经营活动营运资金周转期（按要素）
			中部地区		
中孚实业	600595	49.31	26.91	247.13	-170.91
中原高速	600020	136.10	12.12	301.54	-153.32
山西焦化	600740	31.25	61.93	240.29	-147.11
吉林化纤	000420	116.51	46.59	282.67	-119.57
赣粤高速	600269	23.73	35.08	175.39	-116.58
南国置业	002305	899.72	28.40	75.02	853.10
长春经开	600215	1 196.54	142.72	198.54	1 140.72
顺发恒业	000631	1 277.15	0.45	133.03	1 144.57
中江地产	600053	1 523.58	0.43	20.59	1 503.42
中弘股份	000979	1 725.53	42.44	188.90	1 579.08
地区平均		111.71	89.55	78.43	122.82
			西部地区		
楚天高速	600035	0	6	240	-234
福建高速	600033	1	73	257	-183
黔源电力	002039	0	29	161	-132
河池化工	000953	117	34	262	-112
远兴能源	000683	15	36	146	-96
中房地产	000736	1 063	0	46	1 018
银亿股份	000981	1 174	7	100	1 081
云南城投	600239	1 340	13	256	1 097
渝开发	000514	1 281	49	186	1 143
阳光股份	000608	1 789	10	247	1 552
地区平均		121	89	79	130
			全国总体		
中福实业	000592	334	80	16	398
永安林业	000663	501	23	47	477
丰乐种业	000713	145	31	33	143
罗牛山	000735	146	12	22	137
中水渔业	000798	266	81	23	324
隆平高科	000998	271	33	85	219
登海种业	002041	160	19	24	154
獐子岛	002069	356	28	40	343
东方海洋	002086	433	53	28	457
*ST 民和	002234	85	13	40	58
平均值		509	58	87	480

附录 4

2014 年中国上市公司营运资金管理绩效排行榜

附录 4－1　2014 年中国上市公司营运资金管理绩效排行榜（按渠道）

中国企业营运资金管理研究中心

公司简称	股票代码	采购渠道营运资金周转期	生产渠道营运资金周转期	营销渠道营运资金周转期	经营活动营运资金周转期（按渠道）
农、林、牧、渔业 A					
新农开发	600359	11	－273	225	－38
登海种业	002041	14	－55	47	6
圣农发展	002299	14	10	－9	15
益生股份	002458	13	1	13	26
星河生物	300143	－6	21	24	39
香梨股份	600506	25	121	201	347
永安实业	000663	17	387	44	447
中福实业	000592	52	295	109	455
ST 景谷	600265	－21	542	63	583
福建金森	002679	187	525	13	725
行业平均		13	33	76	123
采矿业 B					
山东地矿	000409	－122	－140	1	－261
广汇能源	600256	－148	－36	－26	－211
国投新集	601918	－141	－1	－18	－160
潞安环能	601699	－262	－35	187	－110
兴业矿业	000426	－63	－49	21	－91
西藏矿业	000762	90	14	304	408
海默科技	300084	31	40	267	338
银泰资源	000975	－1	13	273	286
洛阳钼业	603993	27	－5	234	255
海南矿业	601969	74	－85	261	249
行业平均		－24	－6	22	－9

续表

公司简称	股票代码	采购渠道营运资金周转期	生产渠道营运资金周转期	营销渠道营运资金周转期	经营活动营运资金周转期（按渠道）
制造业—食品、饮料（C13—C16）					
青岛啤酒	600600	-12	-54	5	-61
海天味业	603288	-14	7	-49	-56
承德露露	000848	8	-6	-32	-30
燕塘乳业	002732	-10	-16	2	-23
伊利股份	600887	-14	-13	4	-23
朗源股份	300175	185	30	97	311
绿庭投资	600695	0	4	310	313
佳隆股份	002495	18	-3	361	377
华资实业	600191	115	61	342	518
金字火腿	002515	38	347	231	616
行业平均		3	10	21	34
制造业—纺织、服装、皮毛（C17—C19）					
美欣达	002034	-74	-5	43	-36
凯瑞德	002072	-84	-30	125	11
上海三毛	600689	13	9	-7	15
江苏旷达	002516	-96	-53	167	18
探路者	300005	-54	-10	91	27
星期六	002291	-45	-36	388	307
山东如意	002193	-31	112	276	357
百隆东方	601339	80	10	268	359
瑞贝卡	600439	188	150	148	486
中银绒业	000982	304	11	209	524
行业平均		-3	43	95	135
制造业—木材、家具（C20—C21）					
游族网络	002174	8	-79	17	8
索菲亚	002572	5	-12	1	5
喜临门	603008	-49	14	78	-49
大亚科技	000910	-16	5	96	-16
兔宝宝	002043	2	12	76	2
宜华木业	600978	27	47	98	27
丰林集团	601996	7	50	126	7
浙江永强	002489	-100	33	252	-100
德尔家居	002631	-21	-7	289	-21
吉林森工	600189	56	-11	241	56
行业平均		-12	-12	17	114

续表

公司简称	股票代码	采购渠道营运资金周转期	生产渠道营运资金周转期	营销渠道营运资金周转期	经营活动营运资金周转期（按渠道）
制造业—造纸、印刷（C22—C24）					
*ST美利	000815	-65	-303	78	-290
*ST银鸽	600069	-174	-20	100	-94
盛通股份	002599	-135	30	122	16
美盈森	002303	-81	-25	133	27
东港股份	002117	-60	-12	124	53
景兴纸业	002067	7	-9	215	213
凯恩股份	002012	1	4	208	214
冠豪高新	600433	-7	66	154	214
金城股份	000820	59	-32	208	235
广东甘化	000576	30	108	178	316
行业平均		-27	22	130	124
制造业—石油、化学、塑料、塑胶（C25、C26、C28、C29）					
华塑控股	000509	-239	-191	85	-345
河池化工	000953	-363	-28	78	-313
吉林化纤	000420	-277	-103	126	-254
*ST川化	000155	-68	-245	85	-228
百花村	600721	-32	-269	78	-224
天晟新材	300169	-15	-14	286	256
长城动漫	000835	48	8	209	266
大禹节水	300021	-45	64	264	283
广东榕泰	600589	83	27	220	330
福斯特	603806	-11	-2	356	343
行业平均		-31	-2	70	37
制造业—医药制造业C27					
国农科技	000004	-110	232	204	326
丰原药业	000153	-29	-22	113	62
ST生化	000403	51	97	79	226
东阿阿胶	000423	11	-18	121	115
丽珠集团	000513	-32	-42	98	25
博腾股份	300363	-76	4	94	23
九强生物	300406	18	-2	164	180
方盛制药	603998	12	16	26	54
莎普爱思	603168	-3	-4	91	83
九洲药业	603456	-69	37	137	105
行业平均		-22	0	116	94

续表

公司简称	股票代码	采购渠道营运资金周转期	生产渠道营运资金周转期	营销渠道营运资金周转期	经营活动营运资金周转期（按渠道）
制造业—金属、非金属（C30—C33）					
重庆钢铁	601005	-282	3	33	-246
中孚实业	600595	-237	31	-15	-221
首钢股份	000959	-149	-77	15	-211
包钢股份	600010	-312	1	122	-190
三峡新材	600293	-210	-7	29	-187
青龙管业	002457	-11	-8	341	322
宝钛股份	600456	-37	156	220	339
方大炭素	600516	-13	65	304	355
亚泰集团	600881	-3	151	247	395
*ST 国创	600145	-65	324	317	576
行业平均		-42	19	114	92
制造业—机械、设备、仪表（C34、C35、C36、C37、C38、C40）					
*ST 夏利	000927	-203	-72	128	-147
潍柴重机	000880	-126	-30	18	-137
中国嘉陵	600877	-257	-27	167	-117
江淮汽车	600418	-115	-16	37	-94
上海机电	600835	18	6	-114	-89
智慧松德	300173	-41	108	439	506
天马股份	002122	-52	256	374	578
天成控股	600112	72	144	391	607
慈星股份	300307	65	293	286	645
海源机械	002529	74	240	398	713
行业平均		-72	9	94	31
制造业—计算机、通信和其他电子设备制造业 C39					
山水文化	600234	-439	-83	-126	-648
博信股份	600083	-117	-153	94	-175
*ST 海润	600401	-289	-4	216	-77
晶方科技	603005	-108	-20	78	-50
长电科技	600584	-53	6	25	-21
信威集团	600485	17	14	392	423
北京君正	300223	21	169	249	440
奥维通信	002231	11	88	378	477
闽福发 A	000547	-97	206	377	486
福星晓程	300139	14	114	440	568
行业平均		-58	-5	138	75

续表

公司简称	股票代码	采购渠道营运资金周转期	生产渠道营运资金周转期	营销渠道营运资金周转期	经营活动营运资金周转期（按渠道）
制造业—其他制造业（C41—C43）					
友邦吊顶	002718	-6	-7	30	17
金叶珠宝	000587	-2	-4	27	21
老凤祥	600612	-14	12	28	26
互动娱乐	300043	3	5	18	26
新海股份	002120	-15	-2	75	58
帝龙新材	002247	-26	-8	213	179
坚瑞消防	300116	-89	-73	341	179
东方金钰	600086	64	-46	173	192
格林美	002340	69	32	119	220
高乐股份	002348	37	10	208	255
行业平均		3	8	71	82
电力、热力、燃气及水生产和供应业D					
联美控股	600167	-72	4	-364	-432
江南水务	601199	-81	45	-327	-363
东方能源	000958	-104	-241	29	-317
渤海股份	000605	-295	-42	35	-302
哈投股份	600864	-117	-23	-126	-265
重庆水务	601158	-53	137	121	206
创业环保	600874	17	-115	315	216
东方市场	000301	-17	203	81	267
首创股份	600008	50	190	43	283
国中水务	600187	132	30	203	364
行业平均		-41	-5	22	-24
建筑业E					
高新发展	000628	-140	-84	72	-153
中工国际	002051	-204	36	15	-153
北方国际	000065	-159	51	-16	-124
浦东建设	600284	-175	155	-89	-110
成都路桥	002628	-399	60	242	-96
中泰桥梁	002659	-182	30	367	215
棕榈园林	002431	-183	35	368	220
中化岩土	002542	-78	-25	329	227
嘉寓股份	300117	-147	19	375	247
蒙草抗旱	300355	-141	21	381	261
行业平均		-94	73	55	34

续表

公司简称	股票代码	采购渠道营运资金周转期	生产渠道营运资金周转期	营销渠道营运资金周转期	经营活动营运资金周转期（按渠道）
批发和零售业 F					
津劝业	600821	-236	-60	30	-265
*ST 博元	600656	-63	-219	71	-211
西安民生	000564	-118	-28	-54	-200
海岛建设	600515	-70	-89	-18	-176
中成股份	000151	18	-10	-168	-159
外高桥	600648	-21	429	-71	338
洲际油气	600759	-27	349	-34	288
浙江东日	600113	15	429	-156	288
泰达股份	000652	-54	257	76	279
国际实业	000159	78	88	93	259
行业平均		-20	15	20	15
交通运输、仓储和邮政业 G					
楚天高速	600035	-109	-146	-123	-377
吉林高速	601518	-7	-259	-72	-337
锦州港	600190	-231	-28	46	-213
富临运业	002357	-2	-207	10	-199
深圳机场	000089	-8	-182	13	-177
华鹏飞	300350	8	15	169	193
大众交通	600611	36	22	149	206
澳洋顺昌	002245	21	-1	259	279
重庆路桥	600106	-62	363	-11	289
五洲交通	600368	44	215	57	316
行业平均		-31	-9	15	-25
信息传输、软件和信息技术服务业 I					
同花顺	300033	0	-47	-278	-325
鹏博士	600804	-77	-23	-223	-323
广电网络	600831	-103	-13	-107	-223
中国联通	600050	-125	-10	-59	-194
生意宝	002095	4	-20	-160	-176
华平股份	300074	25	11	344	380
大智慧	601519	-9	119	293	403
中信国安	000839	6	94	361	461
国脉科技	002093	-33	332	180	479
湘邮科技	600476	-52	299	304	552
行业平均		-96	0	4	-92

续表

公司简称	股票代码	采购渠道营运资金周转期	生产渠道营运资金周转期	营销渠道营运资金周转期	经营活动营运资金周转期（按渠道）
房地产业 K					
世纪星源	000005	-174	860	-1 883	-1 197
银润投资	000526	-46	-518	-31	-595
华联股份	000882	-103	-89	-110	-302
*ST 京蓝	000711	2	-233	-24	-256
天润控股	002113	-148	-20	49	-119
京投银泰	600683	-49	2 100	-276	1 774
中房地产	000736	-15	1 981	-124	1 842
中房股份	600890	-334	2 336	-98	1 905
华丽家族	600503	-150	259	2 080	2 189
海德股份	000567	-27	2 257	759	2 990
行业平均		-59	696	-144	493
社会服务业（H、L、M、N、O、Q）					
渤海租赁	000415	-25	-238	16	-248
海宁皮城	002344	-91	123	-147	-116
锦江股份	600754	-54	-28	-27	-109
*ST 新都	000033	-8	-165	66	-108
电科院	300215	-157	-1	67	-90
维尔利	300190	-116	33	314	231
北京文化	000802	22	45	183	250
凯美特气	002549	-128	8	380	260
零七股份	000007	214	32	17	263
海印股份	000861	-4	317	72	385
行业平均		-30	25	52	46
传播与文化产业（P、R）					
湖北广电	000665	-84	-60	-94	-238
华数传媒	000156	-91	-20	-69	-179
浙报传媒	600633	-31	-28	-4	-63
新南洋	600661	-5	0	-48	-53
宋城演艺	300144	-82	-4	36	-50
美盛文化	002699	-18	3	211	196
完美环球	002624	14	14	236	264
华策影视	300133	27	30	209	266
新文化	300336	-25	117	332	424
华录百纳	300291	116	31	347	494
行业平均		-31	7	91	67

续表

公司简称	股票代码	采购渠道营运资金周转期	生产渠道营运资金周转期	营销渠道营运资金周转期	经营活动营运资金周转期（按渠道）
综合类 S					
博通股份	600455	-102	-487	-48	-637
工大高新	600701	19	-260	-13	-254
大洲兴业	600603	64	-221	-23	-180
ST 宏盛	600817	8	-6	-17	-15
中关村	000931	-89	8	129	48
中国宝安	000009	-89	270	217	398
张江高科	600895	-77	223	353	499
凯乐科技	600260	30	222	344	596
海泰发展	600082	-151	523	499	871
廊坊发展	600149	-20	551	513	1 044
平均值		-64	148	159	243

附录 4-2　2014 年中国上市公司营运资金管理绩效排行榜（按要素）

中国企业营运资金管理研究中心

公司简称	股票代码	存货周转期	应收账款周转期	应付账款周转期	经营活动营运资金周转期（按要素）
农、林、牧、渔业 A					
开创国际	600097	65	7	59	14
益生股份	002458	36	16	36	15
星河生物	300143	37	26	46	18
民和股份	002234	66	11	25	52
圣农发展	002299	59	18	24	53
中福实业	000592	349	75	10	414
ST 大地	002200	453	213	225	441
永安实业	000663	482	36	36	483
福建金森	002679	567	12	60	519
ST 景谷	600265	920	61	129	852
行业平均		150	36	31	155
采矿业 B					
国投新集	601918	27	50	188	-112
广汇能源	600256	35	66	168	-66
潞安环能	601699	24	204	279	-51
宏达矿业	600532	37	58	106	-11
中煤能源	601898	40	69	117	-112
西藏矿业	000762	189	205	40	354
海南矿业	601969	118	226	15	328
海默科技	300084	128	238	62	305
金瑞矿业	600714	77	250	56	271
平庄能源	000780	15	268	59	224
行业平均		29	21	40	10

续表

公司简称	股票代码	存货周转期	应收账款周转期	应付账款周转期	经营活动营运资金周转期（按要素）
制造业—食品、饮料（C13—C16）					
燕塘乳业	002732	21	5	32	-6
伊利股份	600887	29	4	36	-3
西藏发展	000752	22	2	27	-3
天润乳业	600419	29	30	56	3
青岛啤酒	600600	31	5	34	3
金枫酒业	600616	269	31	47	253
顺鑫农业	000860	270	6	13	263
朗源股份	300175	250	50	25	275
泸州老窖	000568	176	153	40	289
金字火腿	002515	500	42	41	501
行业平均	68		19	26	60
制造业—纺织、服装、皮毛（C17—C19）					
华纺股份	600448	82	22	91	13
上海三毛	600689	18	14	12	19
美欣达	002034	60	46	86	20
凯瑞德	002072	100	80	157	23
江苏三友	002044	36	36	37	34
星期六	002291	273	155	69	359
中银绒业	000982	402	100	80	422
瑞贝卡	600439	433	55	31	457
雅戈尔	600177	472	9	23	458
红豆股份	600400	519	46	100	465
行业平均	147		50	46	151
制造业—木材、家具（C20—C21）					
索菲亚	002572	22	11	18	15
德尔家居	002631	82	4	59	27
浙江永强	002489	86	82	136	32
游族网络	002174	0	51	12	39
兔宝宝	002043	82	15	28	69
国栋建设	600321	138	47	54	131
吉林森工	600189	129	48	21	155
美克家居	600337	170	21	30	161
宜华木业	600978	128	91	55	165
丰林集团	601996	135	90	54	171
行业平均	105		55	58	102

续表

公司简称	股票代码	存货周转期	应收账款周转期	应付账款周转期	经营活动营运资金周转期（按要素）
制造业—造纸、印刷（C22—C24）					
＊ST 银鸽	600069	48	46	204	-110
东港股份	002117	45	35	78	2
盛通股份	002599	86	98	162	23
鸿博股份	002229	52	60	78	34
安妮股份	002235	61	88	100	49
景兴纸业	002067	50	193	25	218
岳阳林纸	600963	282	92	153	221
陕西金叶	000812	228	68	55	242
金城股份	000820	112	221	62	271
＊ST 美利	000815	360	74	116	318
行业平均		93	101	78	116
制造业—石油、化学、塑料、塑胶（C25、C26、C28、C29）					
河池化工	000953	144	67	520	-310
黑化股份	600179	64	119	362	-179
吉林化纤	000420	115	60	336	-161
云维股份	600725	55	42	235	-138
山西焦化	600740	33	80	246	-132
东方锆业	002167	120	189	47	262
大禹节水	300021	194	171	103	262
上海新阳	300236	55	306	97	264
天晟新材	300169	149	192	73	268
广东榕泰	600589	148	175	23	300
行业平均		50	53	64	40
制造业—医药制造业 C27					
国农科技	000004	616	187	478	326
丰原药业	000153	50	103	90	62
ST 生化	000403	188	191	153	226
东阿阿胶	000423	91	119	95	115
丽珠集团	000513	50	107	133	25
博腾股份	300363	69	101	147	23
九强生物	300406	52	160	32	180
方盛制药	603998	71	31	48	54
莎普爱思	603168	16	105	38	83
九洲药业	603456	119	99	114	105
行业平均		74	123	103	94

续表

公司简称	股票代码	存货周转期	应收账款周转期	应付账款周转期	经营活动营运资金周转期（按要素）
制造业—金属、非金属（C30—C33）					
三峡新材	600293	23	36	275	-217
中孚实业	600595	50	21	280	-209
重庆钢铁	601005	252	28	484	-204
抚顺特钢	600399	143	107	388	-138
包钢股份	600010	194	103	419	-121
博云新材	002297	236	239	176	299
*ST 国创	600145	273	135	89	319
宝钛股份	600456	273	139	65	347
青龙管业	002457	162	282	85	359
金隅股份	601992	378	66	81	363
行业平均	88		90	85	93
制造业—机械、设备、仪表（C34、C35、C36、C37、C38、C40）					
*ST 夏利	000927	82	90	318	-147
潍柴重机	000880	65	20	222	-137
中国嘉陵	600877	68	208	393	-117
江淮汽车	600418	14	51	159	-94
上海机电	600835	129	90	308	-89
智慧松德	300173	478	426	398	506
天马股份	002122	347	412	181	578
天成控股	600112	161	753	307	607
慈星股份	300307	346	446	147	645
海源机械	002529	516	358	161	713
行业平均	69		106	102	73
制造业—计算机、通信和其他电子设备制造业 C39					
水晶光电	002273	6	235	646	-405
中航电测	300114	41	188	314	-84
奥维通信	002231	27	45	119	-47
东方通信	600776	68	165	251	-18
通富微电	002156	17	26	58	-15
中颖电子	300327	226	248	115	360
深华发 A	000020	348	56	30	374
三泰控股	002312	166	273	36	403
大富科技	300134	147	383	94	436
华灿光电	300323	285	272	93	464
行业平均	61		104	81	84

续表

公司简称	股票代码	存货周转期	应收账款周转期	应付账款周转期	经营活动营运资金周转期（按要素）
制造业—其他制造业（C41—C43）					
友邦吊顶	002718	22	2	26	-2
互动娱乐	300043	33	15	29	20
金叶珠宝	000587	33	10	14	29
老凤祥	600612	56	3	20	38
帝龙新材	002247	46	59	59	46
高乐股份	002348	88	120	5	203
格林美	002340	178	88	58	208
潮宏基	002345	225	17	19	223
坚瑞消防	300116	121	278	139	259
东方金钰	600086	355	2	26	331
行业平均	86		86	27	21
电力、热力、燃气及水生产和供应业 D					
联美控股	600167	10	10	110	-432
江南水务	601199	90	9	93	-363
东方能源	000958	31	56	139	-317
渤海股份	000605	10	44	302	-302
哈投股份	600864	40	27	171	-265
重庆水务	601158	16	71	67	206
创业环保	600874	7	459	7	216
东方市场	000301	195	59	24	267
首创股份	600008	194	74	53	283
国中水务	600187	25	234	53	364
行业平均	21		47	61	6
建筑业 E					
北方国际	000065	62	87	248	-100
巴安水务	300262	7	187	231	-37
中工国际	002051	71	132	238	-35
成都路桥	002628	205	214	407	12
东易日盛	002713	24	16	26	14
蒙草抗旱	300355	55	377	148	284
天健集团	000090	335	28	73	290
新疆城建	600545	160	200	70	290
同济科技	600846	356	20	52	323
腾达建设	600512	404	60	67	397
行业平均	136		74	124	86

续表

公司简称	股票代码	存货周转期	应收账款周转期	应付账款周转期	经营活动营运资金周转期（按要素）
批发和零售业 F					
津劝业	600821	18	21	247	-208
庞大集团	601258	62	7	206	-138
西安民生	000564	17	3	129	-110
汉商集团	600774	6	3	100	-92
广百股份	002187	12	4	92	-75
浙江东日	600113	477	0	20	457
外高桥	600648	470	17	46	440
洲际油气	600759	497	20	155	362
宁波联合	600051	407	19	67	360
东百集团	600693	351	1	48	304
行业平均	58		25	54	28
交通运输、仓储和邮政业 G					
华北高速	000916	1	35	257	-221
楚天高速	600035	0	14	209	-195
锦州港	600190	23	31	244	-189
福建高速	600033	1	93	211	-117
赣粤高速	600269	45	44	179	-90
大众交通	600611	169	18	21	166
华鹏飞	300350	10	190	12	187
五洲交通	600368	219	56	48	228
重庆路桥	600106	364	24	62	325
亚通股份	600692	461	32	3	490
行业平均	17		17	26	48
信息传输、软件和信息技术服务业 I					
中国联通	600050	7	25	130	-98
广电网络	600831	16	14	124	-94
鹏博士	600804	5	28	92	-60
吉视传媒	601929	63	36	147	-49
天威视讯	002238	4	14	43	-25
川大智胜	002253	167	223	99	291
恒华科技	300365	87	248	5	330
华平股份	300074	113	260	30	343
湘邮科技	600476	251	240	95	396
国脉科技	002093	435	152	40	547
行业平均	26		26	60	108

续表

公司简称	股票代码	存货周转期	应收账款周转期	应付账款周转期	经营活动营运资金周转期（按要素）
房地产业 K					
中房股份	600890	79	37	368	-252
世纪星源	000005	110	26	352	-216
华联股份	000882	0	26	153	-126
*ST 京蓝	000711	5	2	20	-13
银润投资	000526	0	78	80	-2
中华企业	600675	2 431	2	232	2 200
华丽家族	600503	2 418	8	171	2 254
西藏城投	600773	2 757	36	38	2 755
格力地产	600185	3 158	1	341	2 817
海德股份	000567	3 452	49	27	3 474
行业平均	910		18	124	803
社会服务业（H、L、M、N、O、Q）					
电科院	300215	1	9	169	-160
中国天楹	000035	34	52	191	-105
飞马国际	002210	2	17	78	-59
锦江股份	600754	4	10	60	-46
农产品	000061	0	15	51	-35
云南旅游	002059	326	100	141	284
华天酒店	000428	505	21	177	348
海印股份	000861	374	19	17	375
易世达	300125	406	314	319	401
华侨城 A	000069	533	7	124	416
行业平均	96		49	60	85
传播与文化产业（P、R）					
湖北广电	000665	8	9	107	-90
宋城演艺	300144	1	2	84	-80
华数传媒	000156	8	55	101	-38
道博股份	600136	11	85	124	-29
皖新传媒	601801	47	36	91	-9
华策影视	300133	140	172	48	263
华谊兄弟	300027	107	231	61	276
完美环球	002624	139	234	10	363
华录百纳	300291	156	278	4	430
新文化	300336	259	253	65	447
行业平均	62		62	63	76

续表

公司简称	股票代码	存货周转期	应收账款周转期	应付账款周转期	经营活动营运资金周转期（按要素）
综合类 S					
博通股份	600455	26	61	104	-17
工大高新	600701	17	17	32	2
悦达投资	600805	59	28	61	26
ST 宏盛	600817	0	29	0	29
江泉实业	600212	67	79	63	83
中国宝安	000009	495	106	109	492
凯乐科技	600260	529	99	52	576
数源科技	000909	819	50	168	700
张江高科	600895	640	179	81	739
海泰发展	600082	1 105	1	151	954
平均值	335		79	91	323

附录 4-3　2014 年度中国上市公司分地区营运资金管理绩效排行榜（按渠道）

中国企业营运资金管理研究中心

公司简称	股票代码	采购渠道营运资金周转期	生产渠道营运资金周转期	营销渠道营运资金周转期	经营活动营运资金周转期（按渠道）
东部地区					
世纪星源	000005	-174	860	-1 883	-1 197
银润投资	000526	-46	-518	-31	-595
联美控股	600167	-72	4	-364	-432
江南水务	601199	-81	45	-327	-363
同花顺	300033	0	-47	-278	-325
西藏城投	600773	-38	1 783	26	1 771
京投银泰	600683	-49	2 100	-276	1 774
中房股份	600890	-334	2 336	-98	1 905
华丽家族	600503	-150	259	2 080	2 189
海德股份	000567	-27	2 257	759	2 990
地区平均	-43		-43	37	38
中部地区					
山水文化	600234	-439	-83	-126	-648
楚天高速	600035	-109	-146	-123	-377
吉林高速	601518	-7	-259	-72	-337
哈投股份	600864	-117	-23	-126	-265
*ST 京蓝	000711	2	-233	-24	-256
长春经开	600215	-174	567	237	630
福星股份	000926	250	504	-47	707
南国置业	002305	-5	506	345	846
嘉凯城	000918	-72	731	199	857
中弘股份	000979	95	1 060	164	1 319
地区平均	-41		30	112	101

续表

公司简称	股票代码	采购渠道营运资金周转期	生产渠道营运资金周转期	营销渠道营运资金周转期	经营活动营运资金周转期（按渠道）
西部地区					
＊ST 川化	000155	-68	-245	85	-228
国际实业	000159	78	88	93	259
渤海租赁	000415	-25	-238	16	-248
兴业矿业	000426	-63	-49	21	-91
华塑控股	000509	-239	-191	85	-345
陕西黑猫	601015	-128	-6	110	-24
重庆水务	601158	-53	137	121	206
川仪股份	603100	-64	-7	174	103
福达股份	603166	-99	15	204	120
兰石重装	603169	-59	-37	169	72
地区平均	-53		39	60	46
全国总体					
世纪星源	000005	-174	860	-1883	-1197
银润投资	000526	-46	-518	-31	-595
联美控股	600167	-72	4	-364	-432
江南水务	601199	-81	45	-327	-363
同花顺	300033	0	-47	-278	-325
海德股份	000567	-27	2 257	759	2 990
华丽家族	600503	-150	259	2 080	2 189
中房股份	600890	-334	2 336	-98	1 905
京投银泰	600683	-49	2 100	-276	1 774
西藏城投	600773	-38	1 783	26	1 771
平均值	-97		-97	908	-39

附录 4-4　2014 年度中国上市公司分地区营运资金管理绩效排行榜（按要素）

中国企业营运资金管理研究中心

公司简称	股票代码	存货周转期	应收账款周转期	应付账款周转期	经营活动营运资金周转期（按要素）
东部地区					
中房股份	600890	79	37	368	-252
渤海股份	000605	10	44	302	-249
华北高速	000916	1	35	257	-221
世纪星源	000005	110	26	352	-216
津劝业	600821	18	21	247	-208
中华企业	600675	2 431	2	232	2 200
华丽家族	600503	2 418	8	171	2 254
西藏城投	600773	2 757	36	38	2 755
格力地产	600185	3 158	1	341	2 817
海德股份	000567	3 452	49	27	3 474
地区平均	91		91	48	69

续表

公司简称	股票代码	存货周转期	应收账款周转期	应付账款周转期	经营活动营运资金周转期（按要素）
中部地区					
山水文化	600234	6	5814	6468	-648
楚天高速	600035	0	121	498	-377
吉林高速	601518	0	55	393	-337
哈投股份	600864	40	79	383	-265
＊ST 京蓝	000711	5	100	362	-256
长春经开	600215	794	193	356	630
福星股份	000926	687	429	410	707
南国置业	002305	841	215	211	846
嘉凯城	000918	1 115	193	451	857
中弘股份	000979	1 229	359	268	1 319
地区平均	109		168	176	101
西部地区					
＊ST 川化	000155	108	130	467	-228
国际实业	000159	208	133	82	259
渤海租赁	000415	0	54	302	-248
兴业矿业	000426	101	39	231	-91
华塑控股	000509	266	355	966	-345
重庆水务	601158	16	347	157	206
川仪股份	603100	69	101	147	23
福达股份	603166	364	41	116	289
兰石重装	603169	7	32	98	-58
柳州医药	603368	52	193	142	103
地区平均	104		104	161	47
全国总体					
中房股份	600890	79	37	368	-252
渤海股份	000605	10	44	302	-249
华北高速	000916	1	35	257	-221
世纪星源	000005	110	26	352	-216
津劝业	600821	18	21	247	-208
海德股份	000567	3 452	49	27	3 474
格力地产	600185	3 158	1	341	2 817
西藏城投	600773	2 757	36	38	2 755
华丽家族	600503	2 418	8	171	2 254
中华企业	600675	2 431	2	232	2 200
平均值	90		51	72	70

附录 5

2015 年中国上市公司营运资金管理绩效排行榜

附录 5-1　2015 年中国上市公司营运资金管理绩效排行榜（按渠道）

中国企业营运资金管理研究中心

公司简称	股票代码	采购渠道营运资金周转期	生产渠道营运资金周转期	营销渠道营运资金周转期	经营活动营运资金周转期（按渠道）
农、林、牧、渔业 A					
华英农业	002321	-167	-39	94	-112
益生股份	002458	-69	-7	13	-63
圣农发展	002299	-19	4	-8	-23
星河生物	300143	-58	45	14	1
仙坛股份	002746	-13	-17	49	19
永安林业	000663	-39	229	155	345
西部牧业	300106	12	184	167	363
平潭发展	000592	-17	369	97	449
*ST 景谷	600265	-23	404	86	467
东方海洋	002086	-23	414	94	485
行业平均		-7	32	73	98
采矿业 B					
广汇能源	600256	-189	-49	-118	-355
*ST 新集	601918	-2	21	-17	-245
*ST 钒钛	000629	-142	-88	87	-142
靖远煤电	000552	-120	-145	190	-75
平煤股份	601666	-121	-61	183	-62
通源石油	300164	-41	-1	333	291
海默科技	300084	-3	52	268	317
荣华实业	600311	162	60	102	325
洛阳钼业	603993	7	-13	370	363
海南矿业	601969	59	-113	421	367
行业平均		-30	-9.9	25.5	-14

续表

公司简称	股票代码	采购渠道营运资金周转期	生产渠道营运资金周转期	营销渠道营运资金周转期	经营活动营运资金周转期（按渠道）
制造业—食品、饮料（C13—C16）					
西部创业	000557	-361	-1 389	927	-823
青岛啤酒	600600	-14	-57	6	-65
康达尔	000048	-30	-24	-8	-62
承德露露	000848	9	-6	-38	-35
伊利股份	600887	-13	-14	-1	-28
哈高科	600095	4	227	528	759
金字火腿	002515	29	365	377	771
万福生科	300268	-854	2 266	219	1 631
中葡股份	600084	60	1 692	513	2 265
华资实业	600191	578	761	3 016	4 354
行业平均		0	14	35	50
制造业—纺织、服装、皮毛（C17—C19）					
美欣达	002034	-87	0	50	-37
海澜之家	600398	-166	-11	147	-30
旷达科技	002516	-182	-19	202	1
上海三毛	600689	22	9	-18	13
华纺股份	600448	-70	25	72	27
华斯股份	002494	29	152	136	316
美尔雅	600107	19	107	238	365
朗姿股份	002612	4	1	388	392
瑞贝卡	600439	218	148	162	528
中银绒业	000982	309	1	226	536
行业平均		-18	6	133	120
制造业—木材、家具（C20—C21）					
好莱客	603898	-12	-6	-26	-43
易尚展示	002751	-55	-131	171	-14
索菲亚	002572	-4	-12	6	-10
喜临门	603008	-50	-14	100	37
大亚科技	000910	-26	3	60	37
宜华生活	600978	33	47	104	184
国栋建设	600321	-44	-19	250	187
丰林集团	601996	9	49	135	193
康欣新材	600076	-41	268	63	291
吉林森工	600189	50	91	249	390
行业平均		-17	20	105	108

续表

公司简称	股票代码	采购渠道营运资金周转期	生产渠道营运资金周转期	营销渠道营运资金周转期	经营活动营运资金周转期（按渠道）
制造业—造纸、印刷（C22—C24）					
美利纸业	000815	-55	-177	60	-172
银鸽投资	600069	-131	-15	78	-68
安妮股份	002235	-60	-11	77	5
齐心集团	002301	-127	7	131	12
盛通股份	002599	-129	20	121	12
高乐股份	002348	22	7	199	228
恒丰纸业	600356	37	-2	201	236
齐峰新材	002521	28	-6	272	293
金城股份	000820	123	-39	269	353
广东甘化	000576	67	155	260	482
行业平均		-2	1	9	8
制造业—石油、化学、塑料、塑胶（C25、C26、C28、C29）					
*ST 百花	600721	-116	-632	104	-644
*ST 煤气	000968	-637	-130	154	-613
*ST 云维	600725	-514	-16	139	-392
*ST 黑化	600179	-271	-146	98	-319
华塑控股	000509	-283	-73	75	-282
慈文传媒	002343	-5	4	370	369
浙江众成	002522	2	-26	409	384
商赢环球	600146	-26	457	140	570
宝硕股份	600155	-28	574	127	673
恒大高新	002591	14	117	733	864
行业平均		-42	1	78	38
制造业—医药制造业 C27					
广济药业	000952	-154	-31	118	-67
慧球科技	600556	-4	-206	161	-48
太极集团	600129	-116	-11	80	-47
广生堂	300436	2	-28	6	-19
普洛药业	000739	-95	-5	99	-1
沃森生物	300142	-39	174	240	376
鼎立股份	600614	-25	335	71	381
常山药业	300255	236	29	132	398
四环生物	000518	31	135	306	473
双成药业	002693	151	-23	358	487
行业平均		-25	1	121	97

续表

公司简称	股票代码	采购渠道营运资金周转期	生产渠道营运资金周转期	营销渠道营运资金周转期	经营活动营运资金周转期（按渠道）
制造业—金属、非金属（C30—C33）					
西宁特钢	600117	-336	-46	34	-348
*ST 八钢	600581	-287	-36	34	-289
四川金顶	600678	-153	-243	111	-285
首钢股份	000959	-225	-64	15	-273
中孚实业	600595	-228	26	-22	-225
*ST 东钽	000962	68	230	236	533
怡球资源	601388	82	-1	101	182
金贵银业	002716	84	90	-26	148
华友钴业	603799	108	-18	86	175
青海春天	600381	155	37	88	279
行业平均		-47	20	52	25
制造业—机械、设备、仪表（C34、C35、C36、C37、C38、C40）					
宝德股份	300023	-499	3	156	-340
格力电器	000651	-104	-9	-85	-198
博晖创新	300318	61	-323	71	-191
潍柴重机	000880	-196	-39	47	-188
一汽夏利	000927	-159	-81	80	-160
博实股份	002698	39	43	442	524
杰瑞股份	002353	-24	114	462	551
天马股份	002122	-72	257	417	602
*ST 合金	000633	23	142	460	624
海源机械	002529	79	232	370	681
行业平均		-80	14	101	35
制造业—计算机、通信和其他电子设备制造业 C39					
木林森	002745	-291	-4	114	-182
博信股份	600083	-102	-71	107	-67
雷柏科技	002577	-28	-194	187	-35
长电科技	600584	-51	4	14	-33
海润光伏	600401	-240	7	200	-33
科恒股份	300340	-15	58	302	345
银河磁体	300127	17	-1	345	361
GQY 视讯	300076	64	27	298	389
天孚通信	300394	4	10	380	394
丹邦科技	002618	129	19	274	422
行业平均		-62	-6	138	71

续表

公司简称	股票代码	采购渠道 营运资金周转期	生产渠道 营运资金周转期	营销渠道 营运资金周转期	经营活动营运资金 周转期（按渠道）
制造业—其他制造业（C41—C43）					
友邦吊顶	002718	-12	-9	33	12
老凤祥	600612	-11	1	32	21
新海股份	002120	-21	-2	72	49
金洲慈航	000587	-32	-6	111	73
先锋新材	300163	25	11	59	94
东方金钰	600086	48	-24	148	172
坚瑞消防	300116	-96	84	187	175
帝龙新材	002247	-29	-9	263	224
格林美	002340	66	7	165	238
潮宏基	002345	-7	-1	261	253
行业平均		0	1	96	96
电力、热力、燃气及水生产和供应业 D					
江南水务	601199	-72	49	-309	-332
哈投股份	600864	-105	-30	-114	-249
国电电力	600795	-100	-29	-103	-231
天富能源	600509	-244	30	-8	-222
联美控股	600167	-83	215	-334	-202
银星能源	000862	-57	33	256	233
闽东电力	000993	-41	310	-26	243
东方市场	000301	-64	250	109	295
国中水务	600187	33	302	123	458
*ST 南电 A	000037	-58	242	283	468
行业平均		-46	-14	-2	-61
建筑业 E					
中工国际	002051	-285	60	51	-174
高新发展	000628	-203	-73	129	-147
北方国际	000065	-144	42	-12	-114
浦东建设	600284	-243	221	-78	-100
东易日盛	002713	-18	-20	-9	-48
棕榈股份	002431	-244	421	155	331
东方新星	002755	-179	27	484	332
东方园林	002310	-243	402	196	356
普邦园林	002663	-143	347	172	376
罗顿发展	600209	-274	425	370	521
行业平均		-109	115	31	37

续表

公司简称	股票代码	采购渠道营运资金周转期	生产渠道营运资金周转期	营销渠道营运资金周转期	经营活动营运资金周转期（按渠道）
批发和零售业 F					
津劝业	600821	-236	-60	30	-265
*ST 博元	600656	-63	-219	71	-211
西安民生	000564	-118	-28	-54	-200
海岛建设	600515	-70	-89	-18	-176
中成股份	000151	18	-10	-168	-159
国际实业	000159	78	88	96	262
泰达股份	000652	-54	257	76	279
浙江东日	600113	15	429	-156	288
洲际油气	600759	-27	349	-34	288
外高桥	600648	-21	429	-71	338
行业平均		-21	13	24	16
交通运输、仓储和邮政业 G					
中昌海运	600242	-301	-34	214	-432
盐田港	000088	-282	-76	-5	-363
吉林高速	601518	-5	-294	-55	-353
东莞控股	000828	13	-58	-277	-322
南京港	002040	-33	-65	-224	-322
中信海直	000099	27	29	115	172
华鹏飞	300350	10	25	152	187
招商轮船	601872	5	148	46	199
音飞储存	603066	-37	-6	276	232
澳洋顺昌	002245	3	1	266	271
行业平均		-32	-11	5	-38
信息传输、软件和信息技术服务业 I					
鹏博士	600804	-96	-42	-244	-382
江苏有线	600959	-68	-59	-214	-340
中国联通	600050	-174	-8	-49	-230
广电网络	600831	-111	-15	-90	-217
同花顺	300033	-11	-24	-174	-209
东华软件	002065	-11	106	199	294
北信源	300352	-5	2	307	304
榕基软件	002474	-50	136	272	358
海虹控股	000503	89	322	-50	361
湘邮科技	600476	-54	228	239	413
行业平均		-111.2	0.7	21.4	-89.1

续表

公司简称	股票代码	采购渠道营运资金周转期	生产渠道营运资金周转期	营销渠道营运资金周转期	经营活动营运资金周转期（按渠道）
房地产业 K					
皇庭国际	000056	-186	-876	25	-1037
世纪星源	000005	-382	915	-1 061	-528
银润投资	000526	-54	-485	163	-375
陆家嘴	600663	-107	-132	-78	-318
华联股份	000882	-68	-115	-65	-248
西藏城投	600773	-93	1 675	462	2 045
华发股份	600325	149	2 116	-11	2 255
长春经开	600215	-508	1 715	1 314	2 521
运盛医疗	600767	-19	1 302	1 257	2 539
海航创新	600555	-840	1 768	1 997	2 925
行业平均		-81	658	-114	463
社会服务业（H、L、M、N、O、Q）					
轻纺城	600790	-57	-41	-1 046	-1 144
中源协和	600645	2	-55	-354	-407
海宁皮城	002344	-179	146	-180	-213
电科院	300215	-185	-2	-11	-198
普路通	002769	-51	-6	-140	-198
三维工程	002469	-123	36	429	342
华铁科技	603300	-58	2	452	396
凯美特气	002549	-176	8	578	410
国旅联合	600358	-12	535	-99	424
海印股份	000861	6	428	116	549
行业平均		-28	29	47	48
传播与文化产业（P、R）					
湖北广电	000665	-79	-56	-84	-220
华数传媒	000156	-85	-27	-63	-175
东方时尚	603377	2	-40	-115	-153
文投控股	600715	31	-184	66	-86
新南洋	600661	-4	-3	-76	-83
华录百纳	300291	75	12	230	317
华策影视	300133	13	48	260	321
当代东方	000673	238	-14	134	358
新文化	300336	-13	40	396	423
唐德影视	300426	93	163	233	489
行业平均		-40	-11	87	36

续表

公司简称	股票代码	采购渠道营运资金周转期	生产渠道营运资金周转期	营销渠道营运资金周转期	经营活动营运资金周转期（按渠道）
综合类S					
博通股份	600455	-108	-598	-66	-772
*ST工新	600701	7	-322	-20	-334
悦达投资	600805	-79	64	65	50
创元科技	000551	-74	46	123	95
力合股份	000532	-46	5	154	114
天宸股份	600620	-68	301	45	279
数源科技	000909	-137	314	119	296
凯乐科技	600260	37	138	128	303
中国宝安	000009	-92	222	248	378
张江高科	600895	-83	258	245	420
行业平均		-67	139	170	243

附录5-2　2015年中国上市公司营运资金管理绩效排行榜（按要素）

中国企业营运资金管理研究中心

公司简称	股票代码	存货周转期	应收账款周转期	应付账款周转期	经营活动营运资金周转期（按要素）
农、林、牧、渔业A					
华英农业	002321	101	31	207	-75
益生股份	002458	60	16	121	-44
众兴菌业	002772	34	4	41	-3
星河生物	300143	51	46	86	10
大康农业	002505	23	4	17	10
西部牧业	300106	343	77	87	333
永安林业	000663	352	135	77	410
平潭发展	000592	439	110	64	484
东方海洋	002086	510	113	66	557
*ST景谷	600265	899	117	109	907
行业平均		109	25	34	100
采矿业B					
*ST新集	601918	38	63	269	-168
广汇能源	600256	46	87	219	-86
ST华泽	000693	16	13	92	-63
*ST钒钛	000629	47	84	176	-44
宏达矿业	600532	67	67	170	-36
金诚信	603979	57	249	59	247
荣华实业	600311	344	0	66	278
通源石油	300164	99	309	125	283
海默科技	300084	132	231	75	288
海南矿业	601969	182	281	58	405
行业平均		32	27	47	12

续表

公司简称	股票代码	存货周转期	应收账款周转期	应付账款周转期	经营活动营运资金周转期（按要素）
制造业—食品、饮料（C13—C16）					
万福生科	300268	551	220	1 314	-542
伊利股份	600887	29	4	37	-3
东凌国际	000893	23	13	36	0
承德露露	000848	25	1	25	0
百润股份	002568	13	10	22	1
酒鬼酒	000799	472	36	41	467
金字火腿	002515	522	45	23	545
沱牌舍得	600702	652	50	101	601
哈高科	600095	614	121	58	677
中葡股份	600084	1 584	304	121	1 767
行业平均		77	25	28	73
制造业—纺织、服装、皮毛（C17—C19）					
美欣达	002034	45	53	97	1
旷达科技	002516	64	139	197	6
华纺股份	600448	84	27	103	8
海澜之家	600398	181	14	183	11
上海三毛	600689	13	18	12	19
三毛派神	000779	244	123	54	314
美尔雅	600107	316	41	28	329
华斯股份	002494	337	84	67	354
中银绒业	000982	392	119	75	436
瑞贝卡	600439	494	58	34	518
行业平均		111	56	61	106
制造业—木材、家具（C20—C21）					
好莱客	603898	12	3	23	-9
索菲亚	002572	20	10	21	9
德尔未来	002631	74	10	38	46
兔宝宝	002043	66	14	23	57
浙江永强	002489	88	93	124	57
宜华生活	600978	147	100	61	186
吉林森工	600189	162	57	29	190
丰林集团	601996	126	113	44	195
国栋建设	600321	223	94	93	224
康欣新材	600076	293	65	70	287
行业平均		114	58	61	111

续表

公司简称	股票代码	存货周转期	应收账款周转期	应付账款周转期	经营活动营运资金周转期（按要素）
制造业—造纸、印刷（C22—C24）					
银鸽投资	600069	43	49	158	-67
齐心集团	002301	47	75	153	-31
东港股份	002117	37	45	81	1
安妮股份	002235	43	58	88	13
永艺股份	603600	33	40	54	19
广东甘化	000576	66	201	19	248
陕西金叶	000812	318	70	78	309
美利纸业	000815	392	67	106	352
金城股份	000820	155	288	58	386
界龙实业	600836	446	68	124	389
行业平均		7	12	11	8
制造业—石油、化学、塑料、塑胶（C25、C 26、C28、C29）					
*ST 煤气	000968	83	148	680	-448
*ST 云维	600725	80	97	585	-408
美锦能源	000723	57	143	413	-213
山西焦化	600740	32	146	381	-202
河池化工	000953	121	93	382	-168
祥龙电业	600769	36	473	99	409
京汉股份	000615	579	9	112	476
慈文传媒	002343	222	306	45	483
恒大高新	002591	106	643	43	706
宝硕股份	600155	777	130	57	849
行业平均		54	59	73	40
制造业—医药制造业 C27					
广济药业	000952	92	40	175	-44
太极集团	600129	84	62	148	-2
灵康药业	603669	54	22	75	1
广生堂	300436	14	9	15	9
龙津药业	002750	34	9	34	9
中恒集团	600252	224	122	13	333
太安堂	002433	346	45	57	334
四环生物	000518	203	229	83	350
天目药业	600671	240	276	149	367
国农科技	000004	663	30	197	495
行业平均		78	92	53	117

续表

公司简称	股票代码	存货周转期	应收账款周转期	应付账款周转期	经营活动营运资金周转期（按要素）
制造业—金属、非金属（C30—C33）					
三峡新材	600293	30	42	290	-218
西宁特钢	600117	136	52	403	-215
*ST 八钢	600581	90	16	308	-203
中孚实业	600595	48	14	261	-199
首钢股份	000959	80	16	255	-158
鸿路钢构	002541	297	228	290	236
宝钛股份	600456	327	178	88	418
*ST 东钽	000962	384	186	41	530
*ST 烯碳	000511	452	25	229	248
金隅股份	601992	455	79	82	452
行业平均		77	50	85	42
制造业—机械、设备、仪表（C34、C35、C36、C37、C38、C40）					
宝德股份	300023	33	173	515	-309
潍柴重机	000880	81	38	227	-107
一汽夏利	000927	68	28	186	-90
江淮汽车	600418	15	38	141	-87
安凯客车	000868	38	160	275	-78
*ST 昆机	600806	436	420	263	593
*ST 合金	000633	240	379	16	603
金自天正	600560	515	347	220	643
海源机械	002529	518	233	81	670
台海核电	002366	838	99	211	727
行业平均		71	109	109	71
制造业—计算机、通信和其他电子设备制造业 C39					
木林森	002745	59	78	304	-166
晶方科技	603005	29	47	148	-72
海润光伏	600401	31	199	258	-28
航天机电	600151	53	232	312	-26
中京电子	002579	57	115	179	-7
欧比特	300053	124	234	40	318
远望谷	002161	111	274	56	329
辉煌科技	002296	127	360	133	354
GQY 视讯	300076	99	314	35	379
七星电子	002371	256	298	136	418
行业平均		61	103	83	80

续表

公司简称	股票代码	存货周转期	应收账款周转期	应付账款周转期	经营活动营运资金周转期（按要素）
制造业—其他制造业（C41—C43）					
友邦吊顶	002718	21	5	28	-2
金洲慈航	000587	38	15	39	14
老凤祥	600612	51	4	19	36
帝龙新材	002247	44	71	59	57
新海股份	002120	37	65	35	68
康耐特	300061	125	70	20	175
东方金钰	600086	218	10	13	215
潮宏基	002345	219	20	22	217
格林美	002340	178	108	63	223
坚瑞消防	300116	140	219	134	225
行业平均		95	76	42	129
电力、热力、燃气及水生产和供应业D					
渤海股份	000605	16	52	222	-154
天富能源	600509	65	65	268	-138
哈投股份	600864	32	29	147	-86
西昌电力	600505	4	20	108	-85
联美控股	600167	15	7	103	-81
东方市场	000301	275	64	76	263
闽东电力	000993	336	41	48	329
创业环保	600874	4	355	13	347
*ST南电A	000037	381	123	104	400
钱江水利	600283	558	16	124	450
行业平均		27	49	68	8
建筑业E					
北方国际	000065	35	61	229	-132
巴安水务	300262	21	129	199	-49
中工国际	002051	97	207	313	-9
东易日盛	002713	24	22	36	10
中航三鑫	002163	94	69	149	13
新疆城建	600545	213	304	80	437
东方园林	002310	424	287	254	457
南山控股	002314	450	62	52	459
罗顿发展	600209	358	415	289	485
同济科技	600846	546	25	76	496
行业平均		143	82	136	89

续表

公司简称	股票代码	存货周转期	应收账款周转期	应付账款周转期	经营活动营运资金周转期（按要素）
批发和零售业 F					
津劝业	600821	18	21	247	-208
庞大集团	601258	62	7	206	-138
西安民生	000564	17	3	129	-110
汉商集团	600774	6	3	100	-92
广百股份	002187	12	4	92	-75
东百集团	600693	351	1	48	304
宁波联合	600051	407	19	67	360
洲际油气	600759	497	20	155	362
外高桥	600648	470	17	46	440
浙江东日	600113	477	0	20	457
行业平均		53	27	55	26
交通运输、仓储和邮政业 G					
盐田港	000088	0	48	282	-235
华北高速	000916	1	85	284	-198
中原高速	600020	123	9	249	-117
楚天高速	600035	0	16	117	-100
锦州港	600190	57	38	192	-96
澳洋顺昌	002245	51	116	32	136
华鹏飞	300350	17	163	11	169
中信海直	000099	105	97	31	171
音飞储存	603066	66	190	56	199
大众交通	600611	245	22	18	249
行业平均		16	26	45	-3
信息传输、软件和信息技术服务业 I					
中国联通	600050	6	28	179	-145
广电网络	600831	19	19	135	-98
鹏博士	600804	4	20	118	-93
江苏有线	600959	22	24	97	-52
天威视讯	002238	6	11	63	-46
东华软件	002065	104	221	34	291
湘邮科技	600476	203	177	88	292
飞利信	300287	78	321	104	295
运达科技	300440	159	332	182	309
北信源	300352	8	362	15	354
行业平均		26	66	124	-31

续表

公司简称	股票代码	存货周转期	应收账款周转期	应付账款周转期	经营活动营运资金周转期（按要素）
房地产业 K					
华联股份	000882	0	15	128	-112
京蓝科技	000711	5	5	107	-97
皇庭国际	000056	42	58	188	-89
中国国贸	600007	4	23	3	24
大连控股	600747	30	23	4	49
华发股份	600325	2 539	0	118	2 421
嘉凯城	000918	2 635	88	226	2 497
运盛医疗	600767	2 185	627	158	2 654
长春经开	600215	2 922	387	520	2 789
西藏城投	600773	3 619	74	93	3 599
行业平均		848	19	134	734
社会服务业（H、L、M、N、O、Q）					
电科院	300215	1	14	190	-174
中国天楹	000035	25	58	182	-99
飞马国际	002210	1	17	77	-58
轻纺城	600790	0	3	57	-55
农产品	000061	53	17	110	-40
设计股份	603018	95	466	158	404
华侨城 A	000069	536	7	99	444
华天酒店	000428	672	30	228	474
小商品城	600415	620	6	79	546
海印股份	000861	567	12	17	562
行业平均		89	56	60	85
传播与文化产业（P、R）					
湖北广电	000665	6	11	98	-81
宋城演艺	300144	1	3	47	-44
华数传媒	000156	6	58	96	-33
文投控股	600715	4	46	79	-29
新华传媒	600825	76	52	141	-13
华策影视	300133	171	227	64	334
完美环球	002624	127	233	10	350
长城影视	002071	128	304	14	418
新文化	300336	184	312	66	430
唐德影视	300426	338	256	18	576
行业平均		54.8	68.1	69	53.9

续表

公司简称	股票代码	存货周转期	应收账款周转期	应付账款周转期	经营活动营运资金周转期（按要素）
综合类 S					
博通股份	600455	28	61	110	-21
*ST 工新	600701	12	19	40	-10
悦达投资	600805	73	41	122	-8
*ST 宏盛	600817	0	33	0	33
神州数码	000034	78	75	29	124
大连国际	000881	297	70	82	285
中关村	000931	342	207	148	402
数源科技	000909	542	48	139	451
中国宝安	000009	462	109	111	460
张江高科	600895	747	152	89	810
行业平均		334	876	102	319

附录 5-3　2015 年中国上市公司分地区营运资金管理绩效排行榜（按渠道）

中国企业营运资金管理研究中心

公司简称	股票代码	采购渠道营运资金周转期	生产渠道营运资金周转期	营销渠道营运资金周转期	经营活动营运资金周转期（按渠道）
东部地区					
轻纺城	600790	-57	-41	-1 046	-1 144
皇庭国际	000056	-186	-876	25	-1 037
世纪星源	000005	-382	915	-1 061	-528
中昌海运	600242	-301	-344	214	-432
中源协和	600645	2	-55	-354	-407
海德股份	000567	-25	1 520	430	1 925
华丽家族	600503	-16	623	1 323	1 929
华发股份	600325	149	2 116	-11	2 255
运盛医疗	600767	-19	1 302	1 257	2 539
海航创新	600555	-840	1 768	1 997	2 925
地区平均		-56	59	38	40
中部地区					
*ST 煤气	000968	-637	-130	154	-613
吉林高速	601518	-5	-294	-55	-353
*ST 工新	600701	7	-322	-20	-334
*ST 黑化	600179	-271	-146	98	-319
中原高速	600020	-248	38	-48	-259
南国置业	002305	15	631	507	1 154
万福生科	300268	-854	2 266	219	1 631
天润控股	002113	-129	950	872	1 693
嘉凯城	000918	-146	1 737	273	1 865
长春经开	600215	-508	1 715	1 314	2 521
地区总体		-53	20	73	40

续表

公司简称	股票代码	采购渠道营运资金周转期	生产渠道营运资金周转期	营销渠道营运资金周转期	经营活动营运资金周转期（按渠道）
西部地区					
西部创业	000557	-361	-1 389	927	-823
博通股份	600455	-108	-598	-66	-772
*ST 百花	600721	-116	-632	104	-644
*ST 云维	600725	-514	-16	139	-392
鹏博士	600804	-96	-42	-244	-382
中房地产	000736	-55	1 675	-33	1 587
云南城投	600239	-205	1 801	231	1 827
西藏城投	600773	-93	1 675	462	2 045
中葡股份	600084	60	1 692	513	2 265
华资实业	600191	578	761	3 015	4 354
地区平均		-61	49	68	57
全国总体					
轻纺城	600790	-57	-41	-1 046	-1 144
皇庭国际	000056	-186	-876	25	-1 037
西部创业	000557	-361	-1 389	927	-823
博通股份	600455	-108	-598	-66	-772
*ST 百花	600721	-116	-632	104	-644
中葡股份	600084	60	1 692	513	2 265
长春经开	600215	-508	1 715	1 314	2 521
运盛医疗	600767	-19	1 302	1 257	2 539
海航创新	600555	-840	1 768	1 997	2 925
华资实业	600191	578	761	3016	4 354
平均值		-56	54	43	41

附录 5-4　2015 年中国上市公司分地区营运资金管理绩效排行榜（按要素）

中国企业营运资金管理研究中心

公司简称	股票代码	存货周转期	应收账款周转期	应付账款周转期	经营活动营运资金周转期（按要素）
东部地区					
盐田港	000088	0	48	282	-235
华北高速	000916	1	85	284	-198
津劝业	600821	19	23	232	-190
电科院	300215	1	14	190	-174
木林森	002745	59	78	304	-166
华丽家族	600503	2 241	9	68	2 182
海航创新	600555	3 101	8	875	2 234
津滨发展	000897	2 388	83	202	2 269
华发股份	600325	2 539	0	118	2 421
运盛医疗	600767	2 185	627	158	2 654
地区平均		111	55	82	84

续表

公司简称	股票代码	存货周转期	应收账款周转期	应付账款周转期	经营活动营运资金周转期（按要素）
中部地区					
万福生科	300268	551	220	1 314	-542
*ST 煤气	000968	83	148	680	-448
三峡新材	600293	30	42	290	-218
美锦能源	000723	57	143	413	-213
山西焦化	600740	32	146	381	-202
顺发恒业	000631	980	1	74	906
南国置业	002305	1 295	38	135	1 198
中茵股份	600745	1 841	291	844	1 288
嘉凯城	000918	2 635	88	226	2 497
长春经开	600215	2 922	387	520	2 789
地区总体		80	68	89	60
西部地区					
*ST 云维	600725	80	97	585	-408
宝德股份	300023	33	173	515	-309
西宁特钢	600117	136	52	403	-215
*ST 八钢	600581	90	16	308	-203
河池化工	000953	121	93	382	-168
中房地产	000736	1 851	0	209	1 642
阳光股份	000608	1 967	27	313	1 680
中葡股份	600084	1 584	304	121	1 767
云南城投	600239	2 358	188	230	2 315
西藏城投	600773	3 619	74	93	3 600
地区总体		113	77	95	94
全国总体					
万福生科	300268	551	220	1314	-542
*ST 煤气	000968	83	148	680	-448
*ST 云维	600725	80	97	585	-408
宝德股份	300023	33	173	515	-309
盐田港	000088	0	48	282	-235
华发股份	600325	2 539	0	118	2 421
嘉凯城	000918	2 635	88	226	2 497
运盛医疗	600767	2 185	627	158	2 654
长春经开	600215	2 922	387	520	2 789
西藏城投	600773	3 619	74	93	3 600
全国平均		108	58	84	83

中国企业营运资金管理研究中心

CHINA BUSINESS WORKING CAPITAL MANAGEMENT RESEARCH CENTER

中国上市公司营运资金管理数据库

中国企业营运资金管理研究中心开发的“中国上市公司营运资金管理数据库（http://bwcmdatabase.ouc.edu.cn）”，包括“中国上市公司营运资金基础数据库”“中国上市公司营运资金管理绩效指标数据库”“中国上市公司营运资金管理绩效排行榜数据库”等子库，涵盖了1997 以来全部非金融类上市公司营运资金管理专题数据，其中2007年以来的数据除包括传统的分要素的营运资金及其绩效评价体系外，还包括中国企业营运资金管理研究中心首创的“基于渠道的营运资金管理绩效评价体系”的全部数据信息。其中：“中国上市公司营运资金管理绩效排行榜”分别按渠道、按要素两个维度展现中国上市公司营运资金管理绩效状况。

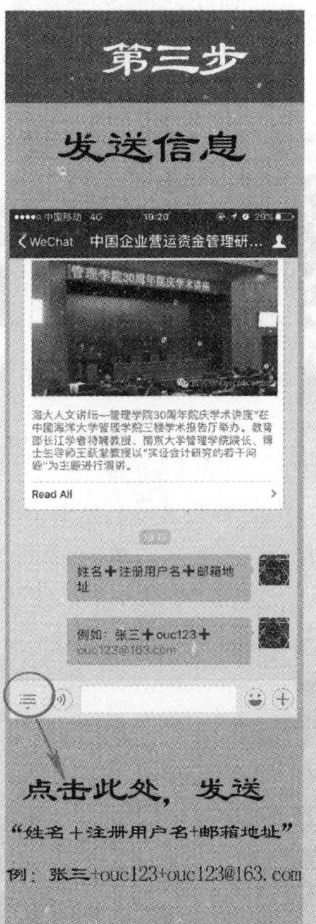

主要参考文献

1. 中国注册会计师协会，《财务成本管理》，经济科学出版社 2016 年版。

2. 王化成等，《全面预算管理》，经济科学出版社 2002 年版。

3. 王竹泉、马广林：“分销渠道控制：跨区分销企业营运资金管理的重心”，《会计研究》，2005 年第 6 期，第 28 ~ 33 页。

4. 王竹泉、逄咏梅、孙建强：“国内外营运资金管理研究的回顾与展望”，《会计研究》，2007 年第 2 期，第 85 ~ 90 页。

5. 王竹泉、刘文静、高芳：“中国上市公司营运资金管理调查：1997 ~ 2006”，《会计研究》，2007 年第 12 期，第 69 ~ 75 页。

6. 王竹泉、刘文静、王兴河、张欣怡、杨丽霏：“中国上市公司营运资金管理调查：2007 ~ 2008”，《会计研究》，2009 年第 9 期，第 51 ~ 57 页。

7. 中国海洋大学企业营运资金管理研究课题组：“中国上市公司营运资金管理调查：2009”，《会计研究》，2010 年第 9 期，第 30 ~ 42 页。

8. 孙莹：“营运资金概念重构与管理创新”，中国海洋大学博士论文，2011 年。

9. 王竹泉：“企业营运资金管理该向何处去?”，《财务与会计》，2011 年第 2 期，卷首。

10. 王竹泉、孙莹：“营运资金概念重构与分类研究——由 IASB/FASB 联合概念框架引发的思考”，《中国会计研究与教育》，2010 年第四卷第一辑，第 1 ~ 12 页。

11. 修小圆：“房地产行业经营活动营运资金需求预测研究”，中国海洋大学硕士论文，2014 年。

12. 王竹泉、孙建强等：《营运资金管理发展报告 2011》，中国财政经济出版社 2011 年版。

13. 王竹泉、刘文静、孙莹、罗福凯等：《营运资金管理发展报告 2008 ~ 2010》，中国财政经济出版社 2012 年版。

14. 王竹泉、孙莹、王秀华、孙建强、王贞洁等：“中国上市公司营运资金管理调查：2010”，《会计研究》，2011 年第 12 期，第 59 ~ 72 页。

15. 柳艺：“基于渠道的营运资金需求预测”，《商业会计》，2013 年第 5 期。

16. 王竹泉、王秀华：“业务流程与经营性营运资金管理绩效：影响机理与案例”，《财会通讯（综合）》，2012年第3期（下）。

17. 王竹泉、孙莹、孙建强等：《营运资金管理发展报告2012》，中国财政经济出版社2012年版。

18. 王竹泉：“重新认识企业营业活动与营运资金”，《财务与会计》，2013年第4期，卷首。

19. 王竹泉、孙莹、王秀华、王贞洁、孙建强等：“中国上市公司营运资金管理调查：2011”，《会计研究》，2012年第12期，第28~37页。

20. 王竹泉、王苑琢：“营运资金管理之变革时代”，《中国会计报》，2013年8月23日。

21. 王竹泉、孙莹、王秀华、张先敏、杜媛等：“中国上市公司营运资金管理调查：2012”，《会计研究》，2013年第12期，第53~59+97页。

22. 王竹泉、李文妍、修小圆、倪玥、柳艺：“基于营运资金需求保障能力的企业财务风险评估”，《财务与会计（理财版）》，2013年第7期，第13~15页。

23. 王贞洁、王竹泉：“经济危机、信用风险传染与营运资金融资结构——基于外向型电子信息产业上市公司的实证研究”，《中国工业经济》，2013年第11期，第122~134页。

24. 王竹泉、翟士运、王贞洁：“商业信用能够帮助企业渡过金融危机吗?”，《经济管理》，2014年第8期，第42~53页。

25. 孙莹、孙兰兰、隋国婷、陈晓辉：“企业财务风险指数构建—基于企业内部管理视角”，《财务与会计（理财版）》，2013年第7期，第16~18页。

26. 王竹泉、孙莹、张先敏、杜媛、王秀华：“中国上市公司营运资金管理调查：2013”，《会计研究》，2014年第12期，第72~78页。

27. Wang Zhuquan：“risk redefined”，《ACCA ACCOUNTANCY FUTURES》，2014年第1期，第56~57页。

28. 王贞洁、王竹泉：“外向型水平与上市公司营运资金管理绩效——基于我国电子信息产业的实证分析”，《管理评论》，2014年第9期，第100~108页。

29. 刘文静：“业务流程管理影响营运资金管理的机制研究”，中国海洋大学硕士论文，2010年。

30. 秦书亚：“基于供应链联盟的营运资金管理创新研究”，中国海洋大学硕士论文，2012年。

31. 王竹泉、杜媛、孙莹、王苑琢：“利益相关者视角的资金管理：机理与策略”，《财务与会计（理财版）》，2014年第3期。

32. 杜媛、王竹泉：“基于投资者关系的资金管理策略，《财务与会计（理财版）》，2014年第3期。

33. 孙莹：“客户关系视角的资金管理策略与案例”，《财务与会计（理财版）》，2014年第3期。

34. 王苑琢、王竹泉：“供应商关系视角的资金管理策略”，《财务与会计（理财版)》，2014 年第 3 期。

35. 杜媛、姚连军："企业经营性营运资金管理重心与管理策略研究—离散度下的启示"，《财经论丛》，2014 年第 10 期。

36. 王苑琢："基于供应商关系视角的营运资金管理模式研究"，中国海洋大学硕士论文，2014 年。

37. 张先敏："供应链管理影响营运资金管理绩效的机理研究"，《财务与会计（理财版）》，2014 年第 6 期。

38. 商惠："营运资金管理的持续改进——以海尔集团为例"，中国海洋大学硕士论文，2015 年。

39. 盛中华："全球化公司战略的营运资金研究"，中国海洋大学硕士论文，2010 年。

40. 曾祥云："基于供应链管理理论的企业绩效评价"，《经济管理》，2001 年第 22 期。

41. 郁国建："建立营运资金管理的业绩评价体系"，《中国流通经济》，2003 年第 3 期。

42. 中天恒 3C 框架预算管理课题组，《预算管理实务操作应用》，中国时代经济出版社，2010 年版。

43. 莱斯缪森等著，《预算流程改进指导》，经济科学出版社，2005 年版。

44. 王竹泉、孙莹、孙建强等，《营运资金管理发展报告：2013》，中国财政经济出版社 2013 年版。

45. 王竹泉、孙莹、孙建强等，《营运资金管理发展报告：2014》，中国财政经济出版社 2014 年版。

46. 王竹泉、孙莹、孙建强等，《营运资金管理发展报告：2015》，中国财政经济出版社 2015 年版。

47. 孙莹、王竹泉等："中国上市公司营运资金管理调查：2014"，《会计研究》2015 年第 12 期。

48. 王竹泉："资金效率分析体系的理论重构"，《2015 营运资金管理高峰论坛论文集》，2015 年。

49. 王竹泉："致 CFO 的一封信——创新活血"，《新理财》2014 年第 1 期。

50. 王竹泉："致 CFO 的一封信——构建财务报告分析新框架"，《新理财》2015 年第 1 期。